创新思维 INNOVATIVE THINKING AND ENTREPRENEURSHIP EDUCATION

与 创业教育

主编：王中强　陈工孟

清华大学出版社

北　京

图书在版编目(CIP)数据

创新思维与创业教育/王中强,陈工孟 主编.—北京:清华大学出版社,2017(2022.7重印)
ISBN 978-7-302-47951-2

Ⅰ.①创… Ⅱ.①王…②陈… Ⅲ.①创造性思维—研究 ②创业—研究 Ⅳ.① B804.4 ② F241.4

中国版本图书馆 CIP 数据核字(2017)第 196189 号

责任编辑:王 定 程 琪
封面设计:李 眉
版式设计:吴钰婷 李小娟 薛英琪
插画设计:刘书瑶 倪士伟
责任校对:曹 阳
责任印制:杨 艳

出版发行:清华大学出版社
   网 址:http://www.tup.com.cn,http://www.wqbook.com
   地 址:北京清华大学学研大厦 A 座   邮 编:100084
   社 总 机:010-83470000   邮 购:010-62786544
   投稿与读者服务:010-62776969,c-service@tup.tsinghua.edu.cn
   质 量 反 馈:010-62772015,zhiliang@tup.tsinghua.edu.cn
印 装 者:天津鑫丰华印务有限公司
经 销:全国新华书店
开 本:240mm×186mm 印 张:22.25 字 数:504 千字
版 次:2017 年 8 月第 1 版 印 次:2022 年 7 月第 7 次印刷
定 价:79.80 元

产品编号:075386-02

本书编委会

主　编：

　　王中强　　　　陈工孟

副主编：

　　胡蓉蓉　　　　裘伟　　　　傅小凤　　　　何　悦

专家指导委员会：

　　李家华　　　　俞仲文　　　　廖文剑　　　　何国杰　　　　王春雷

　　王　毅　　　　仇旭东　　　　丁　艳　　　　吴烨宇　　　　房巧红

　　高思凯　　　　廖志德（台）　张秉纶（台）

编写委员会：

　　陈新贵　　　　胡　海　　　　胡晴兰　　　　胡腾辉　　　　康　伟

　　蓝　雪　　　　李昌俊　　　　李　洋　　　　马伟霞　　　　潘　梅

　　皮竟成　　　　盛　洁　　　　王孟媛　　　　吴燕萍　　　　徐晨晨

　　徐小红　　　　徐晓燕　　　　许慧芳　　　　张晶晶　　　　张莎莉

　　张　璇　　　　张永辉

国泰安创业电商事业部群信息

发布和服务平台：U 创先声

本书课件下载地址：
http://www.tupwk.com.cn

课程资源体验地址：
http://www.gtafe.com/ContentShow/PCProductDetail/1376

前言 PREFACE

硅谷知名创业孵化器 Y Combinator (YC) 曾提出了创业四要素，即"创见—产品—团队—执行"。可以说，这一富于智慧与远见的归纳为很多创业者指明了方向。

YC 将创见放在所有要素之首，这深刻反映了创业的精髓与要义。创见基于创新，无论是技术还是管理上的创新，都能为企业带来无穷的活力与动能，大大增强了企业抵御市场变化的能力。在这其中，商业模式的创新尤为重要，甚至可以说它是创业的根基。"无创新，不创业"，正是对这一理念的精准表达。

本书以 YC "创业四要素"的概念为蓝本，通过一系列的创业运作以获取最后的成功——运用创新思维及技能探索有价值的创业机会，运用创新技法设计可以盈利的商业模式，组建创业团队，整合内外的可用资源，跨越创业的种种障碍等等。这一逻辑符合 YC "创业四要素"的阶段与过程，同时也符合创业的本质——以创新带动创业。

本书共分为九章，从读者容易接受的角度来安排内部结构：案例导入——理论精讲——技能应用——课堂演练——游戏测试。同时，每个章节安排了对于知识的思考与技能的练习，让读者能够更好地掌握所学内容，从而为创业打下坚实的基础。

目 录 CONTENTS

第 1 章
了解创新创业

1.1◇ 有好创新才有好创业

90 后大专生用一万元创业，一年后翻了 100 倍

> 钵仔糕. 90 后大专生用一万元创业，一年后翻了
> 100 倍经理人分享网站.
> http://www.managershare.com/post/300048 有删减

在遭遇 2016 年的资本寒冬后，越来越多的明星创业者面临融资困难甚至倒闭的窘境，创业神话正在破裂。但是有这么一名创业者，在坚持不融资、不贷款的前提下，逆市而上，仅用一万元的成本，一年的时间，翻了 100 倍！这名创业者，就是来自苏中小城泰州的燕存海。

90 后创业者燕存海来自刘邦的故乡沛县，这个家境普通的男孩在 2014 年大学毕业后从搜狐地方站开始实习，三个月的时间，做到了执行主编的职位。在即将升职的前夕，他却放弃了升职，毅然跳槽，他用一万元本钱，跳入了水果市场。

在创业之初，燕存海就已经确定了明晰的规划。

"水果的毛利润较大，但是真正落地的净利润却并不高，而且没有经验的外行人很容易因为水果的高损耗出现亏损。"燕存海看着面前的电脑上最近的水果市场行情报表，一边和记者聊着。

"如果你没有水果储存方面的经验，又想减低损耗，就只有加快水果的流通。别人水果到家，三天内卖光，我就一天内卖光。用这种快消快打的方式走量，来降低水果因储存导致的损耗。"

"当时一个月能做多少单？"

"第一个月我们就做到了 5 千单。2015 年 11 月的时候已经突破了月销一万单的目标，10 月份的时候，我们平台一个月的销售额就破 6 位数了。11 月的平均客单价在 30 元左右。"燕存海在和我们讲述他的创业之初时，一脸的平静，似乎在说一件很微不足道的事情。

在 11 月的时候，燕存海做的第一个项目：吃货诚品，每天向周围社区的大叔大妈们提供大约 30 个临时岗位。而在 2015 年的 12 月时，燕存海陆续接到了两个行业内小有名气的天使投资人 100 万的投资邀约。不过燕存海最终还是坚持了不融资、不接受投资的既定原则，婉拒了两位投资人。

更有意思的是，燕存海从不花钱做广告提高知名度，服务和管理上也不见长，但是他就是做到了创业半年十几万的单量，一场活动数万人参加的记录！

在这过程中他完成了自己的第一步规划：漫撒网式的拉取外围用户的目标。仅仅用一万元钱，燕存海是如何做到的呢？

一、严把品控，不要中间环节，把所有的中间利润让利给用户。

从一开始燕存海的规划就是宁愿不要一分利润，也要从产地把最好的水果带给用户，彻底打破中间环节的成本加价。通过众筹、预售、团购等形式，燕存海解决了进货资金、销售压力等问题，同时低廉的价格帮助他打开了第一波市场。由于预售的量巨大，燕存海在尚未采购时，手里已经握有了巨大的采购量。而这对于他在产地和果农、供销社谈价，有了足够的筹码。而在水果到家后，第一波用户在品尝到远超预期品质的水果后，大为惊叹，进而形成了第二波更大规模的预订量。同时，在低价+好吃的过程中，口碑如浪般积聚，通过口口相传，他和他的吃货诚品平台快速地积累了5位数的用户。

二、重视临时工，各环节采取绩效奖励制，激发临时工热情，从整体上降低人员成本。

使用临时工灵活机动，对场地要求低，成本相对更低，而节省下来的各种边际成本，也进一步补贴进入到价格中去。同时，对各个环节的临时工采取指标奖励制和日薪分档制。完成了指标，就可以获得薪金+绩效提成。而如果无法完成任务指标，则只能够获得相应档次的薪金，同时没有绩效提成。

三、不接受媒体报道，将尽可能多的时间用于采购和分析市场行情上。

不打广告，没有专门的市场公关，纯粹做大众生意，把所有的心思用于获取用户和降低边际成本上。

四、用户要分等级，在获得足够的用户数量后，开始追求用户的质量。

做生意就像是谈恋爱一样，应该是相互选择的。商家，不能高人一等，但是也绝对不能视客户为上帝，丧失自己的原则和立场。把生意和平台拟人化，通过原创的算法，自动筛选重点用户，在拥有足够广的用户群体后，将目标人群锁定向中产及中产以上的高端用户上去。消费升级，同时是消费观念的升级。随着未来生活资源的紧缺，燕存海认为越是高端的用户，运维成本越低，而且他们的忠诚度也会更高，你只需要帮助他们把控好品质即可。

目前吃货诚品已经过渡到第二步的规划，将服务群体锁定向泰州乃至于江苏省内的高端用户群体，同时服务和销售点也逐渐转向封闭制。目前该规划进展良好，销售规模未见下降反而日益增长。2016年5月和6月均出现了日营业额破3万的业绩，而7月份的销售额更是突破了24万大关。

在采访之余，燕存海请本报记者品尝独家代理的西橙，品质极佳，远远比记者在外面18元一斤购买的进口橙子甜度更高，水份更足。随后他更是邀请我们记者中的榴莲迷妹品尝泰国原装进口的金枕头榴莲。

"好吃，好的金枕头的口感比一般的猫山王也差不了多少。"记者小赵竖起大拇指兴奋地说。

2016年3月到9月的半年时间，燕存海通过自己独有的经商理念，赚取了几十万。

小组讨论

1. 在你的印象里，"创新"是指企业经营管理的创新还是产品技术的创新？你认为哪种创新更重要？为什么？

2. "吃货诚品"在市场运作上有什么创新之处？对你有何启示？

初步认识"创新创业"

在"大众创业，万众创新"的时代背景下，创新和创业已经成为了当下的热点。对于国内企业来说，以模仿求发展的路现在越走越难，创新几乎已经成为创业的"必由之路"。可以说，"无创新，不创业"已是今天这个"创业黄金时代"的主旋律。

对于创业者来说，有很多的方面可以创新，不能仅仅只关注技术或产品方面。要真正实现"创新创业"，创业者需要了解的问题有很多——究竟什么才是创业、什么才是创新、该怎样创新、创新对创业的作用体现在哪里？这些问题是我们学习 "创新思维与创业教育" 首先需要弄清楚的问题。

我们在这一小节中，针对这些问题作了初步解答，并在后续的章节中逐步深入，直至真正掌握"创新创业"的精髓和要义。

创新与创业两者并不是孤立的，而是相互融合、相互促进的关系。没有创新，创业可能会举步维艰；而没有创业，创新将失去赖以生存和发展的根基。认识到这一点对我们的学习至关重要。

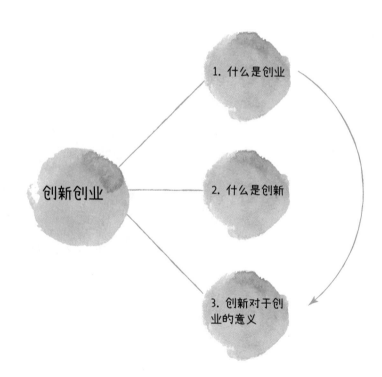

创新创业

1. 什么是创业

2. 什么是创新

3. 创新对于创业的意义

 **知识链接**

知识点 ❶：什么是创业

　　创业到底是什么？对于这个问题，最通俗的解释就是"创办企业"。但用这四个字就能完全概括"创业"吗？答案当然是否定的。现在，"创业"已经成为了企业管理中的重要内容，其中包含了非常丰富的内涵，即使是成熟的大企业，也会因为经营环境的不断变化而需要在创业这门学问中不断寻求生存与发展之道。

✳ **关于"创业"的不同定义**

杰弗里·蒂蒙斯 Jeffry A. Timmons • • • • 美国百森商学院富兰克林·欧林创业学杰出教授	 **霍华德·斯蒂文森** Howard H. Stevenson • • • • 美国创业学专家，哈佛大学商学院工商管理学教授	 **李家华** • • • • 著名生涯规划与创业教育专家

　　创业是一种思考、推理和行为方式，它为机会所驱动，需要在方法上全盘考虑并拥有和谐的领导能力。

　　创业是一个人——不管是独立的还是在一个组织内部——追踪和捕获机会的过程，这一过程与其当时控制的资源无关。

　　所谓创业，就是不拘泥于当前的资源约束、寻找机会、进行价值创造的行为过程。

❋ 从"创业"定义中获得的启示：对创业者的能力要求

领导和决策能力

　　创业者的领导能力和决策能力在很大程度上决定了团队的战斗力，也决定了企业的战略决策能力和抗风险能力。

获取资源的能力

　　创业者所能掌握的资源决定了创业的难易程度，而获取资源的能力才是成功创业的根本。

把握机会的能力

　　对于机会的管理是创业活动的核心内容之一，创业者必须善于发现和把握机会。

知识链接

知识点 ❷：什么是创新

在人类诞生和发展的历史长河中，创新始终是推动人类不断进步的重要力量。创新遍布人类生活的方方面面。对于整个社会，有政治、经济、商业、艺术的创新，对于企业和个人，有观念、知识、技术的创新，简而言之，人们在平时的工作、生活、学习、娱乐中都离不开创新。创新改变了我们的生活，也改变了整个世界的面貌。

创新是什么？1905 年，约瑟夫·A·熊彼得在《经济发展理论》一书中首次提出"创新理论"（Innovation Theory），他认为创新是指把一种新的生产要素和生产条件的"新结合"引入生产体系。熊彼得将创新分为原材料、工艺、产品、市场及管理方式创新五个方面。概括来说，创新是以不同寻常的思路或见解作为指导，利用现有的资源改进或创造原来不存在或不完善的事物、方法或环境等，并获得一定有益效果的行为。

✷ **企业创新的五个方面**

01 技术创新
富士康采用机器人生产线制造手机

02 产品创新
苹果开发 iPhone7

03 管理创新
小米设立"小米之家"

04 材料创新
华为手机采用自研的海思处理器

05 管理创新
奇虎 360 进入儿童手表手机市场

思考题

企业为什么要创新？这些创新能为企业带来什么好处？

知识链接

知识点 ❸：创新对于创业的意义

不创新，就灭亡。

—— 福特公司创始人 亨利·福特

被誉为"管理学之父"的彼得·F·德鲁克认为，创新是组织的一项基本功能，是管理者的一项重要职责。由此可见，创新并不仅仅是高科技企业或是新兴产业企业的"专利"，也是每一个企业赖以生存和发展的基石。

对于初创企业而言，创新尤其重要。如果没有创新，在资源、人才、品牌等各方面均不占优势的初创企业就很可能在初入市场时触礁搁浅，在残酷的市场竞争中败下阵来。

产品创新
推出新产品或改进原有产品

儿童手机

市场创新
开辟或进入新的市场

FOXCONN®
机器人生产线

技术创新
采用新的生产技术或在商业层面用不同方式处理产品

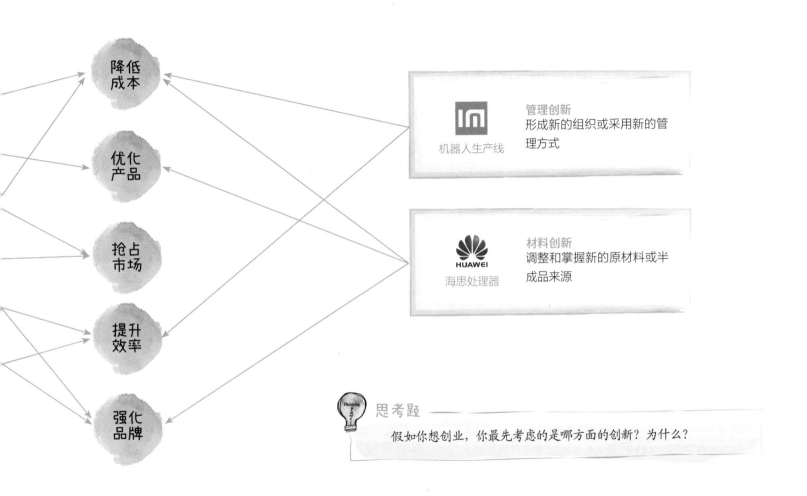

降低
成本

优化
产品

抢占
市场

提升
效率

强化
品牌

Im

机器人生产线

管理创新
形成新的组织或采用新的管理方式

HUAWEI

海思处理器

材料创新
调整和掌握新的原材料或半成品来源

Thinking 思考题

假如你想创业，你最先考虑的是哪方面的创新？为什么？

拓展阅读

1. 创业者的天下，未来将是他们的：无所畏有所为的 95 后大学生们

AnitaZhang. 创业者的天下，未来将是他们的：无所畏有所为的 95 后大学生们. 创业邦网站. http://www.cyzone.cn/a/20150708/277094.html

2015 年 7 月 7 日，阳光明媚，走在中关村创业大街上，一股创新的气息扑面而来。孵化器、咖啡馆、天使与 VC 在这里共同努力地孕育着中国创新创业的未来。

整整两个月前的今天，李克强总理来到了中关村创业大街，掀起了一股"大众创业，万众创新"的热潮。他还在柳传志的陪同下，参观了联想之星总部，在培训教室与学员进行了 20 分钟的交流。

7 月 7 日，这间教室又迎来了一批无所畏有所为的 95 后大学生们，他们相聚在这里，以联想大学生创业大赛之名，畅谈创业梦想。

是的，是 95 后，都已经不是 90 后了。创业者的天下，未来将是他们的。

让人感兴趣的是现在的 95 后大学生创业者是什么样的。

专门研究"自适应学习"的魔力学院创始人兼 CEO 张海霞感慨，"95 后大学生的思维远比我们创业的时候要更加活跃，这一代大学生更具备无所畏惧的实践精神，可以说 95 后大学生创业的时代来临了，但每一个创业都不是简单的说说而已，创业需要的是沉下心时还能拥抱琐碎的激情"。

记者注意到了一支队伍名为"彪悍的小 y"的大学生创业团队。试问：你在大学时代用电脑上网、打游戏的时候，想过改变手中的电脑吗？

这支创业团队的大学生都是联想彪悍的小 y 系列笔记本的老用户，创始人叫何家兴，北京工商大学大二学生，说起自己的创业，当然不忘先夸奖下主办方了，他说："我刚上大学的时候就用彪悍的小 y。不仅产品性能非常稳定，而且它不断自我突破的彪悍态度直接激发了我们团队的创业：为用户提供笔记本定制改装服务，让你的笔记本变得不一样，更彪悍，更创新！"现场，小 y 团队还特意带来了他们正在改装中的小 y 产品，并详细讲述了他们的创业模型以及改装思路。例如，他们计划把小 y 的 A 面改造成 LED 音乐频谱视觉效果，改装后的

何家兴（左）和他的小伙伴

A 面会随着音乐的节奏韵律呈现出炫酷的视觉效果。

提到大学生，就离不开关于"大学生是否应该创业"的讨论。近日，教育部下发通知，允许在校学生休学创业，可以说部分解除了大学生"学业创业"难兼得的后顾之忧。

对于年轻人创业，联想"教父"柳传志是怎么评价的？柳传志说，"只要有胆子就可以"。他只有一点嘱托：别把父母的养老金折腾进去。他曾说："前些年，我希望创业的大学生慎重。今天，我鼓励大学生创业，有胆子就可以，因为移动互联网出现了新情况，很多年轻人在汉字还写不好的时候，电脑却已经玩得很厉害了，用我们没法想象的方法做出一些匪夷所思的事情，这符合年轻人的潮流，即使做不好，也不会有什么代价。现在有些年轻人从十四五岁就开始动手创业，做出的事比你做得漂亮，而你却根本听不明白。"

向心怀梦想，勇于创业的大学生们致敬，你们比同龄人更有想法、更愿意接受挑战，你们值得受到敬佩，值得得到鼓励。

看完这篇文章，你有什么感想？不妨把它写下来，作为鼓励自己的信条，或者与志同道合的同学一道分享。

2.【两会特刊】雷军的新零售：你所不知道的小米之家

小米新经济研究中心.【两会特刊】雷军的新零售：你所不知道的小米之家.米柚网站.http://www.miui.com/thread-7584144-1-1.html

2017年全国两会正在进行，小米公司创始人、董事长兼CEO雷军作为人大代表提出了《关于大力发展"新零售"激发实体经济新动能的建议》的建议案。

雷军认为，"新零售"是指通过线上线下互动融合的运营方式，将电商的经验和优势发挥到实体零售中，改善购物体验，提升流通效率，将质高价优、货真价实的产品卖到消费者手里，以此实现消费升级的创新零售模式。而"新零售"的实现，并不是简单地将互联网和实体的零售渠道相融合，还包含了研发设计环节的创新、生产制造环节的优化、供应链的改造、基于大数据能力的消费需求分析等。

与此同时，小米新经济研究中心邀请7位互联网专家与雷军就"新零售"的话题进行了一场交流与探讨。以下是雷军的分享实录。

我曾讲过，我的梦想就是用效率革命推动整个中国产业提升效率，推动各行各业改善效率。具体方法是进去搅合，这么一搅

合大家就变化了，也就是鲶鱼效应。

如何推动整个中国在各行各业改进效率？比如说零售的效率，电商是互联网新生事物，现在大家都习惯了电商的购物习惯。不过经过20年的积累，电商占中国商品零售总额的比例也只有10%，我相信再过20年，可能会达到20%或者30%。今天的零售领域中，线下一定是主旋律，因为服务和体验的优势不可替代。实体零售业有自身问题，那就是中间环节实在太多了，每个环节的浪费都很大。比如有的手机零售店，逐级代理，层层加价，有时候一天卖不出一只手机，还有3、4个店员的用工成本和房地产成本。这个模式从传统营销干到了极致，值得我们敬仰和佩服，但是从我的价值观来讲，我觉得这是社会资源的巨大浪费，我们要推动改变。有人说这种模式解决了就业，其实技术的每一次进步看上去都革掉了很多人的命，但是同时又创造了大量新的就业机会，整个社会就是这么不断进步的。

我从2016年年初开始思考怎么用互联网思维做零售，我们

可以用互联网的技术、方法论重构整个零售。电商是一种高效率的新零售，但是我们不能狭隘地理解电商。我们全部自营的小米之家取得了一些突破性成绩。本质上小米之家就是中国所谓的直营连锁店，但与过去的零售连锁又不同，过去绝大部分都是挂牌子的店，就是挂个牌子从你这儿订货，就叫加盟店，动辄每家有 3 ~ 5 万家加盟店，这不是真正注重运营效率，自营店的本质是全部自己管控，每个人都是这条利益链上的，利益一体化，服务改善一体化，追求效益一体化。所有货架上的货都是小米的，意味着每个零售店却是小米来管理。

我跟各位老师讲一下尝试的结果，2017 年 1 月份五彩城给我们小米之家发了一个全优之星，按照他们所有的指标，我们都排第一。五彩城一共是 10 万平米，小米之家是在地下一层，只有 250 平米，面积只有五彩城的四百分之一，我们到现在开业了 10 个月，占五彩城这十万平米一年营收的十四分之一。这是一个只开了 10 个月、位于地下一层的店。到 2016 年年底，年营收过亿。有人说这是因为你们总部在五彩城，访客多，但是五彩城在我们所有店里只排第三位，最好的是上海大悦城店，第二名是郑州大卫城店，第三名才是北京五彩城店。

小米之家现在开了 50 多家，店面都是 200 多平米，年度营收过亿的店面已经突破了 8 家，我们很多店的表现都很好，那么指标都到了什么程度呢？我们现在把单店成本控制在 7% 以内，包括总部成本就在 9% 以内，什么意思呢？100 块钱的东西，卖 109 块就打平，卖 110 就赚 1 块钱，坪效目前稳定在每平米 26 万人民币。这个效率大概是老牌电器连锁企业的二十几倍。我们可以看他们的财报，他们一个四五千平米的店一年营收 4000 多万，我们平均每个店都是 6000 多万，相当于他们 1.5 个四五千平米的大店。我们在各个购物中心里面，都是人流量最大、营业额最高的单店，从战略上来说，小米之家的模式已经被验证了。

小米之家已经在战略上成功，难点是在未来三年开到 1000 家时还能不能保持甚至是优化。同时我们也要在不同客群服务上下功夫。小米之家过去不支持收支票，所以周围的企业买东西很困难，一个人大代表跟我讲，他去年年底在小米之家当代商城店为单位采购办公产品，没办法找代理商加了 5 个点，委托别人拿现金来，折腾了一周多，对我血泪控诉，我说真的抱歉，我们还是零售，拿着支票来还要入账、给企业开增值税票，我们还没有这个流程。如果把周边企业采购、单位批量购买加上，我们现有的坪效还有机会提高 50%，难点是四五十个城市的管理，全在外地，所以今年对小米之家来说，如果能把这 250 家干好，基本上就算成功了，所以今年的难题是放大规模以后还能有这样的效率。

未来三年我们准备再开 1000 家，覆盖一二线城市，但是这个模式不适合县城和乡镇，因为客流量不大。我过去两年的思路已经从电商升级成新零售，去年小米之家试验成功了，今年思考新的模式，也会继续探索下去，但是不变的仍然是保持效率，为用户提供质高价优的产品。

1.2 ◇ 创新的七个来源

职校生"逆袭"申请专利当老板

李沙娜.职校生"逆袭"申请专利当老板.齐鲁晚报,2015-7-21(A09) 有删减

来到毕业季,不少本科生为找不到理想的工作而苦恼,但刚毕业一年的职校学生李肖肖已经当了 3 年的老板。上了职业院校,曾经在不少人眼里"没前途"的她自主研发自助洗车机,还申请专利开始创业,现在"90 后"的李肖肖不仅不断改良自助洗车机,研发多款"升级版",还把洗车机销往全国 15 个省市赚下几百万。

在职校发现自己的"特长"

认识李肖肖的人,都很难把机械零件跟这位"90 后"瘦小的姑娘联系在一起,但她确实凭着自己对机械配件、金属螺丝、水管、电线路等的喜欢及自己较强的动手力,自主研发了自助洗车机,申请专利并走上了创业之路,如今已经是年销售额达上千万元的大老板。

"上高中的时候也想考本科,为此还复读了一年,结果在高考的第一天就发烧,又没考好,当时就想能找一个好点的工作,正好有亲戚在东营,所以就报考了东营职业学院。"李肖肖回想起自己的高考,觉得当初选择的路更适合自己,"如果没有上职业院校的话,我不可能学到这么专业的知识,也没有机会

动手操作机械零件,也发现不了自己所擅长的,可能也就没有今天的成绩。"

在职校学习的李肖肖发现,自己不擅长理论知识的学习,但面对一些零件、机械配件时却能很容易地组装在一起,"我觉得我的动手能力挺强的,记不住理论的部分,但当面对操作部分时,我却完成的很好。"李肖肖在职业院校发现了自己的"特长"。

自主研发自助洗车机

大二时的李肖肖就琢磨着想找项目尝试,而春节回家,看着洗车店的洗车价格飞

李肖肖在工作中(《齐鲁晚报》记者段学虎 摄)

涨，车主还都排队，她自己看到了商机，"我觉得如果有一款设备，自己动手洗车，省钱省时，一定有市场，我就跟指导老师夏学峰商量，从烟台考察弄回来5台洗车机。"李肖肖看到了商机就决定一试。

然而，开洗车店的前期，从外地买回来的自助洗车机还能正常使用，跟预期差不多，但两个月后，机器经常坏，几乎每天都要维修，"麻烦越来越多，有时自助刷卡刷不上钱，有时退不回余额，有时候根本无法运行，系统不稳定老出故障。"遇到各种麻烦的李肖肖曾一度想放弃，"是老师提醒了我，如果我能解决这款洗车机存在的各种问题，就有了自己的技术，可能自己组装一台稳定性更高的洗车机，这也是商机。"

李肖肖在度过一段时间的迷茫和低沉后，在老师和同学们的支持帮助下，她带着维修机器的大量经验，开始研发属于自己的自助洗车机。2013年6月份，她的研发方案定型，还申请了专利，7月底，产品就开始投入使用，到当年的10月份便创立了森澜自助洗车机的品牌。

一群职校生为一个目标而努力

据了解，森澜自助洗车机通过刷IC卡控制消费，实现全自动洗车，只要轻轻按一下自助洗车机上的按钮，就能实现泡沫与清水、低压与高压之间的切换，帮车主实现省钱、省时、省力的洗车。

而森澜自助洗车机不仅在东营广泛使用，还远销新疆、广东、黑龙江、贵州等地区，而面对北方和南方不同的气候，李肖肖和自己团队一起研发了原有自助洗车机的升级版，而5款升级版中，他们将申请3项专利。

"最初的洗车机只能春夏秋使用，像黑龙江冬天室外温度低的话，水容易结冰就不能用，所以就研发了冬季款。在贵州，车主都比较认同洗车时多泡沫，就又陆续研发了高泡装置。而在加油加气站用可以安装专用防爆款，根据车主喜好还研发了自动配比添加泡沫装置。2015年2月为方便车主，又安装了360度旋臂款。"李肖肖告诉记者，每研发一款升级版的自助洗车机，团队成员都会一起想办法，哪怕熬夜到凌晨。

"员工都是东营职业学院的学生，除了一个负责管理的师哥，都是跟我很熟悉的学弟学妹，他们有的学习机电一体化专业，能生产所需要的零件，也能根据需要处理配件，还有专业老师及时帮我们解决技术上的问题。"李肖肖说，他们团队之所以能不断把自助洗车机升级，还能远销全国15个省市，年营业额达上千万，是取决于团队的"技术含量"。

"我们是一帮行动派的人一起为一个目标而努力，就是怎么让车主方便，并且我们遇到问题不是在纸上画，而是都实际操作看看，并且我们永远不变的是一系列跟踪售后服务。"李肖肖说，随着互联网的发展，他们也在探索互联网上的发展思路，线上线下同时进行，"有计划去南方开分厂，而工厂扩建，还是需要更多的技术型的人才。"

 **小组讨论**

1. 李肖肖团队"创新"的出发点在哪里？创新对企业的发展起到了什么样的作用？

2. 这个故事对你有什么启示？

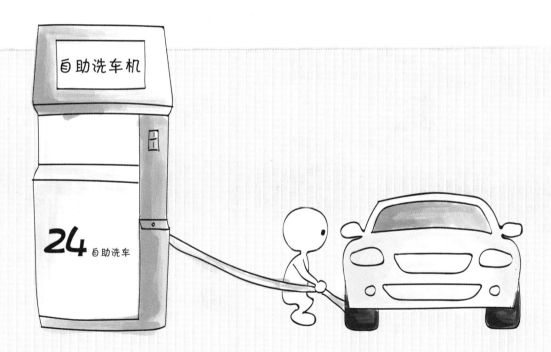

从前面我们知道，创新需要引起创业者的高度重视。但是，我们应该从哪里展开创新呢？现代管理学之父彼得·德鲁克在他的《创新与企业家精神》（又译作《创新与创业精神》）一书中，根据很多成功的典型创新案例总结归纳出了创新的七个来源，清晰地为我们指明了寻求创新的方向。尽管这本书出版已有二十多年的时间了，但今天，互联网时代的创业者们依然可以从这些极富智慧的洞见中寻找到创新的真谛。

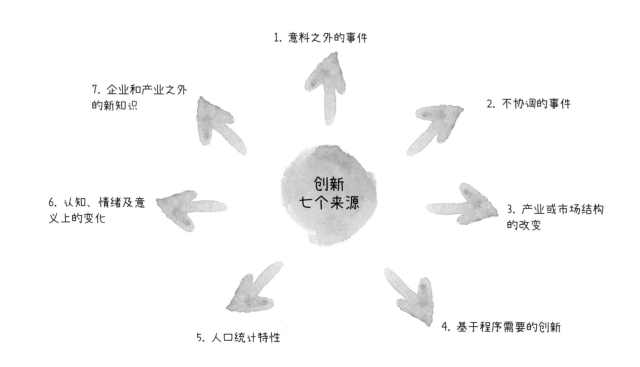

知识链接

知识点 ❶：创新来源之一 —— 意料之外的事件

在我们平时的学习、工作与生活中，常常会发生一些意料之外的事件。这些事件能让我们以之前没有想到的视角进行观察和思考，也因此成为创新的一大契机。

我们身边的创新 ①

微波炉是典型的"意料之外的事件"引发的创新产品。1945 年，美国雷达工程师斯宾塞在做雷达实验时偶然发现口袋里的巧克力块融化发粘，他由此发现了微波的热效应。同年，微波热效应的第一个专利在美国诞生，1947 年雷声公司研制出世界上第一台微波炉。经过不断改进，1955 年家用微波炉在西欧诞生，20 世纪 60 年代开始进入家庭，随着技术的不断进步，微波炉得以广泛普及。

学习：经典企业案例	实践：创新创业场景
 万豪国际集团最初是由一家餐饮连锁企业发展而来。在经营餐饮连锁店时，万豪的管理者注意到他们在华盛顿特区的一家餐馆生意特别火爆。经过调查了解到这家餐馆对面是机场，而由于当时的航班不提供餐饮，很多乘客不得不到餐馆买快餐带到飞机上。于是，受到启发的万豪开始与航空公司联系合作——航空餐饮由此诞生。	假如你是一个初创企业的负责人，在企业的产品线中，有一款并没有投入多少营销成本的产品市场表现却非常好，大大出乎管理层的预料。对此，作为企业的管理者，你的反应是什么，应该采取哪些行动呢？

知识链接

知识点 ❷：
创新来源之二 —— 不协调的事件

我们在使用某种东西的时候，常常会遇到一些"不顺手"的情况。这种"不协调""不合理"其实正是促进产品创新、改善用户体验的重要推动力量。

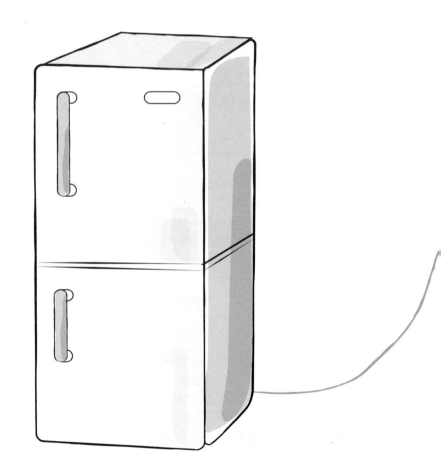

我们身边的创新 ②

过去的电冰箱全都是冷冻柜在上，保鲜柜在下，这样的设计对于使用者来说其实很不方便。因为绝大多数电冰箱是保鲜柜使用频率较高，而冷冻柜使用频率较低，每天一般只打开一两次。这样，电冰箱的使用者为了从保鲜柜里取物品，每次都得弯下腰或蹲下去，视线才不会被阻碍。现在，几乎所有的电冰箱都在设计上做了更改，形成冷冻柜在下、保鲜柜在上的布局。

学习：经典企业案例	实践：创新创业场景
US Lines 是一家美国航运企业。20 世纪 50 年代前，很多航海公司认为船越快、船员业务越熟练，航运效率就越高。但结果是很多企业亏损严重，入不敷出。US Lines 总裁马尔科姆·麦克莱恩发现，影响效率的最大因素不是船和船员，而是轮船在港口等待卸货和装货需耗费大量时间，导致运营效率极低。后来，麦克莱恩发明了集装箱，大大提升了装卸货效率，使航运总成本下降 60%，整个航运业也得以起死回生。	如果你有创业的想法，你是否发现生活中有哪些"不协调"的事件？有没有考虑如何加以改进？ 作为创业者，如果遇到大量类似的客户，你会让你的客户服务团队如何处理？是息事宁人还是认真讨论？如果你认为需要讨论的话，你又如何和你的客户服务团队一道分析客户的投诉和随访时的抱怨？

United States Lines

知识点 ❸：创新来源之三 —— 产业或市场结构的改变

当今的社会，我们的生活不仅变化很大，产业和市场结构的变化也非常多。全球化浪潮、技术的发展以及互联网（尤其是移动互联网）的普及成为很多变化发生的重要原因。

我们身边的创新 ③

2016 年年底开始，国内掀起了共享单车的创业热潮。共享单车是一种分时租赁模式，企业在校园、地铁站点、公交站点、居民区、商业区等区域为客户提供自行车共享服务。共享单车企业察觉到了移动互联网的普及对客户需求的影响，成功地开辟了全新的市场。共享单车为很多人的出行提供了便利，也以其"低碳环保"的理念得到了各界的认可与推崇。

学习：经典企业案例	实践：创新创业场景
早在 1975 年，柯达就发明了第一台数码相机，在数码相机的技术方面占据优势地位。然而柯达考虑到传统胶片市场的丰厚利润，迟迟没有推出商业化的数码相机产品。索尼、佳能等日本厂商则认识到传统胶片相机迟早会被淘汰，而数码相机市场将拥有巨大的潜力。于是它们积极发展相应产品，最终成为相机市场的领先者。而柯达这个市场上曾经的王者就此陨落，再也未能恢复昔日辉煌。	在寻找创业机会时，你有没有注意到一些财经报道中关于行业、产业变化的文章？或是观察到生活中人们消费习惯、消费行为一些不易被察觉的变化？ 在企业运营中，行业和市场的变化应该引起创业者的足够重视，抢先一步意味着获得巨大的机会，而落后一步则可能意味着被市场抛弃。

知识链接

知识点 ❹ : 创新来源之四 —— 基于程序需要的创新

很多事情都有其固有的程序，比如，先要购票才能乘车。但在生活中这些程序往往有其不够合理的地方，而这些有待改进的地方正是创新的出发点。

4

我们身边的创新 ③

　　一些新手开车时，往往会在紧急状态下，把油门当刹车，造成车祸。为此，南京的一位大学生设计出一个传感器，能够迅速判断出是误踩油门，并转换成自动刹车。专家认为，此项创造发明有巨大的市场价值。目前，他发明的"油门刹车装置"已经申请国家专利，并以此开始创业。这项创新就是"基于程序的需要"。而在我们的管理流程、营销流程和客户服务流程中，也存在许多不合理的程序，等待我们去改进及创新。

学习：经典企业案例	实践：创新创业场景

巴西阿苏尔航空公司开辟了很多中小城市航线。公司管理层发现，尽管机票价格很低，但乘客还是不多。通过调查他们了解到很多城市的乘客到机场不方便，坐出租车很贵，而公交或地铁又没有合适的线路。也就是说，"从家到机场"是客户出行流程的一部分，但没有得到满足。于是，阿苏尔航空开通了到机场的免费大巴，很快成为巴西成长最快的航空公司。

你有没有对生活中一些固有的程序不太满意？或者在一些用户体验不佳的场景中发现程序上有不够合理的地方？尝试发现并思考其解决的办法。

作为一个创业者，你是否看到公司流程的一些弊端（比如重复劳动、不必要的成本增加等）？简化和改进这些流程，可以让企业有更好的运营效率。

知识点 ⑤：创新来源之五 —— 人口统计特性

人口统计特性的变化是重要的创新来源。人口数量、年龄结构、性别组合、就业情况、受教育状况、收入情况等方面的变化，都会带来新的机会。比如老龄化和城镇化，就会带来一系列的创新机会。

我们身边的创新 ⑤

　　逢年过节城市中的很多居民都有探亲访友、出外游玩等出行要求，家中宠物无人照料成了问题。这个时候"宠物假期托管"这种服务应运而生。其实，不光是宠物需要"托管"，有小孩的家庭也有托管的需求。一些大型的产后服务中心或家政服务机构也推出了婴幼儿托管服务。这些都是人口统计特性带来的创新。

学习：经典企业案例	实践：创新创业场景
 　　新东方始建于 20 世纪 90 年代，正值中国第三次婴儿潮中出生的孩子的成长期。新东方根据市场变化，开发出外语培训等核心培训业务，并借助强劲的市场增长迅速发展壮大，业务范围涵盖外语培训、中小学基础教育、学前教育、在线教育、出国咨询、图书出版等各个领域。	根据你对本地人口数量、年龄结构、性别比例等情况的了解，你觉得其中是否有创新的机会？你和你的团队应该如何证实这个机会是否适合创业？试着了解市场的饱和程度、你的产品或服务所面临的竞争情况，并给出是否适合创业的理由。

知识点 ⑥：创新来源之六 —— 认知上的变化

人们在认知、情感等方面的变化常常会带来需求上的变化，从而带来新的市场机会，促使新的产品或服务出现。

我们身边的创新 ⑥

在生活质量不断提升的今天，人们对于健康越来越重视，由此衍生出非常多的创新机会。"有机食品"概念的出现就是人们认知改变的典型案例。有机食品 (Organic Food) 也叫生态或生物食品等，是国际上对无污染天然食品比较统一的提法。有机食品通常来自于有机农业生产体系，根据国际有机农业生产要求和相应的标准生产加工。

学习：经典企业案例	实践：创新创业场景

微信的诞生和发展历程可以说是一波三折。在开发之初，腾讯公司内部有声音认为已经有手机 QQ 的情况下，研发微信毫无必要。但张小龙敏锐地察觉到了移动互联网时代人们对于即时通讯软件认知的变化，认为微信非常有必要。事后证明他的观点是正确的，微信成为腾讯延续即时通讯软件领先地位的重要产品。如果没有微信，腾讯无疑将失去巨大的市场。

对比自己的不同成长时期，你认为自己对于某个领域内产品或服务（比如移动互联网、家政、教育等领域）的认知有什么变化？你的朋友或家人是否有和你同样的改变？你认为这是否是一个创新的良机？

知识点 ❼：创新来源之七 —— 新知识

新的技术与知识是创新的有力支撑。在所有创新来源中，这个创新的利用时间最长，因为它往往需要多方面新知识的综合才能实现。

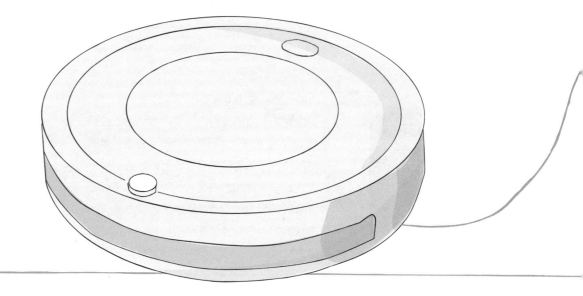

我们身边的创新 ⑦

　　技术的发展给我们的生活带来了很多的便利。机器人技术应用在家庭生活中已经不足为奇，比如，一台扫地机器人的价格并不贵，使用起来也很方便，这在之前几乎是不可想象的。扫地机器人运用了很多领域的新知识和新技术，包括红外传感、无线定位导航、人工智能等技术。很多创新产品的开发也与扫地机器人类似，需要不同领域知识的整合才能实现。

学习：经典企业案例	实践：创新创业场景
 　　互联网金融的蓬勃发展带来了一些亟需解决的问题，典型的如个人的征信查询问题。蚂蚁金服采用的不是传统的银行征信系统，而是利用互联网的特性，用大数据进行个人征信的分析。大数据征信相比较传统的征信方式更快更灵活，在很大程度上促进了互联网金融的发展。	选取一款产品（比如手机电池），找出使用上不方便的情况（重量、充电速度、效果等）。根据资料，了解是否有相关的新技术可以解决这类问题，以及相关产品商业化的情况。

课堂演练

演练一："未来之星"笔记本

1. 老师提问：在使用笔记本的时候，你最不满意的是哪一点？（如：电池充电慢、有时必须弯腰使用等）学生回答之后，老师将学生所列举的问题写在黑板上。

2. 老师指定或学生自由组合成创新小组，每个小组用头脑风暴法讨论如何针对其中一点或几点进行改进。

3. 各组提交各自笔记本（可以完全不拘泥于现有笔记本形式）的构想，并由组长进行汇报。

4. 老师与同学对其创造性和可行性进行点评，并选出其中最佳方案作为"未来之星"笔记本的原型。

演练二：手机 App 谁最棒

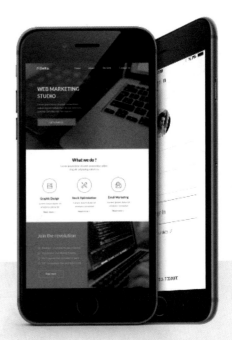

1. 老师预先布置作业，学生找出最具创新性的 App（应用程序），准备其相关的资料，并制作幻灯片。

2. 学生上台进行三分钟演示，主要演示 App 的市场人群特点、预期盈利模式和主要创新点。

3. 老师与同学进行点评，并选出其中最佳汇报方案。

1.3◆从中国制造到中国创造

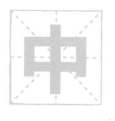

大学生创业项目从"制造"向"智造"转变

赵万山,曹立鹏.大学生创业项目从"制造"向"智造"转变.兰州日报,2016-10-19

10 月 12 日至 18 日,2016 年全国大众创业万众创新活动周甘肃分会场活动在兰州会展中心举行。本报记者走近兰州市双创工作中涌现出来的优秀代表,与他们面对面,感受他们创业中的酸甜苦辣,分享他们创业中的成功与喜悦,聆听他们创业的故事。采访中,记者发现,这些创业典型在双创实践中,有想法,敢创新,思维已从简单的"制造"向"智造"转变,从简单的复制中走向了创新创造,一股朝气蓬勃的创新力量正推动着兰州市双创向更深的方向发展。

任梦尧:梦想着通过陶器发扬丝路文化

"丹霞陶,以张掖七彩丹霞色如渥丹,灿若明霞为设计灵感,因取材远离城市污染,制作工艺返璞归真……"刚上班 4 个月的应届大学生任梦尧热情地为客户做着解说。

曾就读于西安工程大学视觉传达专业的任梦尧,从小就喜欢传统手工业,大学期间选择了自己喜欢的专业,同样也找了满意的工作。任梦尧告诉记者,机缘巧合,去年过年时的一个饭局,把对陶器、木器、漆器拥有浓厚兴趣的 7 个人聚到了一起,牧野西风文创工作室创立了。任梦尧是工作室的工艺总监,主管陶器的艺术设计工作。

"木头太硬自己的设备锯不动、木料纤维大、张掖气候干旱常会碰到木料开裂情况、禁止柴窑烧制"，一个个的困难被任梦尧和他的团队攻克了。任梦尧说，张掖是丝绸之路的重要站点，丝路文化中的酒文化和肃南地区的饮食文化给他在器型设计上提供了不少灵感，做泥、拉胚、晾胚、烧制、晾窑的每一个环节都遵从着古法，没有添加任何化学药剂，他希望通过自己的陶艺作品使丝路文化被更多的人所熟知。

任梦尧告诉记者，他的团队正处于前期投资阶段，只要团队有好的创作氛围，盈利就不是问题。任梦尧说，本次参展他们的工艺品得到了客户和投资商的认可，纷纷表示要和他们合作。

李茂宏："薯泥"将有望代替方便面

马铃薯作为甘肃人餐桌前的美味，薯条、薯片也是再平常不过的东西，可是用"薯泥"来代替方便面，你会相信吗？这就是甘肃农业大学水土保持与荒漠化防治班大二学生李茂宏和他的团队的创业梦想。

李茂宏告诉记者，"马铃薯含有大量碳水化合物，同时含有蛋白质、磷、钙等矿物质，薯泥具有绿色、健康、全营养、低脂肪、方便食用等特性，若全面推广开来，有望代替方便面在人们心目中的位置。从2013年起，老师就带领学生做薯泥的加工选育工作了。"薯泥的制作要经过去皮、蒸煮、烘干、冷冻、打磨等多个环节，刚开始他的薯泥包装设计出来时被同学们戏称为"茶叶"。他和小伙伴们经过多次尝试后才保障了产品的适口性和包装的美观度，为了能参加省里"双创"周的成果展，团队的核心成员和指导老师全放弃了国庆休假的机会，埋头在实验室里做薯泥的定型研究工作。

本次成果展李茂宏的"薯泥"产品得到了消费者的广泛关注，李茂宏笑称自己的人生终于找到了方向。接下来他将在老师的协助下和团队成员一起把薯泥品牌打出去，做线上线下的多渠道销售，争取使"薯泥"代替方便面。

张栋：足不出户纸上种菜

在传统印象里，生活在都市的人们想要过把种菜瘾非得去郊区不可。张栋和他的团队成员们改变了传统种菜模式，让人们足不出户，就能在纸上种菜了。既能体验种菜的乐趣，又兼顾亲子教育、景观欣赏和空气净化作用。

张栋介绍说，现代农业、食品安全正成为人们日益关注的焦点，怎样才能让客户既体验到种菜的乐趣，又能兼顾其他功能，这是他打造中仁亲子菜园项目的初衷。从2015年10月份开始做市场调研，自己设计种植盘、选种子、做包装，从泡种、播种、催芽、管理到采收大概需要8～10天的时间，实验成功后便在

微信朋友圈推广，铺纸和盖纸是最为讲究的，对湿度、温度和光照条件的要求比较严苛。目前，团队可以保证成功率在 98% 以上，共开发出了亲子体验套装、家庭套装、豪华套装三款类型，价格为 49 ~ 198 元之间，通过微信、电话做免费指导，出了问题会免费送种子。

经过不懈努力，他的亲子菜园赢得了不错的市场口碑，"最近生意很火，仅靠微信朋友圈做销售已经不能满足市场需求了。"张栋激动地告诉记者，他的公司也于 2016 年 6 月 6 日正式注册，实体店也即将开业。

张栋说，正是他自己跑销售的经历，使他从麦草籽、苜蓿籽、荞麦籽等这些被称为绿色血液、食物之父、糖尿病杀手的小种子中看到了创业的商机。下一步团队将通过免费教小学生、家长种菜等亲子活动来让人们体会大自然，享受幸福生活，并且尝试建立可持续发展的商业模式，把公司做大做强。

创业导师、中国演讲与口才协会副会长丁建明在兰州市第二届大学生创业论坛发表演讲时指出："在大众创业万众创新的时代，每个人都是潜力股，我们的装备制造业正在从"中国制造"向"中国智造"转型，很多行业都在向中国创造转型，作为大学生创业者，其核心竞争力显然是创新。如果选择了创业路，那就要在创新路上一路走下去，这样才能赢在未来！"

小组讨论

1. 你对当前的"中国制造"
   有什么看法？

2. 这些人的创新故事对你
   有何启示？

创新：中国制造的未来

中国制造历经多年的发展，到现在无论是规模还是门类方面在世界上都首屈一指。但在这一过程中，长期的粗放式发展造成了一些弊端，比如核心竞争力不强、可持续发展能力不足、环境污染等。

当前中国传统产业转型升级压力巨大，在信息化的浪潮下，工业化发展面临诸多挑战。为此，我国提出了"中国制造 2025"目标，旨在推动传统产业转型升级的同时，瞄准全球新一轮产业发展方向，促进传统产业与 3D 打印、机器人、人工智能等新兴产业的紧密结合，从而进一步缩小与发达国家之间的差距。

根据"中国制造 2025"的规划，我国正在推进创新中心建设，加快产业升级步伐，这对促进本土产品在价值链上的攀升至关重要。中国需要创新和应用新技术，从而在全球发展中保持竞争优势，立于不败之地。

创新将成为中国制造业转型升级的主引擎。制造业的转型升级要从完善国家制造业创新体系、加强关键核心技术攻关、夯实工业基础能力等六个方面进行推动。"中国制造 2025"将助力我国加强制造业的创新，促进产业的转型升级。

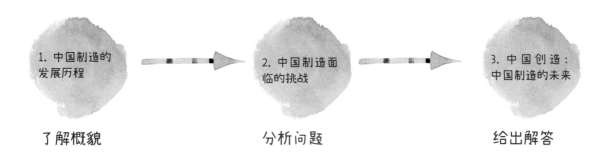

知识链接

知识点 ❶：中国制造的历程

中国制造是指 Made in China 或 Manufactured in China，即原产地标志在中国境内（不包括港澳台地区）生产的产品。其中 Made in China 指原产地在中国，即原料是中国的，整个制造过程也是在中国完成的；而 Manufactured in China 多指原材料是由国外提供，只是在中国完成加工装配这一过程。

中国制造的发展可以追溯到改革开放之初，而真正的腾飞发生在 20 世纪 90 年代。我国加入世贸组织之后，中国制造迅猛发展，其速度与规模为全球所瞩目。随后中国制造遭遇到了压力，尤其是在 2008 年金融危机之后发展放缓，制约的瓶颈显现得更加明显。为了振兴制造业，国家提出了"中国制造 2025"，用创新开启下一个中国制造的"黄金时代"。

初出茅庐

(1998)

"中国制造"浪潮始于 1998 年，当时的亚洲金融风暴使得很多亚洲国家和地区受到冲击，出口衰退。随着改革开放的不断推进，我国原有的工业基础加上大量释放的低成本劳动力，使劳动密集型产业快速发展，促进了出口的大幅增长。

攻城略地

(2002)

2001 年年底加入世贸组织之后，我国制造业步入了更快的发展轨道，同时出口额迅猛增加，年增速达到了 20 %~ 30%。从 2002 年开始，"中国制造"开始在世界范围内大行其道，全球随处可以见到"中国制造"的身影。

遭遇反扑　　　　　　　　　　危机来临　　　　　　　　　　重新出发

（2005）

在"中国制造"日益崛起的同时，中国出口产品也不知不觉进入了"摩擦时代"。WTO（世界贸易组织）的统计数据显示，截至 2009 年，中国已经连续 15 年成为遭遇反倾销调查最多的成员国。从 2005 年开始，我国已连续 4 年成为 WTO 反补贴调查最多的成员国。

（2008）

全球金融危机、人力成本上涨、能源和原材料紧张、人民币持续升值……种种不利因素集中爆发。高速发展了近十年的"中国制造"形成了低成本、大批量的国际形象，后继发展乏力。当"中国制造"成就自己一个又一个世界第一的时候，自身却是庞大而脆弱的。

（2015）

为了改变中国制造"大而不强"的局面，我国制定了《中国制造 2025》这一为期十年的行动纲领，以新一轮科技革命和产业变革为契机，加快转型升级和跨越发展。我国将力争通过三个十年的努力，把我国建设成为引领世界制造业发展的制造强国。

知识链接

知识点 ❷：中国制造面临的挑战

我国制造业已经基本具备了参与国际竞争的条件和实力，部分实力较强的行业还有一定的优势。中国劳动力素质较高而成本较低，在劳动密集型和技术密集型产业相结合的领域具有较强竞争力。广阔的国内市场能促进制造业规模经济形成，又能促进行业内部的成本降低和技术进步。

我国制造业尽管有一定规模和优势，但面临的挑战和困难也是很明显的，主要有以下几个方面。

1. 工业品的价格过低

中国制造的生产集中度较低，缺乏创新，商品同质化现象严重。部分门类产品生产厂家之间互相压价，价格倾轧现象比较严重。另外，企业对于一些"好卖"的产品竞相涉足，使得竞争异常激烈，利润被过分摊薄。不少企业为了能在价格战中站稳脚跟，甚至不惜牺牲品质。这些原因使得高额利润都被国外商家获取，国内企业整体上遭受损失。这也造成了注重质量与品牌的企业很难"杀出重围"，不利于整个制造行业的转型升级。

2. 产品的附加价值不高

在全球制造业的产业链布局上，有相当多的中国企业处在下游，在产业链中的位置多为组装和制造。在整个产业链中，组装加工的附加值相对比较低。很多企业接受的是技术或产品的转移，而研发或营销策略的实施则由发达国家进行。在中国制造的产品大多停留在加工制造的初级阶段的情形下，中国制造业仍处于低附加值、低技术含量的困境中，而高附加值、高技术含量产品的核心技术则被发达国家所掌控。产品附加值低、核心技术缺乏是阻碍中国制造发展的主要瓶颈。

3. 遭遇"信任危机"

长期以来，中国制造被打上了"廉价"和"质量一般"的标签，甚至在某些时候还遭遇了国际信任危机。在 2007 年前后，国内食品安全问题频出，全球一些知名企业宣布大规模召回在中国生产的产品，这些负面新闻的叠加给"中国制造"的声誉造成了难以挽回的损失。而一些商家的失信行为，不仅扰乱了市场秩序，还在境外造成了不良影响，损害了中国的国际形象。近年来，随着华为、大疆等一批自主创新企业在国际上的崛起，"中国制造"的形象得到了一定程度的提升。

知识链接

知识点 ❸：中国创造——中国制造的未来

　　如何破解"中国制造"面临的种种问题呢？最好的答案就是：创新。创新可以为企业带来很多"正能量"，比如利润和产品附加值的增加、品牌和企业形象的提升等。变"中国制造"为"中国智造""中国创造"，其实质也就是让企业走出一条自主创新的新道路。

　　要实现"中国创造"，需要从技术创新和品牌升级两大方面入手，两者之间是相辅相成的关系。

技术创新：企业转型的关键

　　技术创新是"中国制造"实现转型的关键。如果"中国制造"的产品仍然是低附加值、低技术含量的劳动密集型工业制成品，将会导致核心竞争力缺乏，在国际市场上容易造成倾销的印象，从而引发国际经济摩擦。长期以低成本、大规模、贴牌生产方式参与国际分工，无法掌握产业升级和竞争力提高的主动权，"中国制造"的命运将掌握在别人的手里，同时制造环节获取的利益也最少。当下的"中国制造"，可以说"危"与"机"并存。坚持技术创新，就能摆脱低价竞争的尴尬，掌握国际市场的主动权，避免由于低价引发的贸易摩擦。而且，货币升值、出口退税率下调、劳动力成本提高、原材料涨价等对中国企业而言也将不会是大问题，"中国制造"也将走上一条可持续发展的"康庄大道"。

品牌升级：实现价值的最好方式

　　自主品牌的升级是"中国制造"实现转型的前提。自主品牌是企业核心竞争力的重要组成部分，也是一种难以复制的软实力。"中国制造"除了要拥有具备自主知识产权的核心技术之外，还必须要拥有自主品牌。自主品牌意味着获得更多的市场份额和利润。作为一种重要的无形资产，它也是核心竞争力的主要表现。技术创新必须转化为产品和市场的优势，才能最终实现其价值；如果不能依附于一个强势品牌，技术创新的价值就无法得到最大程度的实现。很多从事贴牌生产的"中国制造"企业，处于制造业的底端，容易遭遇国外的贸易壁垒，销售的主动权也不掌握在自己手中，在国际供应链中的地位极易受影响。所以，只有努力创建自主品牌，"中国制造"才能在日益激烈的国际竞争中立于不败之地，顺利实现转型。

"中国创造"先行者

拓展阅读

中国制造 2025 方案将出，十大行业迎投资机会

杜涛.中国制造 2025 方案将出，十大行业迎投资机会.经济观察报，2015-5-3

对于中国规模庞大却又产能过剩的制造企业来说，最无奈的是，在风口四起的资本市场中，发现自己是没有故事可讲的人；而对于政府部门来说，更悲催的是想去带领中国制造业做一场华丽转型时，却发现很多制造企业已经是难上加难了。

4 月 28 日，工信部总工程师王黎明在一季度信息发布会上透露称，"中国制造 2025"总体方案已经通过国务院常务会议审议，将会很快发布。这是中国制造登上国家战略的标志。对于绝大多数传统制造业而言，这会充满阵痛和艰难挑战；但对于 10 个早已被股市大风吹上天的行业来说，则会是另一个风口的开始。

10 大行业的投资机会

据了解，王黎明所指的"中国制造 2025"总体方案，暂定名为《"中国制造 2025"规划纲要》。被写进其中的 10 大行业分别是：新一代信息技术产业、高档数控机床和机器人、

航空航天装备、海洋工程装备及高技术船舶、先进轨道交通装备、节能与新能源汽车、电力装备、新材料、生物医药及高性能医疗设备、农业机械装备。

工信部相关司局官员对经济观察报称，上述 10 大行业已经确认被写进"中国制造 2025"，它们是中国在未来一段时间将着力推动、并力争取得突破发展的十大重点领域。这些行业的企业，尤其是那些领头企业将会获得包括工信部技改资金、专项发展资金在内，以及相关部委的一揽子财政支持，同时，这些领域的项目还享受在立项、审批、推广等方面的扶持政策。

农业机械装备原本并不在"中国制造 2025"明确提出的重点推动的行业之列，但是在 2015 年 3 月 25 日的一次国务院常务会议上，有领导提出农业机械装备也很重要。于是，工信部的起草组便把农业机械装备加了进去。这样，"中国制造

2025"便聚齐了"十大重点领域"。按照工信部的设想，至少在政策层面上讲，它们将会是中国从工业大国向工业强国迈出第一步时，首先踏上的台阶。

据工信部官员介绍，《"中国制造2025"规划纲要》的制定前后历时近3年。先是由中国工程院150多名院士、专家花了一年半时间进行战略论证，后由工信部花了一年多时间最终成型。而最终实施将会历时三个十年左右的时间。对于涉及其中的具体行业而言，这将是一个不折不扣的中长期战略。

值得注意的是，"中国制造2025"的整体政策架构将是"1＋10"，即一个综合的整体战略中长期规划，外加10大重点行业领域的具体推动计划。这10大行业将会成为未来中国产业投资、政策扶持的重点领域。

工信部官员对经济观察报称，机器人和智能制造将是主攻方向和切入点。工信部有计划从今年开始花大约三年时间，选择重点领域，选择一些地区、行业做一些试点和示范探索，推进智能制造发展。

早在2013年底，工信部就发布了《关于推进工业机器人产业发展的指导意见》，提出到2020年，培育3～5家具有国际竞争力的龙头企业和8～10个配套产业集群，高端机器人方面国产机器人占到45%左右市场份额等目标。

地方政府和资本方纷纷开始布局。目前，不少省份都把机器人、工业智能等产业概念，纳入到其优先招商引资的行业中，并且给出了条件优厚的政策优惠条件。

政策与资本联合，共同将包括机器人在内的10大重点行业推向了炙手可热的地步。可以预计，随着《"中国制造2025"规划纲要》的近期发布，这些已经提前爆发的行业概念，还会继续是中国资本市场的热宠；相关的固定资产投资也会随着10大行业上升到国家战略层面，进一步爆发。

这是很有中国特色的投资场景。它像极了中国在2010年爆发的那一场光伏、风电等新能源投资热潮，也与近几年的煤化工、小微金融等概念崛起的一幕类似——很快遍地开花，但投资风险和政府担忧也随之而来。

按照工信部官员的设想，他们希望这10大行业能够成为中国制造业转型升级的先遣部队。短期看，这些领域的投资，对于出现放缓迹象的中国经济来说，也将起到一定的稳增长作用。

从过去十多年行业周期看，不少新兴产业很容易在一段疯狂的投资热潮过后，成为产能过剩、低端竞争的行业。这一次，中国制造2025提出10大重点行业，能否摆脱这一怪圈，将成为衡量中国制造业转型升级成败的关键。

9大领域的逆境生机

"中国制造2025"战略开始实施之时，恰逢中国经济三期叠加、增速放缓的困难之际。在这一转折期，中国制造业的阶段性特征非常明显。中国早在5年前便已成为世界第一制造业大国，但竞争力不强，产能过剩，重复投资几乎伴随大部分行业。根据工信部的数据，2014年，粗钢、汽车、水泥、发电设备、化纤、手机、计算机、彩电产量，均占全球产量50%以上。

工信部官员总结称，"产品过剩将是普遍现象，未来中国工业增加值在7%～8%将成为常态"。而在2003～2011年，中国规模以上工业增加值年均增长是 15.4%。几近腰斩的数据，既是中国制造业的现实，亦是中国制造业的未来环境。

而 2015 年一季度，中国 GDP 创下了 7 年的新低，PPI 连续 37 个月负增长，规模以上工业完成增加值同比增长仅 6.4%，是自 2009 年一季度以来的最低点，工业企业利润更是下降了 2.7%。

4 月 28 日，王黎明在一季度信息发布会上说，确确实实，工业生产的增速在放缓，部分地区、行业和企业下行压力加大。包括钢铁、水泥、平板玻璃等一些原材料制造行业，部分产能严重过剩，导致了我们生产同比下降幅度较大。从区域看，像东北、西部地区的一些产业结构偏重的省市，生产增速回落较大，企业层面生产经营的困难还是很多的。工业下行压力有所加大，保持工业经济平稳运行仍需要付出艰巨努力。

工业增速下滑、产能过剩，这是 "中国制造 2025" 必须要面临的局面。据悉，《"中国制造 2025" 规划纲要》将提出 9 大战略重点和任务，分别包括：推进制造业结构调整、全面推动绿色制造、强化工业基础能力、推动重点领域突破发展、发展服务型制造和生产性服务业、提高制造业国际化水平、推进两化深度融合、提高国家制造业创新能力、加强质量和品牌建设。

这 9 大重点战略和任务，将是连接中国传统制造业转型升级，与新型制造业突破发展之间的纽带，它们也是中国制造业从 2.0 向 3.0 甚至 4.0 跨越时，必须经历的过渡。这其中，投资机会颇多，但也困难重重。

工信部运行监测协调局副局长黄利斌表示，当前钢铁、水泥、平板玻璃、电解铝等传统行业，是难上加难。工信部在坚持不懈地化解这些行业产能过剩，这几年虽然有很好的成绩，但确确实实难度很大。

据悉，工信部将按照 "中国制造 2025" 总体部署，加快启动一批市场潜力大、带动能力强、产业基础好的重大工程和项目，加大对企业技术改造投资的支持力度，加大传统企业的改造升级。黄利斌说，"调结构是长期艰巨的工作，想化解产能过剩也不是一蹴而就，应该是坚持不懈，久久为功。"

从 10 大重点行业到 9 大战略重点和任务，即将出台的《"中国制造 2025" 规划纲要》为中国制造业的未来，确定了国家级的战略计划。它们的后续实施，将会为市场提供资本短期介入的机会，为这一轮看起来有点不可思议的牛市再加一把火。

4 月 18 日，在清华大学中国与世界经济论坛上，中国人民大学金融与证券研究所所长吴晓求表示，中国创业板现在平均是 90 倍的市盈率，我不相信这会一直延续下去；中小板风险也开始增大。总的看来，真的开始有一些明显投资价值的只有几类，一个就是和我们现在的制度改革相关联的，还有一个是跟转型有关，包括新能源这块，当然还有一些并购的。

但从长远看，《"中国制造 2025" 规划纲要》更是中国制造业摆脱困境，转型升级的机会。前提是，中国制造业需要走出新一轮重复投资、产能过剩、低效竞争的历史怪圈。

第 2 章
拓展创新能力

◎ 2.1 创新型人才是怎样炼成的

◎ 2.2 如何进行创造性思考

2.1 ◇ 创新型人才是怎样炼成的

创新源于生活，高职学子用发明创业

岳霞，刘曼霖，刘彦妮.创新源于生活，高职学子用发明创业.
长沙晚报，2013-10-9

在今年 5 月举行的长沙市第十届大学生科技创新创业大赛上，长沙环境保护职业技术学院刘思的"自动闭塞方便卫生瓶盖工厂建设"项目获得了专科生组一等奖，这一来源于生活的小发明相比大型的科技发明得到了更大的关注。

"油盐酱醋"催生的小发明

刘思的发明很小却很实用，说得简单点就是在瓶盖上安装了一根弹簧，使用酱油、醋这些液体时只要按下手柄，就可以倒出，松开手柄，瓶盖就能自动封住。刘思说："想到这个创意，是因为我们家里酱油用完之后都不盖，因为我是学食品营养与检测这个专业的，所以觉得不是很卫生，会残留很多微生物，影响健康，这个发明唯一突出的特点就是把塑料改成弹簧，方便操作。"

刘思的发明是和指导老师一起协作完成的。在回顾这一发明历程时她说："当时我只有想法，后来找老师寻求帮助。最大的困难在于画图和制作模型。画出设计图后，也给专业人士看过，为了美观，也多次进行了修改，模型是请别人做的样品，因为别人毕竟不太了解你想要的东西，所以光模型就做了好多次。"而对于获奖，刘思直言很意外，"没有觉得自己能获奖，当时有好多作品参赛，都是很大型的发明创造，觉得自己比不过。"

如今，刘思不仅申请了专利，也注册了一个公司，"当时评委给了很多意见，都觉得市场前景很好，所以我们觉得要自己做，现在公司注册已经完成，但还没投入生产。就是资金不足，没有投资商，自己也没有本钱，我的指导老师从事食品这一行也十多年了，也在帮忙联系，但还没结果。"注册公司是通过大学生绿色通道办理的，

没有花钱，但没有钱投入生产，是刘思目前最大的苦恼。"就专利申请花了几千块钱，因为有国家政策扶植大学生创业，所以注册公司是没花钱的，目前找到投资商最重要。因为现在只获得了一个奖，还没有什么知名度，接下来还要参加湖南省的另一个创意比赛，希望多获奖，来吸引厂家。"

未来坚定走创业之路

今年大三的刘思，马上要面临毕业了，"实习的时候在深圳找过一家公司，同样实习，本科是2000～2500元，专科就只有1200～1500元，在待遇上还是有差距。现在在自考本科，湖南农业大学的食品专业。"

爽朗的刘思有很多自己的想法，做营养餐，开一个最安全、最环保的火锅店，在食用油上制订油脂摄取的刻度等。她告诉记者，最

重要的是，这些都要自己创业。"刚进入大学时自己很不愿意读，因为我第一个志愿填的是护士，想要学医。不过后来通过专业课的学习喜欢上了这个专业，通过三年的学习，我很清楚我自己想干什么，要干什么。"

谈及未来，刘思说会一直从事食品这行，"因为这几年食品问题也比较多，大家对食品也比较敏感，食品这一行也不被很多人看好，认为除了吃好像没什么了，很多人不想走下去，但我自己喜欢，所以会一直坚持。我父母很希望我以后还读研究生，但我觉得研究生三年时间可以在外面做很多事了，所以等毕业了，想叫上几个朋友，出去闯一闯，自己创业。"

 小组讨论

1. 刘思的创新是从哪里得到的启发？她的创新能力对于她的创业有什么帮助？

2. 你认为创新是否成功应该从哪些角度衡量（名气大小／实用性／商业角度等）？

创新型人才成长之路

　　创新型人才是企业最宝贵的资产之一。但对于在各方面都处于不利地位的初创企业来说，如何打造真正的创新型人才，又如何保证其创新才能得到充分发挥呢？对于创业者来说，这是一个非常重要的课题。

　　在本节中，我们将对这一问题进行解答。我们必须先明确什么才是创新型人才，了解其主要特征。这对我们选择和培养创新型人才来说是非常有必要的。而在了解了创新型人才之后，我们再来探讨如何从企业管理的角度打造创新型人才的问题。

　　创新型人才的打造固然重要，但更重要的是营造企业内部的创新氛围，只有这样才能使人才充分发挥其创新能力并推动企业不断开拓进取。

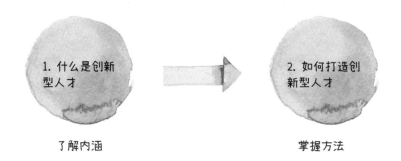

1. 什么是创新型人才　　　　　2. 如何打造创新型人才

了解内涵　　　　　　　　　掌握方法

知识点 ❶：什么是创新型人才

　　创新型人才，是具有创新精神和创新能力的人才。创新型人才一般在工作和生活中表现出好奇心强、发散性思维强、实践和动手能力强的特点，他们通常精力充沛、有很好的进取心和团队合作精神。下面我们不妨用"放大镜"来观察一下他们。

❀ **创新型人才的主要特征**

锐意进取：创新需要强烈的进取心，安于现状会使得创新失去动力，也会使企业陷入不能持续发展的泥沼。

观察敏锐：创新型人才需要敏锐的洞察力，很多创新者正是凭借这种能力发现问题，从而进行创新和改进的。

眼界开阔：创新型人才的知识结构既要有广度，又要有深度。这是信息时代创新的基本要求之一。

坚韧不拔：创新在多数时候是一个不断试错的过程。如果不能坚持下来，就难以到达成功的彼岸。

思维超前：具备前瞻性、独创性的思维方式，才能独辟蹊径，走出一条与别人不同的道路。

勇于实践：如果没有勇于实践的精神，创新将成为空中楼阁。创新如果不能付诸实际，将会变得毫无价值。

善于合作：创新是一个复杂的过程，需要多个领域的人才携手。创新的落地同样需要不同部门的合作。

知识点 ❷：如何打造创新型人才

创新型人才是每个创业者都想得到的，但并非每个人都能如愿。想要打造一个以创新型人才为主、充满创造力的创业团队和初创企业对于创业者来说，是一个巨大的挑战。可以说，在某种程度上他们的创新能力决定了创业的走向乃至于成败。

那么对于创业者和初创企业来说，应该如何打造创新型人才呢？

❈ **什么样的初创企业容易出现创新人才**

| 1. 给予充分的授权与信任 | 2. 公开透明的团队氛围 | 3. 强调工作所带来的使命感与成就感 |

| 4. 平等自由地展开竞争 | 5. 用明确的愿景进行激励 | 6. 没有权威 | 7. 充分相信和运用集体智慧 |

创新型人才并不完全是"招募"来的。企业如果不善于利用创新型人才，不能给予其发挥的空间，那么再好的创新人才也会失去用武之地。相反，如果企业拥有适宜创新的氛围和制度，那么人的创新潜能才能够得到激发，创新人才更容易扎根，核心团队和整个企业中也更容易发现创新型人才。

Google 董事长新书预测未来所需人才

丁婉懿. Google 董事长新书预测未来所需人才. 搜狐公众号平台. http://mt.sohu.com/20150423/n411787365.shtml 有删减

Google 执行董事长 Eric Schmidt 及 Google 前产品部资深副总裁 Jonathan Rosenberg 联合出版新书《Google 模式》(*How Google Works*)。

这本书一上市就登上 "《纽约时报》畅销书"、Amazon 科技经营排行榜 TOP1，并预售了 12 国版权。这是第一本由 Google 领导团队撰写、公开 Google 内部运作及管理思维模式的书籍，书中宣告一个 "创新时代" 即将到来，并对 21 世纪最抢手的人才——"灵活创新者"(Smart Creative) 进行了全面定义。

什么是 "灵活创新者"？根据《Google 模式》一书的定义，就是符合需要，能产出并执行新奇而实用的点子的人。他们不受工作及职位的限制，有旺盛的精力，充满好奇心和热情，勇于冒险及表达意见，是具备多元才能的跨界人才。

两位作者认为，在网络时代，管理大师彼得·德鲁克所说的

Google 执行董事长 Eric Schmidt

"知识工作者"将成为过去式，并面临极大的挑战。网络时代，知识已没有壁垒，获取知识本身已不能提升生产力，创新时代需要灵活运用知识及再生产品的能力。

因此，"灵活创新者"要有深厚的技术或专业能力、高超的分析能力、聪明的商业头脑、创造力及实践执行的能力，而且，他们必须不断探索、质疑现状、充满好奇，能用不一样的方法解决问题、应对挑战。

对比这一描述，现在社会、学校、父母普遍认为的所谓人才——高学历、有专长、英文好、懂才艺，简直就是大自然的食草动物，而"灵活创新者"则像猛兽一样充满竞争力。

前美国教育部长 Richard Riley 曾说过，"目前最迫切需要的十种工作，在 2004 年根本不存在"。而根据美国劳工部的最新调查，目前在校的学生毕业后，有 65% 要做现在还不存在的工作。

未来是能力取代学历的时代，事实上，现在 Google 招聘已不看成绩。

Google 资深人力副总裁 Laszlo Bock 在接受《纽约时报》专访时说："大数据显示，'在校成绩''考试成绩'对招聘毫无意义。就算是刚从学校毕业的'新鲜人'，学业表现和工作能力也只有微乎其微的联系。过去应聘 Google 要交成绩单，现在这一制度已经取消，因为成绩不能预测任何事。"

事实上，在 Google 的某些重要部门，甚至有高达 14% 的员工是没有大学学位的。

《纽约时报》专栏作家、《世界是平的》一书的作者 Thomas Friedman 曾代表全球父母请教 Bock：怎么才能让孩子到 Google 上班。

综合《Google 模式》的内容及 Friedman 对 Bock 的访谈，可以看出，Google 对未来人才的定义为：

1. 学习的能力比 IQ 更重要。《Google 模式》中特别指出：要优先考虑有学习新事物能力与记录的人，而非仅考虑是否有特定的职位经历；员工是雇来思考的，而不是工作的。

2. 拥有弹性的领导力。这种领导力并非传统认知中，曾担任过学生会主席、处长或项目经理，而是"既不推脱，也不逞强"。团队遇到问题时，要在恰当的时机挺身而出，还要能在对的时间退出，让更适合的人领导。能够舍弃权力，是更关键的领导力。《Google 模式》认为，最了解的人是靠得最近的人，通常不是管理阶层。

3. 谦虚，好相处。网络是平的，工作不同但人人平等。工作是团队合作，贡献各自的能力，一起解决问题。谦虚不只指性格，更指智识，这也是不断学习的基础。《Google 模式》一书中提出，"别雇你不想半夜 3 点在洗手间碰到的人，因为你可能整晚都待在办公室"。

Bock 认为财务、人事职位是需要专业背景的，但其他领域的专业人士往往会对遇到的各种问题提出标准对策，而出乎意料的新答案往往价值巨大。

Friedman 在专访 Bock 的文章结尾这样写道："学历不能证明能力，世界只在乎你能做什么？至于你在哪学的、怎么学的，重要吗？"

除了学习能力、解决问题的能力、沟通能力，不怕失败、不断探索的勇气同样重要，包括美国前劳工部长、首位进入美国联邦政府内阁的华裔部长赵小兰在内的诸多人士都认为，害怕失败，就没有创新。

创新生于学科的交界处。创新时代需要跨界的 π 型人才，人文素养同样必不可少。台北商业大学校长张瑞雄曾举例说，在非洲的津巴布韦，首都要盖大楼，全世界的建筑师都来参加竞标，结果入选的是仿效非洲白蚁蚁窝的设计图。因为当地白天热、晚上冷，而白蚁的窝却是恒温的，盖出来的建筑白天能将热气排掉，晚上又可以保暖。而这些绝不是光懂建筑或设计的人可以胜任的。

事实上，为了培养符合未来要求的"灵活创新者"，美国从小学到大学都在尝试深度改革，包括打破学科界限、案例教学、强调学生的实操能力等。总之，千方百计避免把学生培养成书呆子。

2.2◇ 如何进行创造性思考

Dormi：装修学生宿舍有市场 大学生做起宿舍家居生意

王文佳. Dormi：装修学生宿舍有市场 大学生做起宿舍家居生意. 信息时报，2014-2-28(A09)，有删减

在这样一个强调个性的时代，大学生无疑是当中最具代表性的，他们并不满足于单调和平淡的生活，从吃、穿到住、行都要走出自己的个性，就连千篇一律的大学宿舍，也被一个个牛人改造成了功能齐全兼具美观的"秘密基地"。各种"最牛宿舍改造"的帖子也被他们在网上疯传。哪里有市场，哪里就有商机。有这么一群广外的大学生看到了"宿舍家居"的潜在市场，针对大学生宿舍改造做起了宿舍家居的电商项目。

Dormi 是由几个广东外语外贸大学的学生共同创办的宿舍家居区域性电商。打开 Dormi 的网页，清新的网页设计马上就吸引了眼球。创始人余梓熔对记者说，Dormi 的意思就是 Dormitory and I，即"宿舍与我"之意，他们主要的消费群体是在校大学生，主要是针对广州大学城的在校大学生，提供宿舍家居装饰用品等服务。

装饰宿舍带来市场

余梓熔对记者说，去年 5 月份的时候，他和几个同学出于相同的兴趣运营了这个创业项目。而他们几个人的共同点就是喜欢装饰自己的宿舍。余梓熔说，"在 Dormi 的概念里，大学生活应该更有生活的味道，不是中学的三点一线，宿舍也不再是只剩下门牌和方位来标识，它需要属于自己的小天地"。

仔细琢磨后，他们发现同样不愿趋于平凡而有装饰自己宿舍想法的大学生并不在少数，这个市场充满了商机，于是几个志同道合的人就办起了这样一个平台。他们初衷是"不希望被格式化和快节奏淹没"，让宿舍有一种家的归属感，这或许有些理想化，但并非不可实现。

8 人小组各有分工

最初的团队里有八个人，他们分别来自不同专业，有学国际贸易的，也有学计算机的。他们针对大学生的喜好，建立了一个颇具小清新风格的简洁而有趣的网站，在上面放上自己的货品和宿舍家居的设计方案。他们的货品主要以一些组合式的简易家居为主，如组合式收纳盒、书架、相框、宿舍床门帘等，这些产品的特征就是符合宿舍的狭小空间，最大程度利用这些组合家居打造出简洁实用又美观的宿舍环境。这些货品大多是团队中的成员从批发市场中精挑细选而来的。余梓熔说，除了广州市内，他也去到过佛山、东莞等地去寻找货源。

余梓熔介绍，他们主要的目标消费群体是广州大学城内的在校学生。广州大学城位于广州番禺区新造镇小谷围岛及其南岸地区，总共入住了广东省10所高校，在这个不到18平方公里的区域内生活着近20万的在校大学生。而大学城内的学生购买Dormi的产品后，Dormi还提供相应的免费送货上门服务。送货的环节由团队成员承担，同时与快递公司合作，由于大学城的区域相对较小，这部分的成本也并不高。

每月都有一笔收入

经过一段时间的发展，Dormi在学生中也获得了不少的支持。在网站流量很难达到预期的情况下，他们在网购平台上开了一间网店，这对销售情况有很大的提升，尽管目前项目整体还未达到盈利，但网店发展起来之后每个月都能有一笔收入。

但是，和许多大学生创业一样，Dormi的团队也遭遇到了毕业这个坎，由于团队成员都到了大四的阶段，对于未来的考虑让一部分人决定选择先就业，Dormi这个项目目前不得不面临一个搁置的阶段。不过，余梓熔对宿舍家居的未来充满信心，他觉得目前又多了类似微信商城这种移动互联网方面的创业机会，在对项目进行一定调整后，认为在今后应该还是有其他机会。

创业思维：抓住学生创业的身份和地域优势

"伟大的事业都有一个微小的起点"，就像Facebook始于哈佛校园的一个学生社交网络，"饿了么"也是起源于上海交大的一个针对校园的外送订餐网络，大学生基于校园的创业思维从不缺少成功的案例。Dormi也是源于校园的创业项目，学生的身份和大学城这样一个相对人口密集且面积不大的区域，给校园创业提供了不少优势。

抓住市场空缺

就记者的观察来看，尽管家居行业满足了不同人的需求，但针对学生群体的宿舍家居在目前广州的市场上尚属空缺，而宿舍环境相对比较特殊，能够满足学生需求的产品并不多。许多学生发现，校园里的超市尽管有不少符合宿舍环境的家居产品，但又不够美观和个性化，如果需要购买美观的产品，又不得不到市区购买，来回的成本很高。如广州大学城的学生要到宜家去购买家居产品单程至少需要1个小时，因此，Dormi 尽管定价并不能算是低廉，但地域上的接近性、产品较区域内的竞争对手更加美观和实用，使得他能够获得自己的市场。

另一方面，大学生创业除了缺乏经验，资金也比较缺乏。在学校里，通过参加学校组织的创业大赛，一定程度上能够帮助团队缓解资金上的困难，就如"饿了么"就曾通过参加创业大赛来筹得启动资金。Dormi 也参加了学校组织的创业大赛，并获得了相应的奖项和奖金。

贴近目标群体

余梓熔对记者说，Dormi 最大的竞争优势就是对学生群体的需求和消费心理的了解。他们自己就是学生，因此懂得学生在装饰自己宿舍时遇到的困难。例如很多家居卖场或者网店并没有提供与宿舍相适配的产品，特别是宿舍空间狭小、床位宽度较窄、桌面的空间也不够多，这些特殊要求使得学生在选择宿舍用品的时候不得不花费大量的精力进行搜索，并且收获甚小。Dormi 则切入了这个市场空白点，提供与宿舍相适配的产品，并提供相应的组合设计方案，甚至成员亲自送货上门，通过这些较为细微的产品体验，很容易就能够获得学生的欢迎。

借助校园人际传播

Dormi 也积极地利用学校组织的如"宿舍装饰大赛"和"交换空间计划"等项目，与学生合作参与这些校园活动，通过学生之间的口耳相传，从而达到口碑传播的目的。他们也在微博上进行推广，设计一些与产品相关的话题进行话题传播。不少学生在购买他们的产品后会自觉地发到微博上晒单，这也一定程度上帮助他们品牌的推广。不过比较遗憾的是，微博传播的效果不太理想，"由于推广时恰逢微博的衰退时期，所以微博推广不如预期"。

小组讨论

1. 余梓熔团队的创新思维体现在哪些方面？他们的创新是如何落地的？

2. 这个故事对你有什么启示？

创新思维——创业者的必备素质

在创业过程中，创业者本人和核心团队成员必须积极拓展自己的创新思维能力，这是一个企业在不断变化的互联网时代生存和发展的保证。那么，我们应该怎样才能培养创新思维呢？

要解决这个问题，首先要了解什么是创新思维，然后对其具体体现和作用作进一步的了解，最后在培养创新思维方面进行探讨。在这一节中，将针对以上这三个方面的内容进行讲解，其重点在于培养创新思维的方法，这也是本节的目标。

创新思维是创新型人才的标志，对于创业者而言，更重要的是观念上的改变。只有尊重创新、重视创新，才能真正让这种思维在企业生根并助推企业成长。

1. 什么是创新思维　　初步认识

2. 创新思维的体现和作用　　深入了解

3. 如何培养创新思维　　掌握方法

知识链接

知识点❶：什么是创新思维

创新思维具有开创意义，是开拓新认知领域、获取新成果的一种思维活动。通俗地说，就是"走别人没有走过的路"，当然，这条"路"不能是一条死路，而应该是一条捷径。从广义上来说，创新思维不仅表现为作出了完整的新发现和新发明，而且还表现为在思考过程中所运用的方法和技巧，在某些局部的结论和见解上具有新奇独到之处的思维活动。也就是说，创新思维不仅表现在结果上，也表现在过程和方法上。

创新思维广泛存在于生产、教育、艺术及科学研究活动等社会各行各业之中。在企业中，具有创新思维的人敢于突破原有的框架，可以想别人所未想、见别人所未见、做别人所未做的事，从而取得创造性、突破性的成就。

❋ 运用创新思维能得到什么

新的技术发明	新的观念和方法	新的方案和决策	新的理论
【例】企业开发出新的智能家居产品和服务	【例】传统行业企业运用新的微信和微博营销策略	【例】线上营销竞争激烈、利润微薄，企业开发线下市场	【例】根据多年管理实践，提出新的人力资源管理理论

从上面这些创新思维运用的结果可以看出，创新思维是"厚积薄发"的，需要长期积累并付出艰苦的脑力劳动。一项创新思维成果的取得，往往需要经过较长时间的探索和分析，甚至经历多次的挫折和失败。创新思维的能力也需要长期的积累和训练才能具备。创新思维过程，离不开推理、想象、联想、直觉等思维活动，它是一种需要付出智慧和汗水的一种思维活动。

知识点 ❷：创新思维的体现和作用

　　创新思维虽然意味着巨大的付出，但同样也意味着巨大的收益。创新思维的重要诀窍在于能够多角度、多侧面、多方向地看待和处理事物、问题和过程。具体表现在以下几个方面。

举一反三

　　举一反三是一种多向思维，也叫发散思维、辐射思维或扩散思维。在我们思考问题的时候，不能拘泥于一点，而要从已有的信息中尽可能向多方向扩展，不受已经确定的方式、方法、规则和范围等的约束，并且从这种扩散的思考中求得常规的和非常规的多种设想。

　　多向思维可以对一个问题产生许多联想，获得各式各样的结论；也可以对一个问题根据客观情况的变化而进行变化；而我们所得到的答案同样可以各不相同。这样的思维方式能让我们得到很多收获

【例】举一反三给我们带来了很多富有创造力的发明，比如可以骑的母婴自行车，可以拖地的拖鞋等

他山之石

　　当我们在一定的条件下解决不了问题的时候，可以运用侧向思维来产生创新性的突破。我们可以跳出本专业、本行业的框框，摆脱习惯性思维，将其他领域已成熟的、较好的技术方法、原理等直接移植过来加以利用。而另一个方面，因为地域的不同，我们在很多地方会有新的发现，这些发现有可能就会为我们带来很好的启示。比如，在其他国家已经习以为常的产品或服务在中国并不常见，这其中就可能蕴含着很多机会

【例】不同领域、不同地域之间的比较和差异带来了巨大的商机，比如美国出现的共享经济给中国的创业者带来了很大的启发

反其道而行之

　　反其道而行之是一种逆向思维。任何事物都包括着对立而又统一的两个方面。人们在认识事物的过程中，实际上是同时与其正反两个方面打交道，只不过由于日常生活中人们往往养成一种习惯性思维方式，即只看其中的一方面，而忽视另一方面。如果逆转一下正常的思路，从反面想问题，便能得出一些创新性的设想。懂得这一点，无论对于产品设计还是市场营销，都有非常大的助益

【例】逆向思维带来的好处往往会很大。比如在大部分手机厂商关注互联网渠道时，OPPO和VIVO却专注线下渠道并获得巨大成功

知识点 ❸：如何培养创新思维

好的思维方法能更好地触发灵感，获得创造性的思想，但它并非是人的天赋所造就的。实践证明，经过反复的训练，并积极摸索出适合自己的思想方法，可以让人形成良好的思维习惯。在这种习惯形成之后，就会大大提高自己的创造力。

✷ 培养创新思维的几种方法

多维思考
尝试从不同角度、不同位置、不同思维方式等方面去思考，往往会有一些意想不到的发现。

跳出定势
多思考自己的思维局限，并把思维带到完全不同的角度或方向，甚至可以天南海北地自由驰骋，突破常规。

求同求异
多作比较，而且要换不同角度进行比较，既要找出他们的相同点，也要找出他们不同点。

预测未来
充分发挥想象力，想象未来世界事物的变化，这样可以发现事物的变化趋势，找到突破口。

任意组合和联系
把大量不相关的东西放在一起，任意组合，胡乱联系，再经过筛选分析，从而启发思维，寻找灵感。

分解与综合
将大问题分解成很多小问题，考察每一个问题，或把不同问题汇总综合来看，可能就能找到解决方法。

课堂演练

思维演练

1. 苹果与五角星

用一个苹果和一把刀，得到一个五角星形状，应该如何做？

2. 第二次龟兔赛跑

第二次龟兔赛跑，兔子并没有偷懒，为什么还是输了？

3. 别针的用途

列举你所能想到的别针的用途。

4. 篮球赛

在最后一场校内篮球小组赛中，我班球队必须赢 6 分才有可能出线。现在球队领先对手 2 分，我方有球权，比赛还有 6 秒结束。在 6 秒内基本上不可能再得 4 分，作为教练，你还有没有其他办法？

第 3 章
探索创新机会

3.1 ◇ 哪里是风口：行业的观察分析

周新民：无人机开启创业梦

李桥臻.周新民：无人机开启创业梦.绵阳日报，2017-2-24

销售无人机 20 余架，实现净利润 70 余万元；为绵阳、南充、遂宁、自贡等地提供植保无人机服务，完成作业面 8 万余亩，挽回粮食损失上百万斤；成川内最大植保无人机服务企业……并凭借诸多佳绩，一举夺得中国科技城第五届高校毕业生创新创业大赛研发制造三等奖，他便是绵阳云燕航空科技有限公司总经理——周新民。

与无人机结下不解之缘

周新民，1994 年出生于南充市。在他上高中时，因贪玩成绩不佳，选择辍学务工。

做销售员、开挖掘机、和朋友合伙做生意……两年下来，业绩平平、血本无归。在一番思考后，周新民认识到，知识才是人生的敲门砖，技术才是人生的垫脚石，他决定再回学校。

2012 年，周新民进入绵阳职业技术学院学习，在经过之前的失败后，他十分珍惜这次来之不易的学习机会，如饥似渴地汲取知识，学习技能，他经常去图书馆看书查资料，并虚心向老师请教。

一次偶然的机会，他加入了学校的航模协会，从此"痴迷"其中，与无人机结下不解之缘。在航模协会，周新民和同伴们一起完成了多个项目，从简单的组装到制作，一步步摸索，他的专业知识愈发扎实，实操能力也越来越强，但他并不满足于简单的航模，开始接触无人机，常常废寝忘食地组装无人机，或在实训室制作零部件，在运动场和广场上试飞。有了自己的"爱机"，周新民开始参加各种科普、交流活动，以此增加自己对无人机和航模的知识储备。

成立云燕航空科技公司

一次放假回家干农活，周新民看见不少乡亲顶着烈日喷洒农药，不仅辛苦效率低，还危害身体，他突然灵光一闪：可不可以用无人机代替人去喷洒农药呢？

从此，他开始了无人机喷洒农药的尝试，但问题随之而来："飞机飞多高才合理，怎样让飞机喷洒的农药更均匀，实现最大化利用？"经过不断地学习、实践、尝试、失败、再尝试……2014年4月，周新民成功研制出首架农药喷洒无人机，并在家乡营山县进行试验，但因其技术欠缺，无人机故障频发，很多问题无法解决。

思量再三后，周新民意识到自身底子还是太薄弱，于是又进入绵阳特飞科技有限公司学习并积累经验，经过八个月的学习钻研，他掌握了更先进的无人机技术，接触了一些专家，对行业也有了进一步的了解。

2015年，借着创业政策的"东风"，周新民走上了创业之路，经过前期的历练，周新民积累了一定的经验和人脉，加之无人机行业的巨大前景，一家风投看上了他的项目，愿投资200万元发展该项目。天时地利，2015年8月，周新民成立了绵阳云燕航空科技有限公司。

"当时省政府下发了4000万元专项资金做植保统防统治，导致无人机植保市场井喷，我也正好赶上了好政策，很多客户主动找上门来！"说起公司第一笔订单，周新民有些兴奋。

致力无人机植保服务

最初在家人朋友看来，无人机不过只能玩一玩，谁知周新民却玩出了大名堂。

经过不断地研发升级，周新民的无人机已经能够根据飞机飞行的速度自动匹配农药喷洒量，确保对农作物精准施药，也正是这点，吸引了许多客户慕名前来。

通过近两年的发展，其团队目前已拥有一个新型专利和一个发明专利，公司固定资产累计120多万元，营业收入300多万元，实现净利润累计100余万，成为四川省最大的植保无人机服务企业。

"川内市场还没有完全打开，我们的规模还不够大，公司现在大部分时间都用在研发上，农业应急防控是一个很大的市场，我们今后将致力于这方面。"伴随着腾空而起的无人机，周新民将眼光投向了更加辽阔的天空。

小组讨论

1. 周新民选择创业行业的主要原因是什么？你认为他创业的时机如何？

2. 你有没有想要创业的行业领域？说说你的理由。

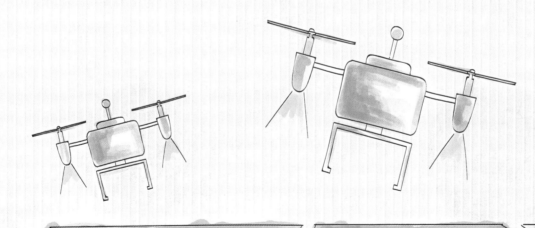

选对行业，顺风顺水

我们在创业时选择行业，就和航行时选择方向一样。如果我们选对了行业，很可能顺风顺水，搭上行业的便车快速发展。而如果我们选错了行业，那可能会像逆水行舟一样，难以发展壮大。

我们首先要认清楚行业的发展趋势与我们的创业选择之间的关系。一般来说，我们需要选择市场容量大、发展迅速的行业。在厘清这个关系之后，我们就需要掌握一些行业分析的方法，对我们想要选择进入的行业进行认真分析和判别，以获得决策依据。对于创业者而言，需要掌握一定的分析方法，但并不需要非常专业，重点应该放在数据的分析和处理上。

对创业者来说，选择行业的过程也是一个考验大局观的过程。眼界开阔、着眼长远是创业者必备的素养，我们在选择行业的过程中，需要留意自己是否具备真正的大局观，并在学习和实践的过程中着重培养。

/ 01 /
行业趋势
与创业选择

认识关系

/ 02 /
行业分析的
方法

掌握方法

知识点 ❶：行业趋势与创业选择

选对行业领域对就业来说无疑是很重要的，它关系到一个人的职业生涯。对于创业来说更是如此。

作为创业者，我们可以通过了解行业的生命周期对其发展趋势有一个概貌性的了解，从而帮助我们作出最有利的选择。行业的生命周期指行业从出现到完全退出社会经济活动所经历的时间。行业的生命发展周期主要包括四个发展阶段：幼稚期、成长期、成熟期、衰退期。我们可以从市场增长率、需求增长率、产品品种、竞争者数量、进入壁垒及退出壁垒、技术变革、用户购买行为等方面对其所处的生命周期作出判断，然后根据我们自身的创业实际（资源、技术、人才等）作出最有利于自己的选择。

幼稚期	成长期	成熟期	衰退期
市场需求不大，大众对产品缺乏认识。	市场需求逐步扩大，产品逐渐被大众认识和接受。	产品逐渐成熟，市场也趋于饱和，买方市场出现，行业增长速度降到一个适度水平。	大量替代产品出现，市场需求逐渐减少。
企业的销售收入较低，亏损的可能性较大，市场存在较大风险。	企业销售收入迅速增长，初期可能处于亏损或微利状态，然后利润快速增长。	市场竞争趋于垄断或相对垄断，少数大企业分享高额利润，市场风险较低。	企业的销售收入不断下降，利润水平停滞不前或下降。
风险投资往往青睐于这一时期的初创企业。	出于占领市场的目的，这一时期对投资的需求非常强烈。	对投资的需求不大。	市场风险增加，此时已经不适合投资进入。

 典型行业（2016 年）
可穿戴设备

 典型行业（2016 年）
新能源汽车

 典型行业（2016 年）
智能手机

 典型行业（2016 年）
非智能手机

知识链接

知识点 ❷：行业分析的方法

行业分析的目的是发现最具投资潜力的行业，其结果是决定公司投资价值的重要因素之一。创业者必须掌握一些行业分析的方法，了解行业本身所处的发展阶段及其在国民经济中的地位，同时对不同的行业进行横向比较，这对于了解企业未来发展潜力以及获取投资有很重要的意义。

进行行业分析，才能更加明确地知道某个行业的发展状况，以及它所处的行业生命周期的位置，并据此作出正确的投资决策。行业分析的内容包含行业发展的现状与格局分析、行业发展趋势分析、行业的市场容量、销售增长率现状及趋势预测、行业的毛利率、净资产收益率现状及发展趋势预测等。

❋ 几种常见的行业分析方法

1. 行业的市场类型分析

市场容量是市场所能容纳的产品或服务总数。创业者需要关心与项目直接相关的市场容量。

年均增长率可以反映一个行业的发展态势，创业者需要据此做出是否有利于创业的判断。

2. 行业的市场容量与年平均增长率

增长型行业

行业运动状态与经济周期无关，依靠新技术实现增长，如计算机行业。

周期型行业

行业运动状态与经济周期密切相关，如能源相关行业。

防守型行业

行业产品需求稳定，不受技术及经济周期影响，如食用盐行业。

3. 行业的经济周期分析

动动手

试着找出几个你感兴趣的行业，看看这些行业十年来的平均增长率与增长率的变化以及预期的市场容量。

大学生创业的行业选择原则及方法

陈东升，冯志坚，莫旋.大学生创业的行业选择原则及方法.改革与开放，2011-1

一、大学生创业的行业选择的影响因素

在了解行业选择的原则及方法前，需要提到大学生创业行业选择的影响因素，谈到原则及方法时都会要考虑这些因素。从哲学主客观方面来说，这里有两个方面的因素，内在因素和外在因素。

1. 内在因素

内在因素主要是大学生自身的条件，一般包括个人兴趣爱好、性格、个人能力、所学专业及风险偏好程度等。

众所周知兴趣是最好的老师，爱好是不竭动力的源泉。如果创业者是基于自身的兴趣来选择创业行业的，当然能投入更多的心思。知识和技能水平高，是大学生创业群体最显著的特征。但是，很多大学生在创业时很少考虑自身专业的特点，他们认为在受到资金、场地等条件限制的情况下很难发挥大学生的知识优势。对于风险偏好，当然也可以归为个人兴趣。

2. 外在因素

外在因素主要包括该行业的发展前景，具体化为盈利率、风险性、创新性、行业进入壁垒、竞争强度、政府对行业的扶持政策等。

选择创业行业的时候不但要注重行业现在的发展情况，而且要根据该行业现在的发展势头、政府的相应政策、世界经济的发展趋势、高科技产业的发展速度、该行业自身的特色和经营模式等一系列外在因素综合考虑该行业在未来的世界发展浪潮中所占据的位置，换句话说，就是要关注一下行业的发展前景。大学生创业者在创业初期对于利润率要有一个比较理性的认识，不要盲目地把利润率的高低作为衡量行业优劣的标准。

二、大学生创业的行业选择原则

如何进行创业的行业选择？不同的人对此问题的回答是不一样的。有的人重视行业本身的特点分析，强调所选择的行业一定要具备发展前景、进出容易、有利可图等特性。有的人从个人能力方面分析，强调量力而行、施展自己专长等等。本研究认为，两者都有可取之处，但一定要把两者结合起来分析。由于这一问题对于创业者的极端重要性，我们可以从以下几个方面来考虑：

1. 熟悉原则

自主创业，最大的错误可能就是选择了自己不熟悉、不了解的行业。如果熟悉这个行业，就可以缩短熟悉行业的时间，创业者也能集中精力做好其他方面的工作。

第一，选择熟知的行业。这几乎是每个成功创业者所崇奉的信条。就经营一个企业来说，成功与否很大程度上取决于你是否全面掌握和精通这一行业的基本情况和实务知识。

第二，选择与自己专业相近的行业。可以充分发挥专业技术优势，做到学用结合。

第三，选择能发挥自身特长的行业。特长是一个人最熟悉、最擅长的某种技艺，它最容易表现一个人在某种行业的能力和才华。事实证明，能够发挥自己特长的事业是最容易取得成功的事业。

2. 需要原则

创业是一种社会活动，任何行业也必须在一定的社会环境中生存和发展，必须要考虑社会发展的需要。

第一，挑选有发展前景的行业。判断一个行业的发展前景，重要的标准是行业生命周期理论。任何行业的产品和服务都有其生命周期，每一个生命周期都包括幼稚、成长、饱和、衰退四个阶段。有发展前途的行业大多是代表着社会发展需要的新兴行业，往往处于幼稚或者成长阶段，并有进一步发展的趋势，对于敢想、敢干、敢闯、敢为人先的大学生创业者来说，选择这样的行业进行创业更能体现人生价值、实现人生理想。如果选择那些产品已进入衰退期或"气数"已尽、无多大发展前途以及社会需求已近巅峰的行业，是没有多少创业价值的。

第二，选择国家政策扶植的行业。国家政策支持扶植的行业，必然会有很多优惠政策和条件，环境相对宽松，市场进入也会相对容易。目前，国家为了鼓励大学生创业，在很多方面都给予了政策上的支持，有些行业是国家大力鼓励大学生进入的。从而能降低创业风险，使创业更容易获得成功。

3. 适合原则

古人有云："三百六十行，行行出状元"。是说不论哪一行，都会有出类拔萃的人物。但这并不意味着创业者想干什么就一定能干好什么。创业者自身的经验、学识、能力、财力、社会关系等是很有限的，只能适合某几种行业，而不可能行行都适合。所以在选择行业时，除了要考虑社会需要和自己熟悉的原则外，还要考虑将要从事的行业是否适合自己干，即能否使自己的才能得到充分发挥，能否使自己的个性得到全面发展。

第一，选择需要人数少的行业。从经验上来说，即便在学校担任过学生会干部，这样的管理经验当然是进行创业的很好基础，但这两种管理毕竟是有区别的。那么整个管理过程是否能比较顺利有效地进行对于创业的成功与否有很大的影响。所以，大学生初次创业摊子不易铺得太大，即使是团体创业也不能人手太多，群体内部一旦人多，往往会使决策意见不够统一、创业目标不能一致、发生严重冲突，会对创业造成恶劣影响，甚至导致创业失败。

第二，选择投资风险较小的行业。虽然从经济学的角度来说，风险和收益往往是成正比例的。但对于刚开始创业的大学生来说，选择风险大的行业是不明智的做法。这不仅要承受较大的心理压力，而且对于没有经验的大学生来说，对于整个企业的把控能力和行业状况分析能力是有限的，他们创业成功率可想而知。所以，选择投资风险小的行业，通常容易使大学生获得创业成功、尝到创业甜头，从而能够激励创业斗志、提高创业的积极性，促使创业者持续创业。即使创业受阻或遭到失败，对创业者的损失或打击较小，还可以东山再起进行二次创业。

第三，选择资金周转较短的行业。大学生创业，大多数情况下都会遇到资金瓶颈，一方面是由于本身经济条件的限制，另一方面是因为投资公司往往不会青睐于大学生创业。对于大学生来说创业往往缺少的不是知识、技能，更多的是缺乏必要的经费和周转资金。虽然，国家已经在资金方面出台了一些有利于鼓励大学生创业的政策，但是，创业是一个长期的过程，大学生又少有融资渠道，不少创业由于资金周转时间较长而又得不到及时融资而中途夭折，这样的事例在现实中屡见不鲜。

第四，选择利润较高的行业。大学生选择利润较高的行业进行创业，能够很快获取高额利润，收回创业投资成本，有利于创业企业的发展和规模的扩大。相反，创业将会步履艰难、负重前行，在竞争激烈的当今，很难立足扎根、做大做强、立于不败之地。

三、大学生创业的行业选择的基本方法

如何确定一个行业是否具有广阔的发展前景和强大的生命力，是否适合自己创业，在坚持以上三个原则的基础上，大学生还需要进行社会调查和市场分析，并善于听取行家意见，在此基础上结合自身情况做出创业行业的选择。

1. 开展社会调查

调查对于社会阅历不深，对社会了解不多或者了解不够深入的大学生来说，是必不可少的。通过广泛的社会调查，搜集社会信息，大学生可以了解整个社会的需求和人们的需求状况；可以掌握国家、地方政策、法规对所选择行业的支持扶植力度；此行业领域的竞争程度和行业进入壁垒，投资此行业的经营管理成本、收益情况和风险度；目前该行业存在的问题和制约的因素等。创业者在进行社会调查时一定要深入细致，力求调查结果真

实可靠。

2. 进行行业分析

在进行了社会调查之后，大学生还需要对准备创业的行业做分析。

前面已经提到，任何一个行业都有其发展的一个可行性的行业分析。文化的环境和前景，以及这个行业已有和潜在的竞争对手及其实力，这些都需要创业者在准备阶段进行系统完善的分析。如有的行业现在看很是平常、并不壮大，却有着良好的发展前景和旺盛的生命力；相反，有的行业现在虽是如日中天、但长远来看将出现下滑。有的行业虽然表面上看非常紧俏，却已暗伏危机；而有的行业看来并不引人注目，却有着强劲的发展势头。这就要求每一个创业者要高瞻远瞩、认真分析、做出判断。

3. 听取行家意见

在广泛的社会调查和认真的行业分析之外，还需要认真听取行家或专家的意见。把通过社会调查和行业分析搜集的材料、信息、市场行情等进行初步分类整理，把汇总的结果和发现的问题向一些行家或专家请教，然后把各位行家或专家的各种意见收集起来，将其作为参考资料，再反馈给不同的行家或专家，如此反复，不断征询，直至多数行家或专家意见看法一致，或不再修改自己的意见为止，最终得出一个比较正确的创业行业选择。对于缺少实际经验、初次创业的大学生创业者来

说是获得了行业选择的依据，减少了行业选择的风险，并能为今后创业行业做出定量、定性的分析以及预测与评估，为成功创业选准道路。

4. 展开自我评估

在对社会和市场上可选择的行业有了基本了解和分析之后，大学生还必须对自己有足够清醒的认识，给自己作出准确的定位，做到"知己"，才能确定自己所适合进入的行业。"知己"是选择创业行业的根本出发点，在选择创业时人们往往不能准确地审视自己的优点和不足，盲目进行行业选择，导致创业失败。所以在选择自己适合的创业行业时，需要进行自我评估，清楚自己的实际情况：自己干过些什么工作？受过什么教育？知识、经验是否丰富、全面？动手能力如何？是否具备选择行业所应有的专业技能？个性如何？是否喜欢与人合作？社会交往能力如何？喜欢室内工作还是户外工作？对将要从事的行业是否无怨无悔等。在全面的客观的定位自己之后，才可能作出正确的行业选择。

总之，大学生在选择创业行业时除了进行社会调查、了解掌握行情，听取行家或专家意见、获取指路明灯，通过行业分析、明晰行业前景之外，还必须结合自身情况，做到"知己知彼"。只有做出有利于发展的正确选择，才能使创业顺利进行。

3.2 ◆ 抓住消费需求与痛点

引导案例

苏州"90后"职校生创业，目前公司估值上亿

袁艺. 苏州"90后"职校生创业，目前公司估值上亿. 苏州晚报，2016-4-21

在校创业时获利百万，目前公司估值上亿，其团队运作的微信界面访客量已突破5亿……这些标签都属于满欣网络科技有限公司 CEO 刘欣。更令人称奇的是，刘欣生于1991年，从苏州工业园区服务外包职业学院毕业还不满两年，互联网创业界称他为"低调的'90后'大神"。昨天，刘欣返回母校与学弟学妹们分享创业经验，妙语连珠，令人不得不感叹这位年轻小伙儿的创新思维能力。

出售自营网站掘得第一桶金，大学时靠创业所得买车买房

2010年，刘欣在老家南通读高三时就开始互联网创业。那时他正准备艺考，但在网络上没有找到一个界面好看的美术高考网站，于是他决定自己来做。完全依靠自学和创意，刘欣的网站成功运转，最后以5000元出售，他也掘得了第一桶金。

入读苏州工业园区服务外包职业学院后，他更是自己运营着大大小小数十个网站。老师们得知他的创业计划后，也都表示了支持。学校的创业园成了他的第一间办公室，刘欣开始发展同学加入他的团队。网页热潮渐衰时，他抓住了移动互联网的契机，与团队成员一起"玩转"微博、微信。大学期间，刘欣团队的主要盈利模式是售卖他们打造的网站、经营电商。大二时，他便买了汽车，临近毕业时，他和伙伴们靠创业所得都买上了房子。

团队被誉为"微信公众号之王"，目前粉丝总数达数百万

2014年，毕业后的刘欣没有停止创业的脚步，他和同学一起去了北京，他们的团队通过百度贴吧、QQ群等方式，用落地的技巧低成本引流，吸引粉丝，同时开发搜索工具，每天从大量公众号提取最受欢迎的文章，或模仿或转载，保证粉丝的留存率。

2015年，刘欣在中关村成立满欣网络科技有限公司，同年又在上海设立了分公司。提到满欣公司，人们可能并不熟悉，但提到"摇一摇新年签""关注看答案"等微信朋友圈应用，想必大家都不陌生。刘欣的团队被誉为"微信公众号之王"，创造了数个社交网络服务经典案例、微信最新界面的传播神话。

如今，刘欣意识到微信公众号的流量红利期已经结束，内容变得越来越重要。今年，他把精力主要放在原创新媒体报道上，面向细分、专业的客户群，提供优质信息服务。目前刘欣团队运营着40多个微信公众号，粉丝总数达数百万，一直处于盈利状态，其中发展得最好的一个公众号每天推送的头条阅读量在10万以上。

互联网是成就梦想的地方，大学生要自信更要有跨界精神

昨天，刘欣回到苏州工业园区服务外包职业学院，向母校汇报他的创业进展，并向学弟学妹传授创业经验。

刘欣感慨，互联网是一个能够成就梦想的地方，移动互联网创业大有可为。随着支付手段的成熟，互联网消费市场越来越稳定，而且现在有大量的资本愿意帮助年轻人创业。他说："互联网行业是属于年轻一代的，资本方需要年轻人的创意。"他鼓励创业的大学生们保持自信，更要有跨界精神，融合多领域技能优势，从力所能及的事情做起。

刘欣透露，他的团队最近已经开始转战微信群创业，即打造用户精细化区分的微信群，推送产品和服务。"靠广告盈利是传统媒体的思路，我们新媒体要通过产品和服务变现。"他直言不讳道。

小组讨论

1. 刘欣掘取的"第一桶金"是如何找到客户痛点的？

2. 刘欣对客户需求和痛点的挖掘对你有什么启发？

抓住痛点，满足需求

市场是创业成功的关键。抓住客户痛点、满足客户需求是对产品和服务开发的基本要求，如果创业者不能准确把握客户的痛点，创业势必难以成功。

我们本节首先要对客户需求有个较为深入的了解，了解其发展历程以及现在客户的需求特点，并把握住满足需求的关键——消除客户的痛点。然后将通过案例对客户的痛点进行分析和了解，领会一款产品或服务是怎样消除客户痛点的。最后学习和掌握把握客户痛点的方法。

抓住客户痛点考验的是创业者敏锐的观察能力和判断能力，我们需要在平时和创业的实践中不断加强自己对市场的观察能力，以更好地把握和满足客户的需求。

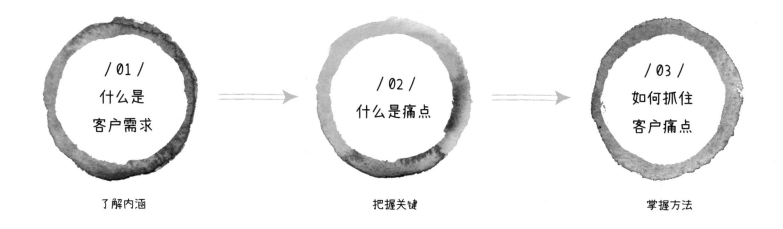

/ 01 /
什么是
客户需求

了解内涵

/ 02 /
什么是痛点

把握关键

/ 03 /
如何抓住
客户痛点

掌握方法

知识点 ❶：什么是客户需求

　　客户的需求是指客户的目标、需要、愿望以及期望。客户需求是促成购买行为最主要的因素之一。客户需求产生的主要因素有自然因素、人的自身经验总结、人际交往活动、经营活动等。

　　美国心理学家亚伯拉罕·马斯洛认为：人的需求从低到高分为七个层次，即生理需求、安全需求、归属和爱的需求、尊重需求、认知需求、审美需求和自我实现需求。马斯洛的需求层次理论对客户需求有着很好的指导作用，人们在不同的经济时代有着不同层次的需求。

体验经济时代
需求层次进一步的升华，客户需要更加个性化、人性化的消费来实现自我，客户的需求也随之上升到了"自我实现"层次。

商品经济时代
商品逐渐丰富，客户需求层次提升，商品质量和技术含量更受关注，人们以工业产品作为经济提供品满足生存和安全等需要。

服务经济时代
商品经济空前繁荣，客户对服务的需求及服务的品质要求日益增长。客户对社会地位、友情、自尊的追求，使高品质的服务成了满足需求的主要经济提供品。

产品经济时代
产品供不应求，人们以农产品作为经济提供品满足生存的需要。

知识点 ② : 什么是客户痛点

客户"痛点"，就是客户无法满足其需求的最大阻碍。由于痛点的存在才产生了最真实、最迫切的需求，如何直击痛点，是每一个创业者都应该认真思考的问题。

❀ 共享单车击中了什么样的痛点

痛点

拥挤，候车时间长，车站离目的地远，公交车可能堵车　　　　车费较贵，不划算，可能会堵车

客户需求：
市内短距出行

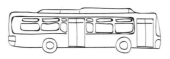　　　　

解决方案一：公交车　　　　解决方案二：地铁　　　　解决方案三：打车

> " 对客户来说，他并不一定清楚自己有某种需求，但对痛点一般都会有很深刻的感知。共享单车的成功之处并不仅仅在于解决了痛点，还发掘了真实的需求。只有读懂客户的产品才是好产品，出于对客户的透彻了解，才让共享单车变得风靡。 "

解决

花费少，直达目的地，没有拥挤、堵车的烦恼，节能环保，锻炼身心

 思考题

在共享单车流行之前，政府提供的公共单车其实早已存在。但公共单车为什么没有流行起来？它和共享单车有何不同？

知识点 ❸：如何抓住客户痛点

发掘客户痛点，可以从横向（用户行为的过程）以及纵向（影响用户行为的关键因素）两个方向入手。以共享单车和公共单车为例，用户需要获取授权、使用、归还三个行为过程，而影响其行为的因素有效用、可靠性、易用性和价格四个因素。

✿ 共享单车和公共单车的痛点分析

性能/效用：这东西能不能达到我想要的效果？

可靠：是否存在风险？是否用起来不稳定？

容易：做出该行为是否很容易、不需要思考？

价格：做出该行为花钱多不多？

	获得授权	使用	归还
效用	✗ ✓	✓ ✓	✗ ✓
可靠性	✓ ✓	✓ ✓	✓ ✓
易用性	✗ ✓	✓ ✓	✗ ✓
价格	✓ ✓	✓ ✓	✓ ✓

—— 公共单车　　　—— 共享单车

公共单车的取用和归还都在固定的地点，这一点与公交车或地铁并没有什么不同，因此没有真正解决"最后五百米只能走路"的问题，因此也没有真正解决客户痛点。

演练❶：价格与需求

客户的需求数量常常随价格变动。下面是小李对其班上同学针对某瓶装矿泉水的产品调查结果。

价格	5	4	3	2	1
需求量	1	3	6	15	20

根据这份调查，请讨论以下问题：

1. 价格对需求的影响如何？你认为这个产品最合适的价格是多少？

2. 是否价格越低需求越大、销售额越高？请认真思考并举例说明。

演练❷：痛点分析

对比共享单车，讨论和分析共享汽车是否能解决人们的出行痛点，讨论时注意其实施上的难点、面向的客户群体特征（比如，在一线城市和三线城市客户的具体情况有何不同）以及与"租车"这种方式的对比。

3.3 ◇ 进行市场调查与机会评估

南京职校生敢想敢做，在校创业就能月入七千

潘冬.南京职校生敢想敢做，在校创业就能月入七千.金陵晚报，2015-7-2

白色衬衣，背着卡其色的单肩包，面带微笑……记者眼前这个帅气的小伙子是江苏省南京工程高等职业学校 11 级信息系的优秀毕业生管宁川。别看他只是个 1996 年出生的小伙子，但他对自己的人生向来清楚。早在中考时，因为爱好程序，他毅然选择了职校；在校期间，敢想敢做的他瞄准快递代理的商机，月入数千元；如今毕业了，他打算在社会上好好沉淀，将来还是要走上创业的道路。

泡网吧，不为游戏为程序

作为信息系 11 级的学生，管宁川今年已经是四年级了。据了解，在学校的四年里，他一直是品学兼优的好学生，先后担任过班长、学生会学习部副部长、宣传部副部长、校园网络社区站长等职务，组织过不少丰富多彩的社团活动，并利用自己的专业特长开展过"计算机维修公益服务"活动，为老师和同学们解决一些电脑和手机的软硬件问题，得到了老师和同学们的一致好评。在每年的校级评优中，管宁川已连续 3 年荣获

"社会先进个人"称号。

不过说到自己现在的优秀表现，管宁川却有些害羞，他说："上初中那会儿不喜欢学习，课余时间常泡在网吧里，所以成绩不是很好，也就没有上高中，选择读高职了。"有趣的是，管宁川去网吧并不是为了打游戏，而是为了程序。"我很少打游戏，但对计算机的应用程序很感兴趣，所以常去网吧上网搜索和研究一些简单的程序，每次当我能够解决一个难题时，我感觉很兴奋，比打游戏有意思多了。"管宁川喜欢思考，在泡网吧的过程中，他不仅研究一些计算机方面的知识，还用心观察网吧的盈利模式及管理模式，寻找新的商机。

"在同网吧老板和管理员交流后，我发现网吧的电脑桌面系统是一个闲置的媒体，但是鲜有人去做这块。"于是，管宁川就自己动手开发了一个网吧桌面广告投放系统，与两个从事过网吧管理的朋友合伙，在老家洪泽成立了工作室，并与当地的十几家网吧达成合作。

有想法，发现快递代理商机

出于对计算机知识的喜爱，填志愿时管宁川选择了计算机专业。在学校，他一方面钻研学科知识，能吃苦有耐心；另一方面留心身边的学问，是一个善于发现问题并积极行动的人。

"我们学校离市区较远，附近没有大型的购物中心，同学们都喜欢网购，每逢寒暑假大家也都要往家里邮寄包裹。"当时学校还没有统一的快递代理点，在看到了市场需求和契机后，管宁川开始租房子，召集人马，走上创业之路。很快这个校园快递代理点的生意越做越大，不到两个月几乎覆盖了学校所有的快递收发代理。从2013年9月份开学校园快递代理点开始运营，一直经营到放寒假，月盈利已经有六七千元。然而经过一个寒假的思考，管宁川决定"全身而退"，"我还有好多东西不会，距离成功还差得太远，路还很长，我也不能只看到眼前的这点辛苦钱，我需要恢复一个做学生的本分，想继续深造，考本乃至考研。"

继续学习后，管宁川又重新思考了之前的快递代理。结合之前的校园代理运营实践，他研究设计了一份新的快递综合服务公司的商业策划书，并参加了2014年江苏省"挑战杯"大学生创业大赛。策划书中，有细致的调研，针对国内快递市场存在的种种弊端，还将最时新的大数据应用到公司的运营中来。在老师们的指导下，管宁川和参赛团队的小伙伴们不断优化设计方案，最终，这套具有较强应用性和创新性的创业策划书获得了省赛的三等奖。

谈未来，沉淀之后再创业

在学校的专业学习，又让管宁川对软件系统研发产生了浓厚的兴趣。近年来智能可穿戴设备逐渐进入公众的视野，管宁川对智能穿戴设备的第三方系统很感兴趣，并开始着手做一些创新尝试。"智能穿戴设备是应用穿戴技术对日常穿戴进行智能化设计、开发出可以穿戴的设备的总称，比如眼镜、手套、手表及服饰等。由于其造价成本高、技术复杂，很多相关设备仅停留在概念领域。"很多人只是在电视上看过智能穿戴设备，他却"如数家珍"。

"智能穿戴设备的研发，在国外最初是和健康理念联系在一起的，比如监测睡眠质量、心率跳动、身体疾病等，目前已经向便民生活方向发展了，我想做一个专属设备的应用商店，根据用户的个性化需求，设计第三方系统，创新用户体验"。前段时间，管宁川实施了这个小项目，很多想法处于规划期，也遇到不少技术上的问题需要去克服，但他却信心满满。

如今，管宁川已经正式从学校毕业，最近正在上海一家不错的IT公司实习。回想在职校的四年学习生活，他感觉很充实，因为"获得了许多锻炼的机会，在不断的失败和成功的经历中，他也从曾经的懵懂变得成熟，变得更适应社会"。不过，他也越来越发现，仅有实践是不够的，理论知识同样很重要，他会继续求学，充实自己的理论知识。等在社会上积累了足够的实践经验，又到大学里学到足够的理论知识后，他还是要去做自己最爱的事——创业。

小组讨论

1. 管宁川是怎样发现和评估机会的？

2. 作为一名有经验的创业者，毕业之后"先就业再创业"这种做法你是否认同？说说你的想法。

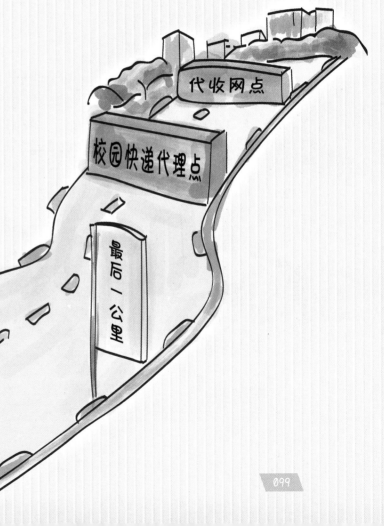

根据市场判别机会

如何才能知道一个机会是不是真正的机会？

机会是根植于市场的，没有市场基础，就没有可行的创业机会。我们在本节需要先了解什么是市场调查，它的目的、方向和内容，以便更好、更有效地利用好市场调查。然后，需要掌握市场调查的类别和主要方法，这是获取有效信息的重要保证。最后要根据调查的结果对我们的创业机会进行综合判断，了解其是否真正符合市场需求，是否是一个好的创业机会。

创业机会的判别需要创业者树立牢固的市场意识。市场意识是引领创业成功最好的指南针，如果仅有热情而没有这种意识，创业就很可能走弯路。

/01/
什么是
市场调查

了解实质

/02/
市场调查的
途径和方法

掌握方法

/03/
如何根据市场调查
评估创业机会

评估判别

知识链接

知识点 ❶：什么是市场调查

对创业者来说，很多有价值的信息往往是在平时不经意的时候发现的。作为一个有志于创业的人，在看新闻、去旅游、与人交谈等各种场合，都要做个有心人，时时留意有价值的信息。当然仅仅是这样还远远不够，我们必须进行专业化的市场调查，才能对机会和项目有一个清晰的认识，为创业打下良好的基础。

市场调查，是指带有明确目的，运用科学的方法，有计划地系统地搜集、记录、整理有关市场营销的信息和资料，分析市场情况，了解市场的现状及其发展趋势，为市场预测和营销决策提供有效的资料。

❀ 创业者应该进行哪些市场调查

创业者需要对创业项目的经营环境进行调查，如经济环境、行业环境、政策法律环境等。了解经济环境可以让创业者选择合理的发展策略，行业环境是进入行业的一次"摸底"。而政策法律环境也是需要重点了解的，了解公司运营的相关法律和国家对于创业活动的扶持政策是非常必要的。

经营环境调查

01

"知己知彼，百战不殆"，了解竞争对手的情况，包括竞争对手的数量与规模、分布与构成、竞争对手的优缺点及营销策略，做到心中有数，才能在激烈的市场竞争中占据有利位置，有的放矢地采取一些竞争策略，做到人无我有，人有我优。另外还需要重点调查了解目前竞争对手的销售渠道、销售环节、广告宣传方式和重点、价格策略等方面。

04 竞争对手调查

市场需求调查 **02**

创业者可以通过市场需求调查，对产品进行市场定位。比如调查市场对产品或服务的需求量，有无相同或相类似的产品或服务，其市场占有率是多少。另外，对于市场需求趋势的调查也是必要的。了解市场对某种产品或服务项目的长期需求态势，了解该产品和服务项目的需求是处于增加还是萎缩可以让创业者进入市场前有一个清晰的认识，作出正确的决策。

03

客户情况调查

客户情况调查包括两个方面的内容：一是客户具体需求调查，即客户希望从产品或服务中得到哪方面的满足。二是客户的分类调查。重点了解客户的数量、特点及分布，明确目标客户，掌握他们的详细资料。比如对于企业客户，应了解他们的进货渠道、采购管理模式，购买决策者等。如果客户是消费者个人，应了解目标客户的大致年龄范围、性别、消费特点、购买动机、购买心理等。

知识链接

知识点 ❷：市场调查的途径与方法

市场调查如何开展呢？我们需要掌握一定的途径和方法。调查可以用多种手段和方式，有目的地对信息进行收集、整理和分析，最终形成完善的市场调查报告。

按调查范围分

市场普查	对市场进行一次性全面调查，这种调查量大、面广、费用高、周期长、难度大，但调查结果全面、真实、可靠。
抽样调查	从调查对象中抽样进行调查，据此推断总体的状况。这是最常见的方式，用于市场需求情况的调查等。
典型调查	从调查对象的总体中挑选一些典型个体进行调查分析，据此推算出总体情况。如竞争对手调查就可采用这种方式。

按调查方式分

访问法	事先拟定调查项目，通过面谈、邮件、电话等方式向被调查者询问以获取信息。简单易行，有时不需要很正规。
观察法	亲临购买、服务现场，直接观察和记录客户类别、购买动机、消费方式和习惯、商家价格与服务水平、经营策略等。
试销法	可以通过试营业或产品试销，来了解客户对于产品的反应以及市场需求情况。

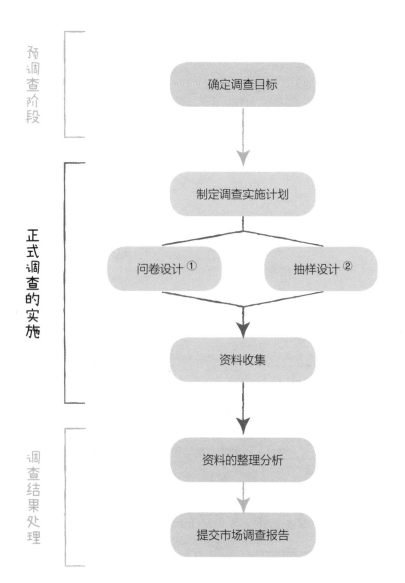

预调查阶段

正式调查的实施

调查结果处理

确定调查目标

制定调查实施计划

问卷设计 ①

抽样设计 ②

资料收集

资料的整理分析

提交市场调查报告

✿ **抽样问卷调查流程**

抽样问卷调查是最常见的市场调查方式之一，可以印刷分发和回收，也可以在互联网上发起调查。

① 调查问卷一般由四部分组成。开头部分为填写说明、问候等；甄别部分为判断选择，筛选出目标调查群体；主体部分是具体的调查问题，需要注意逻辑、条理和客户意愿，设置防御策略防止乱填；背景部分为被调查者的一些背景资料比如年龄、教育程度等。

② 抽样首要先要确定所要估计的目标数量及抽样单元，比如个人还是以家庭为单位；其次需要对主要目标的精度提出要求，确定误差率；再次需要选择抽样方案的类型；最后确定样本量，并给出总体目标量的估值。

知识点 ❸：如何依据市场调查评估机会

在获取市场调查报告之后，创业者对所面临的市场情况有了比较清晰的认识。在这个基础上我们可以对创业项目进行认真的审视，判断其是否是一个真正的好机会。

如何利用市场调查来评估我们的创业机会呢？我们可以从未来企业经营的大环境、市场的具体情况、竞争者状况三个方面来进行评估。

经营
环境

创业者首先要了解与经营业务有关的政策法律信息。比如是国家鼓励还是限制的业务、国家和地方管理的措施及手段。另外，国家和地方的扶持政策也需要多加了解，这也是可以借用的有利因素。

其次，项目所属行业的发展状况、发展趋势、行业规则及行业管理措施也是重要的考量点。

最后，宏观经济状况直接影响客户的购买力，也需要作为一个重要的考量。掌握"大"气候的信息，是做好"小"生意的重要参考。经济景气宜采取积极进取型经营方针，经济不景气也有挣钱的行业，也孕育着潜在的市场机遇，关键在个人的把握和判断。

市场是判定机会最重要的依据之一。市场是否饱和，客户需求是否被有效满足等都是判断机会是否存在的重要依据。

我们还必须对市场是否饱和以及市场的成长性有一个清晰的认识。一般来说，成长性越好、市场离饱和状态越远，进入的时机越好。市场在接近饱和的状态下，增长速度会大幅放缓，这时候市场一般竞争激烈而且利润不高，这个时候进入不是一个好的选择。

客户的情况直接决定了未来产品或服务是否受欢迎，能否快速扩大市场份额等。如果调查显示客户对产品或服务不感兴趣，就需要寻找原因并重新考量机会。

市场
情况

在市场经济条件下，很难做到一花独放。即使在刚开始经营时，没有真正的竞争对手，比如在某个城区开第一家私房菜馆，可一旦生意兴旺，马上就会有很多人学习你的业务模式，加入竞争的行列，成为你的竞争对手。

我们需要了解竞争对手的销售渠道、销售环节、最短进货距离和最小批发环节、广告宣传方式和重点、价格策略等，然后对比自身情况，看看自己的优势和劣势在哪些地方。如果很多方面都难以竞争，那么这样的机会就不是一个好的机会。我们也可以观察对手的营销策略和促销手段是否有效，这对我们未来的经营是一个很好的参考。

竞争
状况

课堂演练

演练❶：网络调查问卷分析

1. 老师课前在网络上寻找知名市场调查公司进行调查问卷（以 20～30 题为宜），并将其截屏保存。

2. 演示调查问卷，并引导学生完成问卷调查。

3. 讨论分析调查问卷设计的目的、效果以及防御策略（比如，如何防止被调查者乱填）。

4. 对讨论和分析结果进行总结。

演练❷：设计问卷

1. 老师设定一个市场问卷调查目标（比如，对于某一类新产品定价的调查）。

2. 学生独立完成 15 道题左右的问卷调查，其中必须包含防御策略。

3. 学生上传到网络调查网站。

4. 课后跟踪调查结果并作出简要报告。

3.4◇新兴产业：商机无限

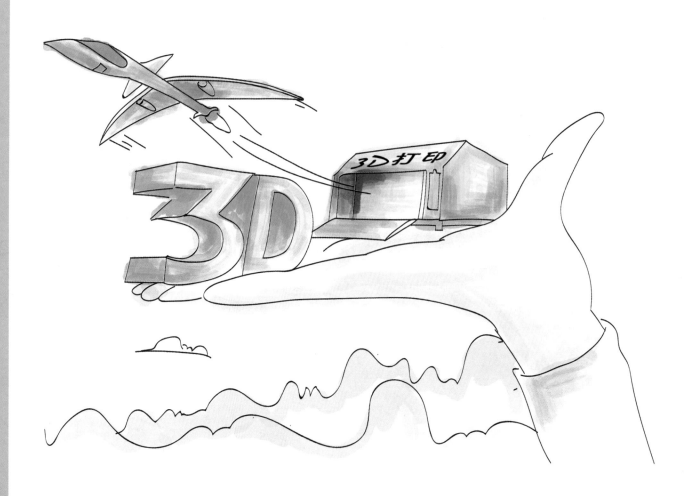

一名职校生的创业故事

沈晓飞.一名职校生的创业故事.三江都市报，2013-11-6(B05)，有删减

不断尝试，在过程中发现商机

"现在年薪十万比起一些其他领域的成功者，我们只能说是刚起步而已。"第一次采访到谢展鹏时，他的谦虚给记者留下了特别的印象。谢展鹏，今年32岁，2002年毕业于峨眉山市职业技术学校(原名为峨眉一职中)电子专业。他告诉记者，当初选择中职是因为自己的文化成绩在初中班上并不出色。而想学一门出色的技能，却成为当时自己的另一种奢望。"我的父亲告诉我，既然成绩不好读不了大学，不如趁早学一门技能。有技术在手，很快就能在就业中找到定位。"谢展鹏说，自己当时并不理解父亲的这一番话，但当自己从峨眉山市职业技术学校毕业后他才懂得，原来每天枯燥的专业课为他今后的就业打好了基础。

"刚毕业，那时我们只能在一些私人企业做用电设备的安装、维护等。其实就是电工工种，我毕业后就来到了犍为县某电器设备厂工作。"2003年初，谢展鹏带着憧憬从峨眉山市来到了犍为县。作为电子专业的技能好手，刚到这家电器设备厂不到半年时间，他就成为了这群年轻人中的技术尖子。当时谢展鹏的工资只有900多元/月。

"作为一名电工，我感觉自己对于电子仪器的判断嗅觉是与生俱来的，可能是天生就喜欢的原因。"谢展鹏谈到。大概在2005年5月，谢展鹏决定离开这家电器设备厂，去外省开拓下眼界。他只身一人前往浙江义乌的某电子产业基地试水。"那年去浙江的决定对我今后的创业带来很大帮助。"谢展鹏说，当他带着满腔热情前往浙江时，他在义乌找到了一家负责承接农村太阳能电器安装、仪器电工应用与维护的公司，这家公司当时特别需要谢展鹏这类有经验的电工人才，也给谢展鹏开出了3200元/每月的工资，每年还有两万多块的年终奖金。当时这样的待遇着实让谢展鹏感到惊讶。

在2005年至2008年期间，谢展鹏开始在浙江带领着一批刚从中职学校毕业的电工专业学生一同下农村，走乡镇，安装太阳能热水器、取暖设备等。在此期间，谢展鹏看到这一领域的商机，加上自己又拥有安装技术。2009年春天，谢展鹏决定回家乡创业。

辛苦创业，新能源行业掘金

"当时创业的念头非常强烈，同时也深知其中困难重重。"谢展鹏向记者回忆。首先，由于自己手里资金不够；再者就是对四川各地农村太阳能产业的发展并不了解。于是，他在浙江到处寻找投资商，希望和他一起来做这样一件事情。

功夫不负有心人，谢展鹏在义乌找到了两家太阳能设备公司愿意与其合作，承诺可以先为其铺货，以半年结账的形式让他代理这些太阳能设备，而加盟保证金让谢展鹏也能够承受。

"记得当时是2009年的11月，那年特别冷。我带着简单的行李和头一批设备回到了峨眉山市。和几个过去的朋友开始筹划起了我们自己的创业项目。"谢展鹏说，我们从市场调查开始，几个人分批同时进行。将前期市场调查，下农村走访了解，做好产品宣传等工作明确分工。很快在一年后，我们的太阳能产品开始进入乐山周边的一些农村乡镇。

"当时我们不仅销售产品，我还亲自带领工人下去安装调试维护。只要是我亲自带领去安装的设备，至今都没有任何问题。现在回想起来，那几年真的特别辛苦。"谢展鹏向记者回忆时，长叹一口气。他说如果没有自己当时义无反顾的坚持，或许就没有今天的成功。从2010年到2013年，这三年的时间，谢展鹏的公司已经发展成为了川南地区的区域代理，谢展鹏也从当时亲力亲为的老板兼工人摇身变为旗下拥有80多名员工的管理者，他们公司也在成都拥有固定办公点，谢展鹏的收入也在水涨船高。

"我要感谢职业教育让我有了这份特殊的经历，以及打开了我的视野。让我如今能够发展壮大。同时我希望现在选择职业教育的学弟学妹们能够认真学好自己的知识和技能，将来走向社会后才能更好的运用。"谢展鹏告诫眼下的职校学生，绝不能养成浮躁心态，必须厚积薄发，规划好职场生涯，在就业过程中去找准定位和契机，只有这样才能获得成功。最后，谢展鹏表示："一个人的成功绝不是偶然，而付出一定是必然。"

小组讨论

1. 2000 年以来我国太阳能热水器发展迅猛，年产量以 20% ～ 30% 左右的速度增长。你认为谢展鹏公司的发展与新能源行业的快速发展有无关联？

2. 谢展鹏的专业对他选择创业领域有什么影响？

新兴产业，创业捷径

新兴产业是科技发展的产物，既是国家大力扶持的领域，同时也具有广阔的应用前景。因此，在新兴产业中创业不失为一条创业"捷径"。

本节我们首先要了解什么是新兴产业。我国重点扶持的新兴产业有七大领域、二十多个方向，这是我们关注的重点。其次我们需要了解如何寻找新兴产业中的商机，我们可以从新兴产业的产业链以及新兴产业的应用两个方向进行寻找。

需要指出的是，新兴产业创业虽然前景较好，但一定要从自身实际出发，不能冲动行事。创业是一条既需要热情也需要耐心和冷静的事业，只有从自身实际出发，牢牢把握自身优势，才能最终成功。

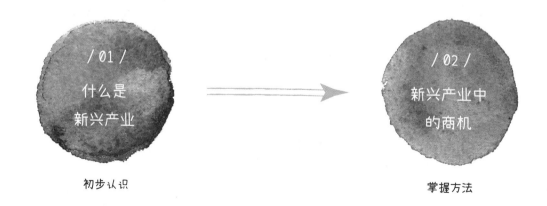

/ 01 /
什么是
新兴产业

初步认识

/ 02 /
新兴产业中
的商机

掌握方法

知识点 ❶：新兴产业

　　随着新的科研成果和新兴技术的发明和应用，出现了新的部门和行业——新兴产业。当代新兴产业主要是指电子、信息、生物、新材料、新能源、海洋、空间等新技术的发展而产生和发展起来的一系列新兴产业部门。

　　依据国家战略性新兴产业规划及中央和地方的配套支持政策，我国确定了七大领域、23 个重点方向的新兴战略产业框架。这"七大领域"包括"节能环保、新兴信息产业、生物产业、新能源、新能源汽车、高端装备制造业和新材料"。

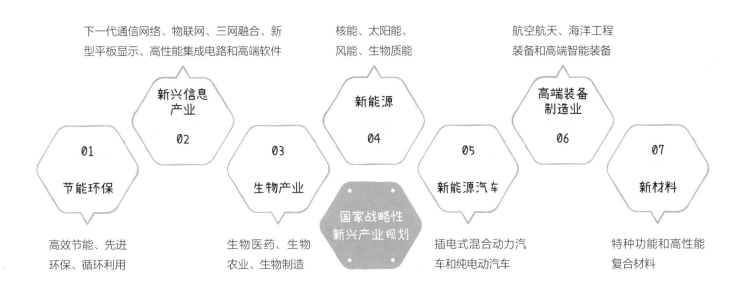

知识点 ❷：新兴产业中的商机

不少新兴产业既有巨大的市场潜力，同时也是国家大力扶持的产业，在这两项利好的辅助下，新兴产业势必将成为最有利于寻求创业机会的领域。

那么，对我们来说，怎样从新兴产业中寻找合适的商机呢？

❀ 商机发现途径之一：从新兴产业的产业链及相关领域中寻找创业机会

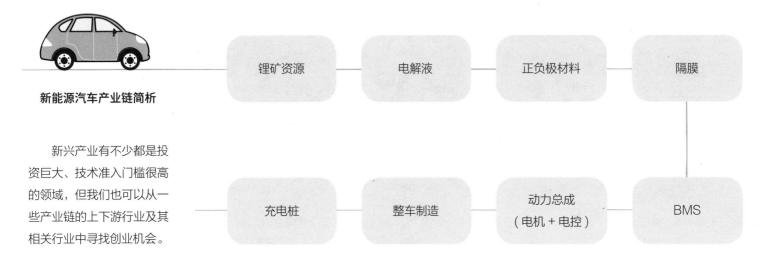

新能源汽车产业链简析

新兴产业有不少都是投资巨大、技术准入门槛很高的领域，但我们也可以从一些产业链的上下游行业及其相关行业中寻找创业机会。

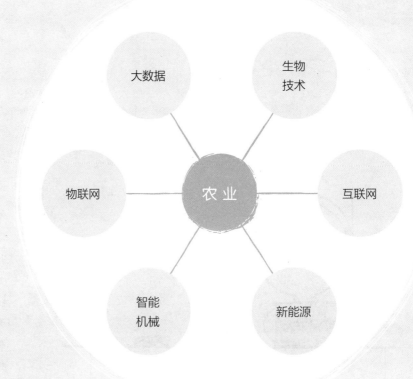

❀ 商机发现途径之二：从新兴产业与传统产业结合的领域寻找创业机会

新兴产业最终会用于各类领域中，因此在传统行业应用新兴产业的领域里寻找创业机会是一个很好的办法。比如本章第一节引导案例中的"无人机 + 农业"就是一个非常好的例子。

两会看商机：2017 年最火爆的科技行业

冯庆艳，刘创，沈怡然.两会看商机：2017 年最火爆的科技行业.经济观察网.http://www.eeo.com.cn/2017/0308/299685.shtml

编者按："嫦娥奔月""蛟龙探海"这些喜人的科研成果背后，科技缔造社会经济巨变的同时，越来越和老百姓的日常生活密不可分，今年政府工作报告中明确指出，创新引领实体经济转型升级——提升科技创新能力……让科研人员不再为杂事琐事分心劳神；加快培育壮大新兴产业，全面实施战略性新兴产业发展规划；大力改造提升传统产业；持续推进大众创业、万众创新；全面提升质量水平。那么，今年哪些科技产业最先实现跨越发展，哪些行业最可能率先诞生具有国际竞争力的创新性领军企业……

1. 大数据

市场爆点：415 亿美元

机会："国家大数据战略"被纳入"十三五"规划纲要（草案）两年多以来，今年 1 月 17 日，工业和信息化部就正式印发了《大数据产业发展规划 (2016－2020 年)》，政策力挺，大数据市场培育不断成熟，信息行业（互联网和电信）、政府、金融目前乃至未来都是投资重点，医疗、零售、交通、环境、智能家居、未来小区等领域的大数据应用范围正在不断扩大。数据淘金和数据创业仍将持续。

背景：经过几年萌芽发展，到 2015 年政策力挺下进入高速发展期，2016 年又进入成熟期，2016 年从国家各部委到地方政府都有关于大数据的政策出台，据调研机构 IDC 预测，大数据分析及其相关的市场的复合年增长率将达到 26.4%，在 2018 年全球将发展到 415 亿美元的规模，到 2020 年大数据分析技术将成为所有国家经济增长的关键动力。

挑战：虽然政策扶持下，去年大数据发展亮点纷呈、势头迅猛，但该领域仍存在各种制约因素，主要有：数据管理环节漏洞较多，以及由此引发的运营成本过高、资源利用率低、应用部署过于复杂和扩展差等难点。数据资源保护的相关法律法规和保障信息安全开放的标准规范仍然缺乏，多数企业对数据的管理能力不足，尚未建立完备的数据管理体系以兼顾数据的安全与发展。另外，技术发展相对滞后的问题也较为突出，主要包括技术创新能力不足、技术壁垒仍存等。大数据人才缺口等问题仍存在。

2. 云计算

市场爆点：3900 亿美元

机会：为了激活云计算的发展，国务院在 2015 年就出台了《关于促进云计算创新发展培育信息产业新业态的意见》（简称"5 号文"）等政策，云计算技术体系将逐步完善，发展水平将得到大幅提升，尤其是随着工信部"工业云服务平台试点示范"工作的持续推进，将会有越来越多的制造企业构建私有云平台或依托公有云开展服务，进一步提升面向制造业的云计算服务水平。

据 IDC 预测，2017 年中国公有云（主要指 IaaS、PaaS) 市场规模将超过 150 亿元，基于大数据、人工智能等带动的云计算消费将进一步提升公有云的市场需求和空间。预计到 2020 年，全球云计算市场规模将达到 3900 亿美元。

背景：自 2006 年 8 月，Google 在业界首次提出"云计算"概念以来，云计算发展至今已十年有余，十多年来，各种类型的企业纷纷拥抱云计算，云计算几乎改变了整个 IT 产业格局。云计算领域海量数据存储管理、大规模用户并发、数据中心绿色节能等核心关键技术环节不断取得突破，云计算在工业转型升级、智慧城市建设、食品药品监管、环境污染检测等领域得到了广泛应用，2017 年，云计算产业也将保持高速发展的态势。

挑战：云计算的服务计算模式、动态虚拟化管理方式以及多层服务模式等引发了新的数据安全问题；云服务合约所具有的动态性及多方参与的特点，对责任认定及现有信息安全标准体系带来了新的冲击；云计算的强大计算与存储能力被非法利用时，将对现有安全管理体系带来巨大冲击。

3. 物联网

市场爆点：1.8 万亿元

机会：随着电信网络特别是无线网络的扩展，传感技术的发展，我国推广物联网的条件逐步成熟。国家工信部明确提出要进一步研究建设物联网，加快传感中心建设，推进信息技术在工业领域的广泛应用，物联网应用到公共事业，将技术引入到水务、照明、环保、电网、交通、消防等多个领域，帮助政府实现对城市的智能化管理，着力打造真正的"智慧城市"。未来物联网将渗透到人类社会生活的各个产业环节，为人类生产生活带来巨变。

背景：物联网作为通信行业新兴应用，在万物互联的大趋势下，市场规模将进一步扩大。随着行业标准完善、技术不断进步、国家政策扶持，中国的物联网产业将延续良好的发展势头，为经济持续稳定增长提供新的动力。根据工信部的数据，2014 年我国物联网产业规模达到了 6000 亿元人民币，同比增长 22.6%，2015 年产业规模达到 7500 亿元人民币，同比增长 29.3%。预计到 2020 年，中国物联网的整体规模将超过 1.8 万亿元。物联网设备及服务提供商、物联网应用主体等，对物联网行业发展都偏乐观。

挑战：经过几年的发展，我国物联网在技术研发、标准研制、产业培育和行业应用等方面已具备一定基础，但仍然存在一些制约物联网发展的深层次问题需要解决，比如产业标准不统一、行业竞争加剧等风险存在。

4. 人工智能

市场爆点：首列政府工作报告

机会：2017 年，人工智能首次写入政府工作报告，作为新兴产业提上国家议程。今年两会人大代表、科大讯飞董事长刘庆峰表示，2017 年将成为人工智能概念与应用的分水岭，实现人工智能在部分领域的应用落地，比如在教育、医疗等领域会率先突破。

背景：2016年5月23日，国家发展改革委、科技部、工业和信息化部、中央网信办四部门联合印发了《"互联网＋"人工智能三年行动实施方案》，培育发展人工智能新兴产业，推进重点领域智能产品创新，提升终端产品智能化水平。2017年2月，MIT Technology Review(麻省理工科技评论)公布全球十大突破性技术时，重点提及人工智能。

挑战：资本助推下，人工智能创业浪潮兴起同时浮现一些泡沫。据新智元一份调查数据显示，2015年人工智能创业领域，32家企业2015年总营收均值2000万，根据国内98家企业填报估值来看，平均估值达到10亿元。百度深度学习实验室优秀科学家徐伟称，当前人工智能的发展，很容易让人想起2000年的互联网泡沫。

5. 集成电路

市场爆点：全球最大市场

机会：集成电路(半导体芯片)半导体芯片被喻为"工业粮食"，广泛应用于计算机、网络通信、电子消费等多个产业，关涉国家信息安全、国防安全建设。中国是全球第一大半导体市场，但高度依赖进口。随着智能移动终端、云计算、物联网、大数据等产业需求的增长，集成电路在未来将扮演更重要的角色。

背景：为了打破高度依赖进口的现状，2015年底国家集成电路产业投资基金融资超过1000亿元，南京、武汉、辽宁等各地政府也在通过设立产业基金、租税优惠或设立产业园等多种方式支持半导体产业。中国政府的产业基金、投资机构和实体企业在产业发展过程中，都扮演了重要角色。

挑战：虽然中国半导体市场庞大，但半导体产业资金投入大、技术门槛高，中国的半导体技术仍然落后于西方国家。虽然近年来中国企业收购国外半导体厂商案例频现，在获得规模与产量增加的同时，如何获得先进技术仍是一个问题。

第 4 章
构建商业模式

4.1◇ 什么是商业模式

引导案例

挖掘真人"书"的丰富生活经验，杭州"真人图书馆"呼之欲出

孙寅乔.挖掘真人"书"的丰富生活经验，杭州"真人图书馆"呼之欲出.每日商报，2013-5-28

"爱上深呼吸"真人图书馆是浙江商业职业技术学院的几个大三学生创立的。全国共有三家高职学院入围创业大赛决赛。

今年以来，北京、香港、广州、济南、长春、上海等地，"真人图书馆"陆续涌现在高校图书馆、书店、咖啡厅，甚至公园的草地上，而最有意思的口号是：读会行走的书，阅有故事的人。真人图书馆有别于传统图书的优势在于它提供的真人"书"有丰富生动的生活经验，这种服务通常在其他地方无法得到。

今年即将毕业的王和荣和他的同伴，对创业有着自己的见解。王和荣说："创业和就业是不冲突的，通过就业获得资源可以支撑创业，有过创业经历再去就业优势也会更加明显。今年的就业形势很差，那么以创业带就业就是很好的一条出路。"

"爱上深呼吸"有自己的网站和实体线下活动场地，在杭州西溪湿地博物馆新建了合作战略基地，共同搭建一个学习交流的平台。他们会把线下参与活动的真人制作成微视频上传到网上，提供网站语音交流。"现在网站注册用户有1000多，公司未来的发展首要任务是积累用户。"王和荣说。

答辩环节中，这个团队一开始就被问到商业模式。王和荣介绍："目前赢利点在两块，一块是活动策划，另一块是服务外包企业或者学校的视频。以图书馆的名义，进行创业的交流，邀请企业优秀人员跟我们网站用户进行业务或者思想上的交流，这无形中扩大了企业的品牌影响力。我们网站上会有专门的企业宣传或者学校宣传视频，还有为学校开发的网络课程，这是可以纳入学校的教育体系的，学校可以直接购买，每年付费。"

"爱上深呼吸"比赛后这个团队马上要去富阳拍摄一个非遗课程。"学校现在的网络课程视频都太陈旧，素材和形式不够新颖。"王和荣要对此做出改变。

小组讨论

1. 你觉得"真人图书馆"项目是否能创业成功？他们的商业模式是否可行？

2. 说说你对商业模式的理解和认识。

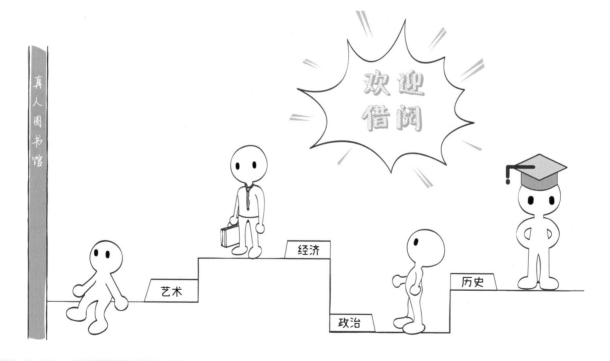

商业模式，创业之本

　　商业模式是现在很多创业者挂在嘴边的"时髦"词汇，但其实真正了解其内涵并能付诸实践的并不多。对创业者而言，商业模式是企业立足的根本，没有成功的商业模式，就不可能成功创业。商业模式是一个很复杂的体系，包含的内容很多，需要通盘考虑、认真理解。

　　我们首先需要清楚什么是商业模式，对商业模式有一个简明的认识。然后我们需要进一步了解商业模式的可视化工具——商业模式画布，初步认识商业模式画布的九大构造模块。这些都会为下一小节中对商业模式九大构造模块的详细解析打下基础。

　　商业模式是一种非常实用也非常有效的分析工具。对于创业者而言，需要从总体上进行把握，并逐步体会各个构造模块之间的关联。只有这样，才能对商业模式有一个比较深入的了解并付诸实践。

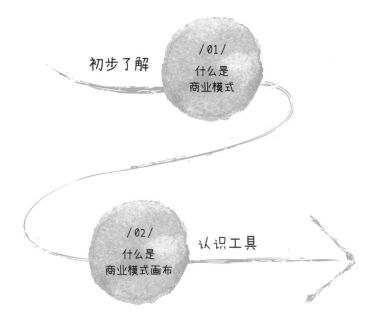

初步了解

/ 01 /
什么是
商业模式

/ 02 /
什么是
商业模式画布

认识工具

知识点 ❶：商业模式是什么

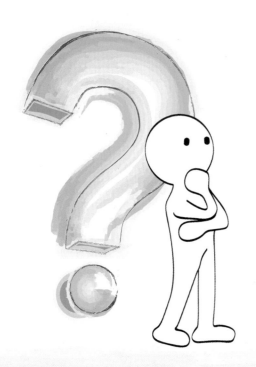

尽管"商业模式"这个词早在 20 世纪 50 年代就出现了，但直到 20 世纪 90 年代才开始被广泛使用和传播。而现在，商业模式已经成为了创业领域的一个"热词"，所有关注创业的人都津津乐道于"商业模式"。很多人都说，有了一个好的商业模式，就等于成功了一半。那么，商业模式到底是什么呢？

简单来说，商业模式就是一个企业通过什么途径或方式来赚钱。比如说，早餐店通过卖早餐来赚钱，快递公司通过收发快递来赚钱，网站通过点击率来赚钱，通信公司通过话费和流量费来赚钱等。但需要注意的是，这个赚钱的方式其实包含了一套复杂的机制。以两家早餐店为例，如果一家专门做互联网外卖，而另一家以堂食（店内消费）为主外卖为辅，这就决定了他们的成本结构、销售渠道等各方面的不同，也就是说，他们赚钱的方式——商业模式是不同的。

✳ 商业模式的定义

"商业模式"这个词的"诞生"已经超过了半个世纪，而且现在出现的频率也很高，然而关于它的定义仍然没有一个权威的版本。其实我们仔细推究就能发现，下面这些定义虽然说法不同，但其实质大体上都是一样的。

定义一：
概念性工具

商业模式是一种包含了一系列要素及其关系的概念性工具，用以阐明某个特定实体的商业逻辑。它描述了公司所能为客户提供的价值以及公司的内部结构、合作伙伴网络和关系资本等借以实现（创造、推销和交付）这一价值并产生可持续盈利收入的要素

定义二：
整体解决方案

为实现客户价值最大化，把能使企业运行的内外各要素整合起来，形成一个完整的高效率的具有独特核心竞争力的运行系统，并通过最优实现形式满足客户需求、实现客户价值，同时使系统达成持续盈利目标的整体解决方案

定义三：
企业价值原理

商业模式描述了企业如何创造价值、传递价值和获取价值的基本原理

知识链接

知识点 ❷：商业模式的可视化解读——商业模式画布

如果要直观地了解一件事情，最好的办法莫过于把它画出来。"商业模式画布"正是这样一种可视化工具，能把商业模式直观地展现出来。

从商业模式画布图中可以看到，商业模式有九大要素，分别是：客户细分、价值主张、渠道通路、客户关系、收入来源、核心资源、关键业务、重要合作、成本结构。这九大要素是联系紧密的整体，不可以割裂开来看。比如，某个价值主张必然是根据某个特定的客户细分而提出来的，不同的客户细分不仅决定了价值主张的不同，同时也决定了客户关系和渠道通路的不同。我们在学习的时候需要认真揣摩各个要素之间的关联，只有这样才能真正读懂商业模式。

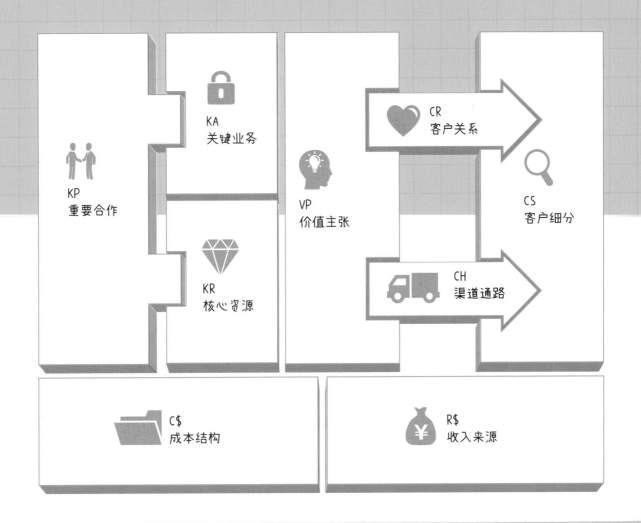

互联网创业 24 种商业模式，你能做哪个

网易科技报道.互联网创业 24 种商业模式，你能做哪个.网易网.http://tech.163.com/15/0709/12/AU34FUS600094P40.html

所谓互联网思维，与传统行业最迥异的，应该就是商业模式问题。传统行业思考的只是产品创新，而互联网行业似乎还得思考商业模式创新。

比如 Google，在 1999 年时候，大家还为 Google 没有商业模式而担忧。Facebook 上市了之后也仍旧没有明确的商业模式。

但是，现在怎么样，Google 和 Facebook 现在都不怎么为收入发愁。所以是不是能直接从用户身上赚钱无所谓，只有用户数量积累到一定程度，自然有赚钱的门道"涌现"出来。所以，只要你的产品能够吸引到足够多的用户，就能看到商业模式了。

互联网行业经历了这些年来各路人马的尝试之后，已经基本上摸索出了所谓互联网思维下的商业模式套路。在产品积累到足够的用户后，这些现成的商业模式都可以拿来为我所用。初步归纳一下，可能会有 24 种模式商业模式。当然，更多聪明绝顶的企业，还在不断开拓新的商业模式。

一、实物商品的商业模式

如果你的产品，是某种物品，受众可以直接持有和使用你这个物品，也就是通常意义上的商品 / 货物，那么你的商业模式就很简单，基本上就是四个套路。

1. 自己生产、自己销售：自己直接生产、直接销售给用户。

2. 外包生产、自己销售：把生产环节外包出去，自己负责直接销售给用户。

3. 只生产、不销售：自己负责生产，交给分销商销售。

4. 只销售、不生产：自己作为分销商，或者提供销售商品的交易市场。

亚马逊、京东等电子商务网站，就是前面的第 4 种商业模式。

如果你的产品不是某种物品，受众们不能直接持有和使用，那么你怎么赚钱呢？下面看看所谓互联网思维下的商业模式。

二、广告

自从谷歌开始在搜索结果旁边放广告以来，广告已经成了互联网行业默认的首选变现方式。实际上，广告本来是平面媒体的主要商业模式，现在互联网行业已经彻底抢走了广告领域的风头。

1. 展示广告：展示广告一般形式是文字、banner 图片、通栏横幅、文本链接、弹窗等，通常是按展示的位置和时间收费，也就是我们所说的包月广告或包天、包周广告。这是目前最常见的模式。

2. 广告联盟：广告联盟相当于是互联网形式的广告代理商，广告主在广告联盟上发布广告，广告联盟再把广告推送到各个网站或 App 里去。百度联盟、Google AdSense 是最大的两个广告联盟。基本上网站流量还没有到一定程度时，都会选择跟广告联盟合作，只有做到一定流量后，才会跟确定的广告主直接建立合作关系。广告联盟一般是按广告的点击次数收费。

3. 电商广告：最常见的就是阿里巴巴了，京东、亚马逊、当当都有自己的电商广告，凡客当年也是靠这个突然窜红的。这些广告一般是按销售额提成付费。很多导购网站，就是完全靠这种收入的，特别是海淘导购网站，会接入各个海外购物网站的广告，佣金还挺不错。

4. 软文：软文是指把广告内容和文章内容完美结合在一起，让用户在阅读文章时，既得到了他想需要的内容，也了解了广告的内容。很多媒体网站或者微博、微信大号，都是靠软文赚钱的。

5. 虚拟产品换广告效果：你还可以为用户提供虚拟产品，但是代价是用户必须接受一定的广告，比如看完段广告、注册某个网站的用户、下载某个 App。

6. 用户行为数据：通过分析用户在你的网站或 App 上操作方式，可以分析用户的习惯和心理，从而有利于在产品设计和商业规划上做出正确的决策。很多企业都需要这样的用户使用习惯的数据，所以可以卖这样的数据。淘宝数据魔法就提供这样的服务，比如告诉你什么地方、什么商品、什么风格、什么尺码最受用户欢迎。

三、交易平台模式

1. 实物交易平台：用户在你的平台上进行商品交易，通过你的平台支付，你从中收取佣金。天猫就是最大的实物交易平台，天猫的佣金是其主要的收入来源。

2. 服务交易平台：用户在你的平台上提供和接受服务，通过你的平台支付，你从中收取佣金。威客平台猪八戒就是这样收取佣金的。Uber 的盈利模式也是收取司机车费的佣金。

3. 沉淀资金模式：用户在你的平台上留存有资金，你可以用这些沉淀的资金赚取投资收益回报。传统零售业用账期压供应商的货款，就是为了用沉淀资金赚钱。现在这个模式也用到了互联网行业，很多互联网金融企业、O2O 企业，也是寄希望于这个模式。

四、直接向用户收费

除了广告，另外一大类商业模式就是直接向用户收费。当然，如果前期就收费，很可能会吓跑用户。所以，需要借助一些巧妙的做法。

1. 定期付费模式：这种商业模式类似于手机话费的月套餐，定期付钱获得一定期限内的服务。相对于一次性付费直接买软件，定期付费的单笔付费金额比较小，所以用户付费的门槛相对较低。比如 QQ 会员，就是按月 / 按年付费的模式，现在的价格差不多是每个月 10Q 币。

2. 按需付费：按需付费是用户实际购买服务时，才需要支付相应的费用。比如，在爱奇艺里看到想看的某一部电影，花 5 块钱，只看这一部，这是按需付费。如果买了爱奇艺的 VIP 用户，在一段时间内所有会员免费的电影都可以看，这就是定期付费模式。再比如，我要在道客巴巴找到个我最需要的文档，下载要 5 块钱，我用微信支付后就可以下载这个文件了。

3. 打印机模式：打印机的商业模式是指，先以很便宜的价格卖给消费者一个基础性设备，比如打印机，用户要使用这个设备，就必须以相对较高的价格继续购买其他配件，比如耗材。剃须刀也是采用类似的商业模式，刀架的价格近乎于白送，然后通过卖刀片赚钱。再比如，家用游戏机也是，索尼和任天堂以低于成本的价格卖游戏机，然后用很高的价格卖游戏光盘。因为日本打印机公司爱普生首先采用这种商业模式，所以我把他叫做打印机模式。

五、免费增值模式

免费增值商业模式就是让一部分用户免费使用产品，而另外一部分用户购买增值服务，通过付费增资服务赚回成本和利润。不过通常一般采取免费增值模式的产品，可能只有 0.5%~1% 的免费用户会转化为付费用户。

1. 限定次数免费使用：这种模式是在一定次数之内，用户可以免费使用，超出这个次数的就需要付费了。

2. 限定人数免费使用：这种模式是指用户数量在一定人数之内，就是免费的，如果用户数量超出这个限定额，就要收费了。比如很多企业邮箱服务，如果你的公司注册了某个域名，打算用这个域名做你的企业邮箱，企业邮箱服务商可以要求，5 个以内邮箱地址免费，超过 5 个邮箱地址就要购买他们的服务。

3. 限定免费用户可使用的功能：免费用户只能使用少数几种功能，如果想使用所有功能，就得付费。比如我现在用的 Evernote，这几天也老是提醒我用不用升级，升级之后，每个月可以上传更大的附件，也可以给自己的笔记加上密码。这 2 个功能我都想要，但是还没有想好是不是值得花钱开通。

4. 应用内购买：应用的下载和安装使用是免费的，但是在使用的过程中，可以为特定的功能付费。最常见的就是游戏，购买虚拟装备或者道具之类的。再比如在微信内购买付费的标签。

5. 试用期免费：让用户在最初一定的期限内可以免费使用，超过试用期之后就要付费了。比如我现在用的 Office，天天提醒我，免费版试用期还有 ×× 天就要到期了，让我抓紧

激活。激活就是要买正版的激活码了，我现在正发愁在哪里去找激活码呢。

6. 核心功能免费，其他功能收费：Appstore 里的 App，有不少都是这种模式，一个产品分为免费版和收费版。免费版里基本功能都有了，但是要获得更多的功能，就要收费。比如照片处理应用，免费版有几个基本的滤镜效果，差不多够用，但是如果要更炫更酷的滤镜，就要下载付费版。

7. 核心功能免费，同时导流到其他付费服务：比如微信，微信聊天是免费的，但是微信内置了很多其他服务，游戏、支付、京东、滴滴打车，这些服务都有可能是收费的。

8. 组织活动：通过免费服务聚齐人气，然后组织各种下线活动，这些活动可以获得广告或赞助，或者在活动中销售商品或服务。比如，很多媒体，通过组织线下行业峰会赚钱。还有的地方社区会组织线下展销会、推荐会，比如装修展销会、婚纱摄影秀等，销售商品或服务。

所以，既然互联网有这么多商业模式可以选择的，创业者完全不用太关注这个问题。努力做好产品，努力黏住更多的用户，用户数量达到一定程度了，选择一个合适的商业模式，就可以赚钱。

4.2 ◇ 商业模式的九个要素

90 后休学 CEO：刷"柜子"取早餐，天使投了 2000 万

徐媛园，曹金环.90 后休学 CEO：刷"柜子"取早餐，天使投了 2000 万.创业邦网站. http://www.cyzone.cn/a/20150723/277818.html ● ● ● ●

2015 年 7 月，南京新街口地铁站内出现了一个"奇怪"的店。这家店里全部是一格一格的柜子。时不时地，会有市民拿着手机去扫一扫二维码，然后从弹开的柜子里取点儿东西拿走。记者经过多方了解打听到，这是一位 90 后小伙"头脑风暴"想出的一种"新型商业模式"。早上出门前，你来不及吃早餐，也没空排队买，路上用手机订一份，到了地铁站，扫一下二维码，就能拿到你的早餐了。

每天能帮 100 多个"懒觉族"吃上早餐

记者在新街口地铁站一个不起眼的"拐角"看到了这家名为"柠萌云店"的店铺。地方不大，柜子倒是不少。正在取东西的市民周女士说："这个柜子我经常用。"周女士家住仙林中心，在新街口金銮大厦上班，和很多年轻人一样，平时喜欢睡个懒觉，经常来不及买早饭。周女士说："大概两个星期之前吧，知道有这样一个服务，就试试，上班前订一份牛肉卷、

一杯黑豆奶和一个粽子，然后在规定时间内到了地铁站，扫下二维码，就能拿早饭了。"而下班前，她又心血来潮，订了一家店铺的芝士蛋糕，下班后顺路拿回家。

记者看到，不仅新街口地铁站内不少店铺的物品可以预订，周边的店铺也可以。比如另一家早餐排队比较长的芳婆糕团店的早点，也是"预订热门"，顾客冯先生告诉记者，以前每天早上去这家店买早餐，都要排半小时队。记者打开柠萌云店发现，周一到周五每天的早餐都不一样，顾客可以自己选择，只要在晚上12 点之前订好要吃什么，第二天早上直接扫码就可以了。

记者在店里数了一下，一共 160 个柜子，每个柜子都是透明的，每个柜子上方有一个"柠萌"的商标，上面写着"购遍全城在此取货"。"早上主要是做早餐，每天基本上有 100 多份的量。""柠萌"的创始人宋何非说。不过记者发现，目前这家店的 App 还不能用，要订餐订物只能通过微信。

90后CEO休学"玩柜子"，点子源自"饿肚子"

宋何非是北京邮电大学信息工程专业的一名学生，之前来不及吃早饭饿肚子的经历，成了他创业的灵感来源。宋何非是个"爱折腾"的人，从大三开始，就在一家科技创业公司实习，渐渐地，他萌生了创业念头，想要在移动互联网的大潮中试试身手。

然而，创业没有想象中那么容易，他开发的第一个项目，是一个电商平台，想法虽好，但没有可持续的盈利模式。"我们就没日没夜地修改，不断调整思路，终于拿出了较为成熟的产品，并获得了2014年'赢在南京'青年大学生创业大赛第一名。"宋何非说，在这个过程中，他学会了如何和小伙伴们进行团队合作，更对互联网创业有了清醒的认识。

去年1月，他决定暂时休学，全心全意创业。宋何非这样说自己："我是典型的摩羯座、非常务实的理想主义者，所以第二个'玩柜子'的想法，也是主要想提供一种方便的物流服务，""柠萌"的最初的想法说起来简单，"假如你现在在地铁里，要到新街口，你想在新街口买点好吃的，人在地铁里不方便，这时就可以通过'柠萌'，下好单，到新街口'柠萌'设在地铁里的中转站取货就可以了。"他指着柜子里的商品说："我们不止是卖吃的，以后地铁沿线周边所有商店都可能成为我们的合作商。"

专家点评

　　南京著名创业孵化器"奇思汇"掌门人"药师"认为，这种线上线下相结合的商业模式，是基于互联网社会发展出的一种新的经济现象——共享经济。"共享经济其实很简单，比如说你有一辆车，刚好你这一个星期要出差，就把这个车子的信息放在网上，一种以信息技术为基础的市场平台，然后刚好有人来到南京需要车，这个人付一定的费用，就可以在这周用你的车子。"比如目前的滴滴顺风车就是这样的形式。

　　宋何非认为，柠萌就是这个信息技术的市场平台，但是又不完全相同，"柠萌和Uber(优步)、Airbnb(空中食宿)还是有区别的。共享经济的本质是把个人的闲置资源分享出来，获得商业收益。而柠萌不止是连接个人闲置资源的信息平台，和美团有点类似，我们连接的是用户和商家。"

　　记者了解到，目前"柠萌"已经拿到了上市公司江苏省交通科学研究院股份有限公司、天奇阿米巴创投基金的2000万天使投资。

小组讨论

1. "柠萌云店"的价值主张和客户细分各是什么？为什么其价值主张能够获得客户的认可？

2. 尝试分析"柠萌云店"的成本结构。

商业模式画布详解

商业模式画布是当今最好的商业模式分析工具，也是创业者必须要学习和了解的管理工具之一。这项工具对于指导创业有非常大的益处。

商业模式画布分为客户细分、价值主张、渠道通路、客户关系、收入来源、核心资源、关键业务、重要合作、成本结构九个构造模块，每一个模块都有其内在含义。在本小节中我们将对这九个构造模块逐一进行讲述，采用问题的形式加深理解和认识。

需要明确的是，这九大构造模块都不是孤立存在的，而是与其他模块紧密相关。我们不能机械地拼凑商业模式，而应该有机地把它们联系在一起。只有理解了它们之间的关联，才能真正理解商业模式的运作。

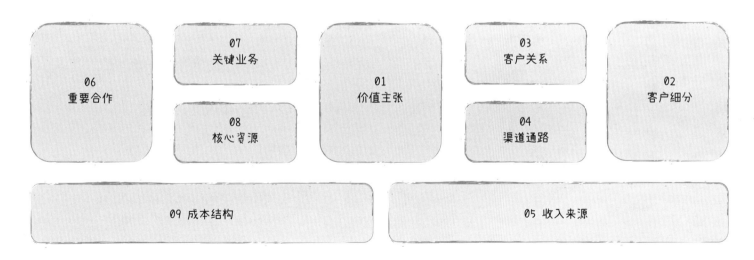

知识点 ❶ ：价值主张

　　价值主张，就是给特定客户细分群体提供能够满足他们需求或者解决其问题的产品或服务。价值主张是赢得顾客的核心要素，在商业模式中处于中心地位。

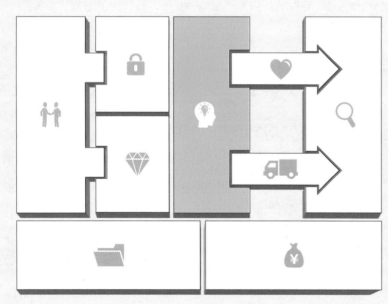

价值主张在商业模式画布中的位置

如何提出价值主张？
创业者需要回答的问题：

01 我们该向客户传递什么样的价值？

02 我们正在帮助客户解决哪一类难题？

03 我们正在满足哪些客户需求？

04 我们正在提供给客户细分群体哪些系列的产品和服务？

什么样的价值是客户所需求的 / 价值是如何产生的

价格	以更低、更实惠的价格提供同质化的价值是满足价格敏感客户群体的常见做法，越来越多的免费产品和服务广泛地渗透到各行业中
可达性	为未开发客户提供产品和服务也可以创造价值，这种创造既可以是商业模式创新，也可以是技术创新
便利性	为客户群体提供更方便或更易于使用的产品或服务，也可以创造价值，比如苹果公司的 iPod(音乐播放软件)、iTunes(苹果音乐软件)、App Store(软件销售平台) 的多边服务平台，可下载音乐及应用服务
设计	设计是价值主张的重要参考要素，优秀的设计可以令产品脱颖而出，如苹果手机的流畅型外观
客户体验	通过把事情做好，做到极致，给客户更舒适、更贴心和人性化的体验，从而创造出价值，苹果和宜家在客户体验方面就做得很到位
风险控制	当客户购买产品或服务时，帮助客户把控或控制风险，也可以创造价值

知识点 ② : 客户细分

客户细分是描述企业或机构想要接触和服务的不同群体或者组织。客户细分的依据有很多，比如性别、年龄、地域、收入层次等，这些依据可以是单一的，也可是以组合的，比如"20~30 岁的女性"。

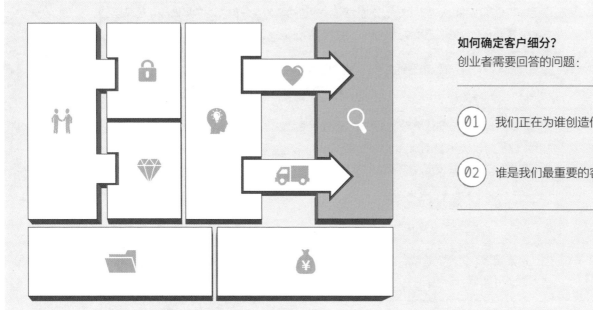

客户细分在商业模式画布中的位置

如何确定客户细分?
创业者需要回答的问题:

01 我们正在为谁创造价值?

02 谁是我们最重要的客户?

❧ 不同市场类型中客户细分的依据

大众市场	在这个市场中，价值主张、渠道通路和客户关系全部聚焦在一个大范围的客户群中，其需求和需要解决的问题大致相同，一般集中在消费类电子行业中
利基市场	以迎合特定客户细分群体为目标，价值主张、渠道通路和客户关系转为特定需求定制，此商业模式常见于"供应商—采购商"的关系中
区隔化市场	不同的客户需求及困扰问题在细分市场上有所差别，比如银行及服务机构区分设置的 VIP 服务和普通客户服务
多元化市场	具有多元化客户商业模式的企业可以服务于两个不同需求和困扰问题的客户细分群体，比如亚马逊公司的在线存储空间业务和按需服务器使用业务
多边平台或多边市场	有些企业为两个或更多的相互依存的客户细分群体提供服务，比如信用卡公司为信用卡持有者服务，也为受理信用卡的商家提供服务，同时也需要广告商为其产品等提供资金

知识点 ❸：客户关系

客户关系是讲述企业与特定客户细分群体建立的关系类型。客户关系是商业模式中的重要一环，不同的价值主张和客户细分对客户关系有不同的要求。

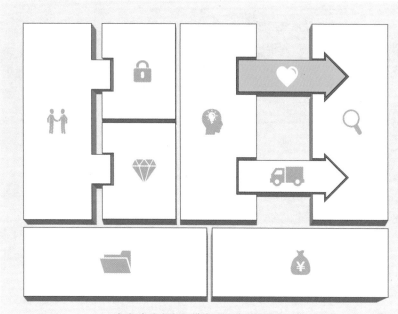

客户关系在商业模式画布中的位置

建立何种客户关系?
创业者需要回答的问题：

01 我们每个客户细分群体希望我们与之建立和保持何种关系?

02 哪些关系我们已经建立了?

03 这些关系成本高低状况如何?

04 如何把他们与商业模式的其余部分进行整合?

❋ 客户关系类型

个人助理	基于人与人之间的互动
专用个人助理	为单一客户安排的专门客户代表，属于层次最深、最亲密的关系类型
自助服务	为客户提供自助服务所必须的所有条件，与客户不直接接触
社区	利用用户社区与客户/潜在客户建立更为深入的联系，促进社区成员间互动
自动化服务	整合更加精细的自动化过程，为客户提供自助服务
共同创作	与客户一起创造价值，超越传统的客户与供应商间的关系

知识链接

知识点 ❹ ：渠道通路

渠道通路是指企业如何通过沟通、接触其客户细分来传递他们的价值主张。渠道通路是维系客户关系、传递价值主张的重要环节，企业必须对渠道进行良好的规划。渠道通路并非单单指销售渠道，还包含接触客户的渠道、与客户沟通的渠道、让客户了解价值主张的渠道等。

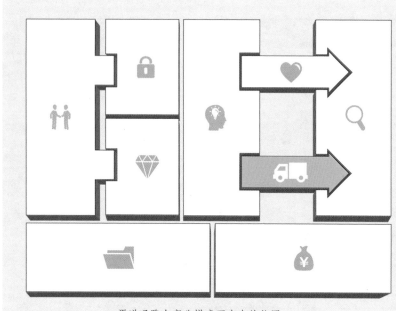

渠道通路在商业模式画布中的位置

如何建立渠道通路？

创业者需要回答的问题：

01 通过哪些渠道可以接触我们的客户细分群体？

02 我们现在如何接触他们？我们的渠道如何整合？

03 哪些渠道最有效？哪些渠道成本效益最好？

04 如何把我们的渠道与客户的例行程序进行整合？

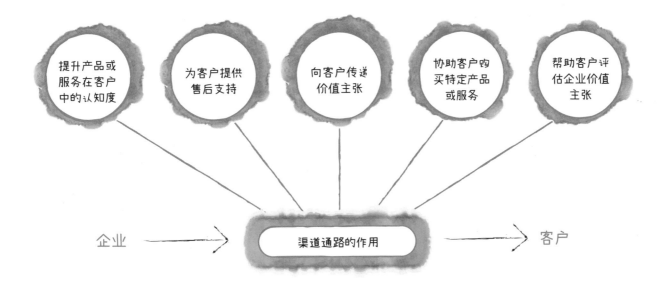

小思考

    为什么有的企业选择在小区电梯投放广告，而有的选择在写字楼电梯投放？为什么有的企业两者都有投放？企业选择投放场所的依据是什么？

知识点 ❺：收入来源

收入来源是企业从单个客户群体中获取的现金收入。企业可以有多个收入来源，收入来源的组成和多少与客户细分和渠道通路有直接的关联。

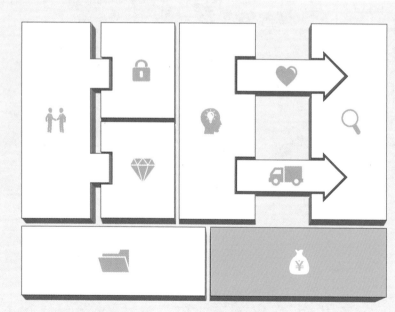

收入来源在商业模式画布中的位置

如何获取收入来源？
创业者需要回答的问题：

01　什么样的价值能让客户愿意付费？

02　他们现在付费买什么？

03　他们是如何支付费用的？

04　他们更愿意如何支付费用？

05　每个收入来源占总收入的比例是多少？

❈ 收入来源类型

资产销售	被广泛使用的收入来源方式是销售实体产品的所有权，如图书、家电、汽车等
使用收费	通过特定的服务来收费，客户使用的服务越多，付费越多
订阅收费	销售重复使用的服务，如订阅服务，会员卡服务等
租赁收费	对某个特定资产在固定时间内将使用权出租给他人使用，出租方可以获得经常性的收入，租用方只需承担限定时间内的费用，无须支付购买的费用
授权收费	将受法律保护的知识产权授权给客户使用，从而换取授权费用，授权方只需出让版权，无须制造产品，在媒体行业比较普遍
经纪收费	以提供中介服务而收取佣金的方式，保证双方或多方的利益，如房屋中介
广告收费	为特定产品、服务或品牌提供广告宣传服务，包括传统的媒体行业和会展行业，也包括以软件和服务为主的其他行业

知识链接

知识点 **F** ：重要合作

为了让商业模式有效运作，需要供应商与合作伙伴的网络支持。企业内外部的合作很多，但需要特别关注的是对商业模式成败起着决定作用的合作。如果是"少了他就玩不转"而不是"少了他没太大影响"，那么这无疑是重要合作。

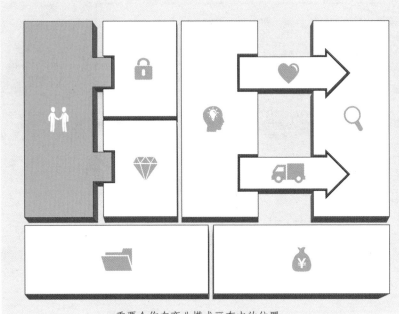

重要合作在商业模式画布中的位置

如何厘清重要合作？
创业者需要回答的问题：

01 谁是我们的重要伙伴？

02 谁是我们的重要供应商？

03 我正在从伙伴那里获得哪些核心资源？

04 合作伙伴都在执行哪些关键业务？

重要合作的类型

在非竞争者之间的战略联盟关系	→	关联度很大的不同行业企业进行合作
在竞争者之间的战略合作关系	→	为对抗更强大对手两家同行业企业联合
因开发新业务构建的合资关系	→	需要借助其他企业进入新领域
确保可靠供应的购买方与供应商关系	→	稳定可靠的供应商

知识点 ❼：关键业务

为了确保商业模式的可行，企业必须做的最重要的事情，就是关键业务，它是企业得以成功运营而必须实施的最重要的行为。

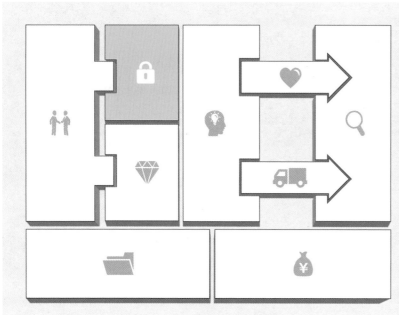

如何把握关键业务？
创业者需要回答的问题：

01 我们的价值主张需要什么样的关键业务？

02 我们的渠道通路需要什么样的关键业务？

关键业务在商业模式画布中的位置

✿ 关键业务的类别

问题解决	为解决客户问题，提供新的解决方案，其商业模式需要知识管理和持续培训等业务
制造产品	制造产品是企业商业模式的核心，此类业务涉及生产一定数量或满足一定质量的产品，与设计、制造有关
平台 / 网络	以平台为核心资源的商业模式，关键业务都与平台管理、服务提供和平台推广有关

✿ 分辨关键业务

通常情况下，以下企业或机构的关键业务属于上述哪一类？

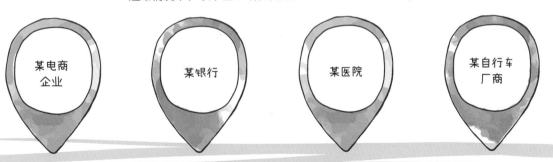

知识链接

知识点 ⑧ ：核心资源

核心资源是为了让商业模式有效运转，所必需投入的最重要资源，可以是实体资产、金融资产、知识资产或人力资源。

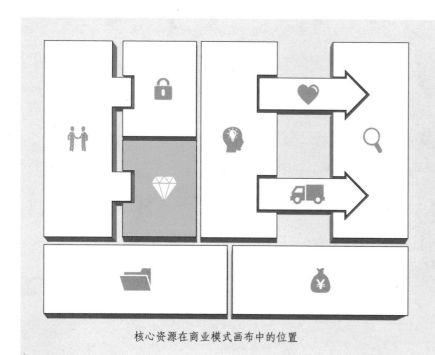

核心资源在商业模式画布中的位置

如何明确核心资源？
创业者需要回答的问题：

01 我们的价值主张需要什么样的核心资源？

02 我们的渠道通路需要什么样的核心资源？

❈ 核心资源的类别

实体资产	包括实体的资产，如生产设施、不动产、汽车、销售网点等
知识资产	包括品牌、专有知识、专利和版权、合作关系和客户数据库等
人力资源	包括知识密集型产业和创意产业中的人力资源等对企业发展至关重要的资源
金融资产	有些商业模式需要金融资源或财务担保，如现金、信贷额度

❈ 分辨核心资源

通常情况下，以下企业的核心资源是什么？

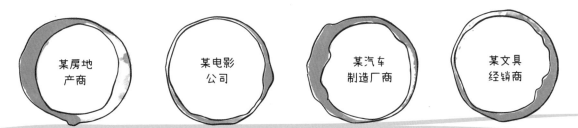

某房地产商　　某电影公司　　某汽车制造厂商　　某文具经销商

知识点 9 ：成本结构

成本结构是运营一个商业模式所有成本的构成比例，是产品或服务成本中各项费用（如人力、原料、土地、机器设备、信息、通路、技术、能源、资金、政商关系、管理素质等）所占的比例或各成本项目占总成本的比重。

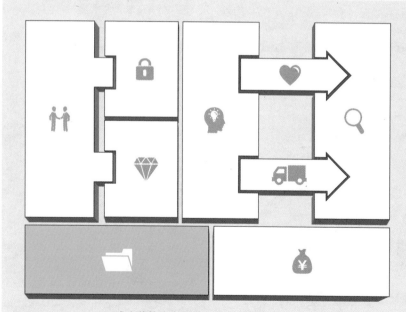

成本结构在商业模式画布中的位置

如何明确成本结构?

创业者需要回答的问题:

01 什么是我们商业模式中最重要的固有成本?

02 哪些核心资源花费最多?

03 哪些关键业务花费最多?

✳ 固定成本与变动成本

固定成本

　　固定成本也称"固定费用"，是指在一定范围内不随产品产量或商品流转量变动的那部分成本。

　　固定成本大部分是间接成本，如企业管理人员的薪金和保险费、固定资产的折旧和维护费、办公费等。当产品产量或商品流转量的变动超过一定的范围时，固定费用就会有所增减。所以，固定成本是一个相对固定的概念，我们又称之为"相对固定成本"。

变动成本

　　变动成本是指成本总额随着业务量的变动而成正比例变动的成本。

　　变动成本大多是直接成本，如原材料采购的成本，产品外发给其他厂商生产所造成的成本等。固定成本无法避免，变动成本相对来说更加灵活。企业可以将部分固定成本转化为变动成本以减轻成本压力（如削减部分生产线，将部分产品外发给其他厂商生产）。

小思考

　　企业的固定成本高好还是变动成本高好？各有哪些优缺点？

课堂演练

演练：商业模式画布——校内物流

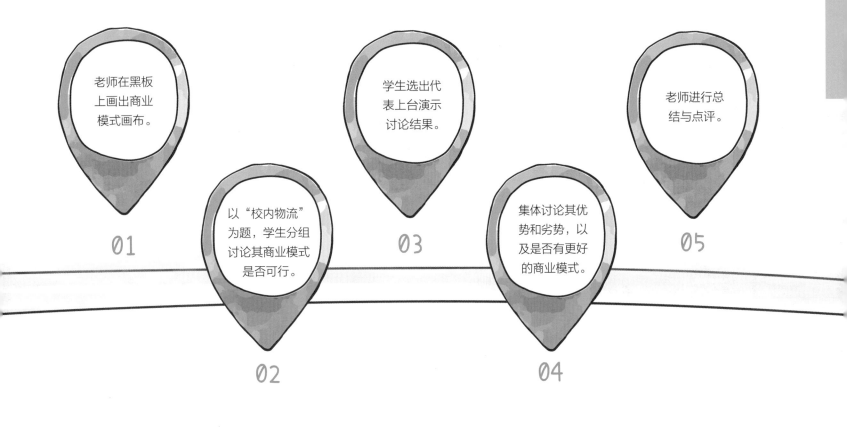

老师在黑板上画出商业模式画布。

01

以"校内物流"为题，学生分组讨论其商业模式是否可行。

02

学生选出代表上台演示讨论结果。

03

集体讨论其优势和劣势，以及是否有更好的商业模式。

04

老师进行总结与点评。

05

4.3 ◆ 如何构建成功的商业模式

勇往直前，职校学生实现创业梦

李潇雅，周波.勇往直前，职校学生实现创业梦.成都日报，2016-3-31(15)

28岁的李艳目前是逸亭乡村酒店的总经理，同时兼任郫县餐饮人文俱乐部副主席。作为一个普通农民家庭的孩子，她从小就立志要干出一番事业让父母过上好日子。

2003年，李艳就读于郫县友爱职业技术学校，学习市场营销专业。在校期间，她勤工俭学，成绩优秀，多次获得奖学金。通过校企联合办学，李艳有幸进入人人乐实习。实习中的社会百态让当时还是小姑娘的李艳体验到工作的艰辛。在人人乐，VIP客户是李艳每天接触的目标人群，面对高标准群体，她总是会遇到一些苛刻的客户让她手足无措。每当这个时候，职校老师和商场师傅都会及时"指点迷津"，帮她找出最适合的解决办法，使客户带着满意离开。李艳自己也在事后自我总结、反思。一次次的积累、摸索让她悟出经营之道。

毕业后，李艳做过好几份工作。咖啡店打工、餐厅服务员、市场销售……不管什么岗位，她始终保持着饱满的激情和真诚的服务。李艳说，作为一名服务人员，每位客人都是被尊重的个体，我们没有理由不去给予他们足够的帮助与关心。这期间，李艳心中的创业梦想也越来越清晰。2012年，她回到老家郫县发展，正好她工作的餐厅要转让，这"逮到"的机会让李艳萌生了想法——接手这家店、实现创业梦。缺少资金，想办法借！找父母，父母反对，认为女孩子安安稳稳工作就好，当什么"老板"；找亲戚，一家不行又去第二家，东拼西凑还差一大截；找朋友，各种理由婉拒。失望的李艳不愿意这样放弃，她找到曾经一起在餐厅打工的一位老师傅，分析市场行情、阐述经营规划、倾诉自己的一腔抱负。第二天，李艳接到一个电话让她喜极而泣，这位老师傅愿意为她提供技术和资金支持，"同乐园"因此诞生。努力和自信为李艳打开了餐饮人生的大门。

像所有老板一样，刚开始李艳想通过"薄利多销"来赚钱。但是餐厅的各种开销接踵而来，营业额上不去，压力瞬间剧增。她反省是不是应该转变这种销售模式。

"经营餐馆，就要让五星级管理随处可见"，确定起这样的理念，李艳把在职校学到的专业知识搬到餐厅运营上，将菜品、服务、环境等全部纳入走品牌化之路，与当地风土人情相结合实现"有特色的规模化"管理，从传统的等客来变为

引客来。同时为自己设定目标，从一天赚100、赚500到一天赚1000……慢慢地餐厅转亏为盈，现今"同乐园"年销售额达260万元。李艳的营销才能也被同行所认同，今年她被成都十大魅力农家乐之一的逸亭乡村酒店聘为总经理。"一切刚刚开始，有梦想肯努力，创业永远在路上"，李艳用这样的话为自己加油。

李艳的成功告诉我们，在今天这个创新创业的新时代，职校学生只有发挥好自己的技能优势，规划好职场生涯，在就业过程中找准定位和契机，开拓进取，不断尝试，创业成才不是梦。

小组讨论

1. 李艳的餐厅最初的销售模式是怎样的？之后她又做了哪些方面的改革？

2. 这个故事对你有什么启示？

商业模式需要创新实践

商业模式的构建是创业者面临的最大挑战之一。好的商业模式能够推动创业活动的顺利进行，而商业模式构建上的不成功则会直接导致创业失败。

我们首先需要了解商业模式的构建方法，从整体上掌握商业模式的布局。然后我们需要从实践出发，了解如何验证商业模式。没有经过市场验证的商业模式只是纸面上的蓝图，不能带来实际的效能。我们需要在实践中不断验证和调整，直至寻求到可以让企业持续发展的商业模式。

商业模式也是创新者的舞台。一个好的商业模式必然是创新的商业模式，商业模式的创新也将是创业者自身能力的最好体现。

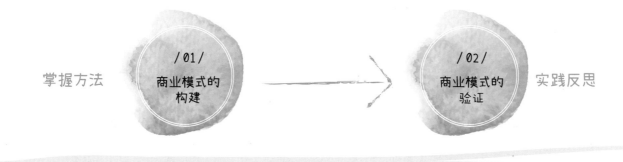

知识点 ❶：商业模式的构建方法

正如画一幅画需要先勾勒出草图一样，商业模式画布就如同是勾勒出创业的草图。创业者可以从最有把握的一点（如客户细分和价值主张，或者已有的资源）出发依次展开布局。

商业模式是由一系列复杂部件组成的复合体，这些部件之间相互关联，横跨不同方面甚至包括企业以外的因素。如客户细分和价值主张总是成对出现的，是一一对应的关系。因为商业模式的复杂性，其构建很难一步到位，必须在实践中不断摸索改进。

商业模式构建要尽可能地基于实际，比如市场调查数据、客户的访谈记录，越扎根于实际，商业模式成功的可能性就越大，而越脱离实际，商业模式成为"空中楼阁"的可能性就越大。

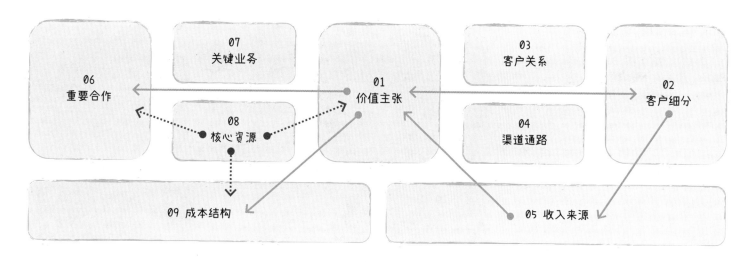

知识链接

知识点 2：
商业模式的验证

商业模式需要经过市场的验证，否则就会成为纸上谈兵。验证商业模式最好的办法就是客户是否接受，如果客户接受并愿意付款，那么这个商业模式就成功了一大半。

【01】
客户有没有机会接触和认识你的价值主张？

【02】
客户会不会接受你的价值主张并付钱？

创业者如何
"拷问"
自己的商业模式？

【03】

客户细分是否过大或者过小？

【04】

商业模式能否快速自我复制？

【05】

别人为什么不能复制你的商业模式？

【06】

你的合作者和资源能否支撑业务的快速扩张？

【07】

你的成本结构是否合理？

【08】

你最主要的收入来源是否可靠？

……

❋ 创新——商业模式的核心

对商业模式的主要构造模块进行创新，会使得你的商业模式更有竞争力。比如"专为男士准备的女士内衣"这个价值主张会让人嗤之以鼻，但"专为男士准备的礼品型女士内衣"就大不一样了。事实上，这是一个成功的商业案例。渠道通路的创新同样也可以增强商业模式的竞争力。京东曾被认为无法在价格上与淘宝竞争，但京东凭借自建的快速物流体系赢得了与淘宝有所区隔的客户细分群体，并获得商业上的成功。

如何验证你的商业模式？来试试这七种方法

Kavi Guppta. 如何验证你的商业模式？来试试这七种方法. 36 氪网站. http://36kr.com/p/5039390.html　　●●●●

我和 Alex Osterwalder 最近一直在思考：人们会以什么样的方式故意将他们的商业模式展现出来？谈论一个商业是如何死亡的很容易，比如用人失误、规模扩展过快以及忽视你的客户。但在我和 Alex Osterwalder 看来，商业模式本身存在着问题也会导致一个创业公司的关门，我们以分析我们自己的商业模式为例子，为大家提供一个参考：如何拷问自己的商业模式。

一、建立一个用户喜欢但不赚钱的产品

你建立了一个看起来很漂亮、也很神奇的产品，你的用户群体和目标市场也爱上了这款产品。但如果你不能压低成本，你能赚足够的钱维持公司的运转吗？你坚持花费高成本打造一个有价值的产品，而你主导的市场又不是奢侈品市场，用户虽然喜欢

但却不愿意掏腰包为它买单。这个错误看起来很显眼，但却是我们在埋头苦干中最容易陷进去的一个陷阱。

二、在用户转换成本低廉的市场花费大量金钱去获取用户

实际上，你花费大量的钱去获取用户并不是一件错事，但如果你所面向的市场中用户的切换成本过低的话，这种状况投入大量的金钱可能会导致很大的风险。因为你花费大量金钱获得的用户可能因为你的竞争对手提供了一点点价格优惠或更好的体验就离你而去，切换到对方的产品上面去。

三、对购买周期长的用户关注过多

警惕将太多的精力放在购买审核周期过长的用户身上，当然，如果他们每次购买量极大而你也有足够的资金来进行这场持

久战的话，那就算另一种特例了。比如你的产品主打是政府的话，他们有着大量的预算，但他们的决策过程会很长，因此你要考虑你是否有足够的现金流维持你的运转，别在合同兑现前就 Game Over 了。

四、花重金在新市场上以求获得市场份额

在你进入一个新的市场时，我们其实还不能去考虑怎样能够占领到市场份额，我们首先要做的就是先要把这个市场打造起来，而这将是一个花费大量金钱的过程。所以说你不能像走进一个现有市场一样，轻轻松松地迈进新市场，不过也有一种特殊情况：即如果你非常擅于打持久战，能够有办法让你的现金流一直维持到市场和用户认可你的产品并认为它与独特的价值开始大量购买。这一点与精益创业之父 Steve Blank 的观点一样。

五、将目标瞄准受限制的市场

尽管你的产品有独特的价值主张，但却有个"看门人"拒你于众多付费用户门外。这个看门人可能是个人，也可能是个公司，或者其他掌握你所走进那个市场钥匙的实体组织，他们会尽一切力量阻止你进入市场。这就是当前音乐内容版权一直掌握在老牌音乐媒体服务公司手里，而那些流媒体服务商被拒之门外的原因了，同时也是 Amazon 和出版行业纷争不断的原因。

六、在一个快速运作的市场上缓慢前行

当谈及为何速度是进入一个快速运作市场的一个重要因素的时候，技术行业应该是一个很好的例子。无论你是过早进入市场还是过慢地进入市场，你都会很不幸，因为你将面临着一群难以掌控的用户，他们或是不知道你的产品是什么（过早进入市场）或早已对你的产品没有兴趣，因为已经有了更好的代替品（过晚进入市场）。

七、忽视你的商业模式所处环境中的法律制度

一旦你违反了版权法，即便你曾经是快速增长企业，也可能会因此陷入各种官司中。如果你的新产品具有开创性，甚至现在在这个方面还没有健全的法律的话，那你就需要准备跟一群老牌传统的相关企业、工会甚至还在尝试弄清楚你产品的政府机构开展一场浩大复杂的战役了。而最终你的公司也可能会面临关门大吉的结局。

在我和 Alex Osterwalder 看来，这七种方法能很好地拷问自己的商业模式，可以反馈出你的商业模式中哪里强哪里弱，从而进行改善。

第 5 章
组建创业团队

5.1 ◇ 创业者与合伙人

大学生合伙创业，玩转水果 O2O

张航.大学生合伙创业，玩转水果 O2O.北京晚报，2015-8-27，有删减

夏末秋初，正是瓜果集中上市的好时光。随着市民生活水平的提高，水果在绝大多数的家庭里已经不可或缺。过去，大家习惯在超市、菜市场、水果店购买水果。如今，在 O2O（线上到线下）商业模式的席卷下，"手机、电脑下单，在家收货"成为越来越多市民购买水果的首选。

北京财贸职业学院毕业的大学生宁帅豪也和同伴一起加入了"O2O 卖水果"的创业大军。他们创办的电商平台"果乐乐"，通过网站和微信公众号接受订单，每天的营业额最高超过千元。与几乎所有电子商务模式一样，宁帅豪的"果乐乐"也依赖风险投资的支持。在激烈的市场竞争中，这群羽翼未丰的大学生创业者遇到了巨大的挑战。宁帅豪说，他们会尽全力坚持自己的梦想——把水果"卖"到纳斯达克。

选择高职，把中学的创业梦延续下去

"我不是一个传统意义上的好学生。"这是面对记者，宁

·宁帅豪和他的伙伴们·

帅豪说的第一句话。他说自己从高中开始就"不务正业"涉足商业。那时候某品牌的智能手机还非常流行。不少中学生都渴望拥有一部手机，但又苦于囊中羞涩。宁帅豪瞅准商机，联系省城郑州的大批发商，批量进货，以远低于当地销售商的价格把手机卖给自己的同学，"挣了大约一万多块钱。"宁帅豪说，这是他人生的第一桶金。

2012 年，宁帅豪高考。他的分数足以上当地的三本院校，但他毫不犹豫地选择来北京读高职。"我当时就想得很清楚，要试着自己创业，上大学一定要去一线大城市，因为那里可以获得开阔的视野、第一手的商机。读高职可以获得更多实践的机会。"宁帅豪说。最终他被北京财贸职业学院录取。

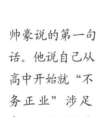

大学三年，宁帅豪的能力得到了充分展现。大一时他创办了创业社团——大学生创业就业协会。三年间，协会从一个人发展到最多的两百多人，还作为北京唯一的专科院校代表参加了北京高校创业型组织峰会。带领着协会里的同学，宁帅豪把商业实践发挥得淋漓尽致。愚人节，他们组织了假面舞会，出售门票、酒水，所得收入又向学校的春季运动会赞助了 1000 瓶矿泉水，免费供同学饮用。

启动创业，微信下单，水果当天送上门

宁帅豪说，自己真正意义上的创业，得从一个名叫"北小财"的微信公众号说起。那是在 2013 年初，微信公众号刚刚开始流行。宁帅豪注册了一个名为"北小财"的公众号，开始提供校内外商家的打折促销信息。"那应该是 O2O 的雏形。"宁帅豪说，公众号得到了同学的追捧，粉丝人数突破了 1000 人，"占到了我当时所在涿州校区全校人数的六成以上。"

这一年的暑假，宁帅豪和同学搬回了位于通州的校本部。周围陌生的环境让他起初颇不适应，不知道哪里可以聚餐、购物。这时他突然意识到商机来临。"何不制作一个 App 软件，打造一个吃喝玩乐的平台？"他很快找到了附近北京物资学院软件专业的学生，寻求技术上的支持。一番讨论下来，对方给宁帅豪泼了一盆冷水。"做一个好的 App 软件，前期投入的费用就得好几万，一旦定位不准，很容易血本无归。"宁帅豪说，这时他才意识到市面上那些五花八门的 App 软件，其实都是靠风险投资

在支撑。"我也得找风投。"他暗下决心。他给这个吃喝玩乐的平台做了详细的商业计划书，计划将水果作为销售内容，"我了解我的同学，水果对他们来说比粮食还重要，商机无限。"他们的方案很快获得了投资人的青睐。一位投资人给予了 20 万元的风险投资，另一位投资人则答应提供网站、微信公众号销售的技术支持。

2014 年 7 月，宁帅豪和伙伴们创立北京创锐时光信息科技有限公司，并入驻中关村创业大厦。公司旗下建立了生鲜电商平台"果乐乐"，该平台基于网站、微信公众号，为用户提供鲜果当天下单、当天送达服务。

站稳高校，每天收获超 300 订单

"果乐乐"最先进入的高校是对外经济贸易大学。宁帅豪找到了靠近学生宿舍楼的水果店，和老板谈判后商定：学生下单付账，平台向水果店派单，水果店送货至宿舍楼下，学生收货，水果店获得货款和提成。

这一模式的好处是送货时间飞快，通常学生下单后一个小时内就能收到水果。但问题也很快出现，由于水果是由水果店采购，"果乐乐"无法控制其品质和价格，一些反映水果质量的投诉开始出现。宁帅豪和伙伴意识到这一问题后立即对营销模式进行了纠正，改为自营采购、自主送货。这样一来，虽然学生客户的收货时间从一个小时延长为"当天内"，但水果的品质大大提高。

宁帅豪说，为了保证水果有最低的价格、最优的品质，他和伙伴跑遍了丰台新发地、朝阳来广营等多家水果批发市场，"一样样品尝，从西瓜到榴莲，从苹果到杨桃，从捂着嘴吃完了吐到最后吃出了经验。"他笑道。

在他们的努力下，"果乐乐"逐渐在高校站稳了脚跟。除了对外经贸大学，"果乐乐"还进入了中国农业大学、北京航空航天大学等高校，受到师生普遍好评。生意最好时，平台每天收获超过 300 份订单，营业收入上千元。

遭遇打压，血拼下坚持，创业遭遇"李鬼"

"果乐乐"在高校的发展很快引来了竞争对手的关注。去年下半年，各路风险投资人纷纷选择进入高校水果、零副食销售领域，一些 App 软件应运而生。宁帅豪坦言，与那些 App 软件相比，自己的资金实力完全不在一个档次，"我只有 20 万元的风投支持，对手的风投资金则是数百万甚至千万元。"

价格战很快打响。之前宁帅豪和伙伴们通过精耕市场，少量进货快速销售，水果的平均价格能比水果店便宜 20% 到 30%，但是"果乐乐"的竞争对手直接打出了"买一斤送一斤"的招牌，竞争最激烈时甚至"买一斤送两斤"。"这样的价格战我们实在耗不起。"宁帅豪说，去年下半年是他从高中有创业行动以来最艰难的一段时光。"每天晚上都睡不着，盘算着自己的资金还剩多少，还能撑多久。"除了深陷"价格战"，宁帅豪还发现自己的"果乐乐"品牌被一家大型果蔬物流企业使用。"我之前已经申请了商标专利。"宁帅豪说，他曾经上门试图和这家企业的负责人进行沟通，但"财大气粗"的对方似乎并未把这个大学生创业团队放在眼里。"没见到具体负责的人，更别说老板了。"宁帅豪说。

未来打算：目标是纳斯达克，做好从水果店起步的打算

为了节省成本，"果乐乐"在今年初关闭了校园送货点，专攻天通苑、北苑家园等大型居民社区，送货方式也从上门送货改为小区自提。"既保证了水果的新鲜，也减少了我们的物流成本。"宁帅豪说。如今，他和创业伙伴们每天都会驾驶着一辆金杯面包车去批发市场进水果，然后根据互联网以及微信公众号上的订单情况送货。一有闲暇，他就会钻研市场行情的最新变化，及时调整销售思路。"从去年下半年到现在，一大批百万元级别风投的水果销售项目都已经死了，我们还活着。"宁帅豪说。他也坦言，现在明白了创业不是小打小闹，除了靠谱的项目之外，必须具备极强的抗压能力、永不放弃的精神以及缜密的分析判断能力，加上良好的团队支持，以及有一些好的运气，才有可能不断向前发展。

在创业之初，宁帅豪的梦想是把水果"卖"到美国的纳斯达克股市。现在他仍然说自己不忘初心。即使是重新回到起点，从一家小水果店起步，自己也会全力坚持走下去。他说，无论创业的过程如何的艰辛，无论项目最终能否走向纳斯达克，创业者永远都在痛中快乐前行。

小组讨论

1. 你怎么评价宁帅豪的合作伙伴？你认为他们在创业过程中起到了哪些作用？

2. 如果你是创业者，你觉得应该从哪里找合作者，找什么样的合作者？

慎重选择你的合伙人

选择合伙人是创业者的一次"大考"。在对的时间遇到对的人，是创业最理想的状态，如果没有遇到对的人，宁可不要创业，因为选错合伙人对创业的损害非常大，很可能会让我们的初创企业遭遇重大挫折，甚至导致创业中途夭折。

我们首先需要了解什么是合伙人，以及谁才是创业者最需要的合伙人，对创业合伙人有一个初步认知。然后我们需要进一步了解如何寻找和选择我们的创业合伙人，掌握其方法和途径。选择合适的合伙人对创业团队的建设非常重要，这也为我们下一小节的学习打下基础。

"无伙伴，不创业。"合伙人的重要性不言而喻。找一个优秀的"中国合伙人"，需要创业者充分运用自己的聪明才智和人脉关系，并作出认真考量和判断。

初步了解

01

掌握方法

02

知识点 ❶：创业者需要什么样的合伙人

　　合伙人是指投资组成合伙企业，参与合伙经营的组织和个人。对初创企业来说，合伙人通常都由创业团队中的人组成。他们不仅是企业的所有者，同时也是创业者最需要的好伙伴。对创业者来说，究竟什么样的合伙人才是最合适的呢？我们需要从角色、合作、能力、资源等角度来进行综合考量。初创企业中总负责人 (CEO)、负责企业运营的人 (COO)、财务负责人 (CFO)、营销负责人 (CMO) 和技术负责人 (CTO) 通常是不可或缺的。

❀ 初创企业职能分配

首席执行官 (CEO)

CEO 是公司"老板"，最高行政负责人，主要负责制定公司的战略、团队组建、重要招聘等，对资源分配有最终话语权。

首席运营官 (COO)

COO 负责公司复杂的运营细节，确保公司每天的运营良好，同时了解需要满足哪些需求，实际的运营情况等。

❋ 谁是最佳合伙人

对合伙人的要求可以概括为"三个一致"和"三个互补"。

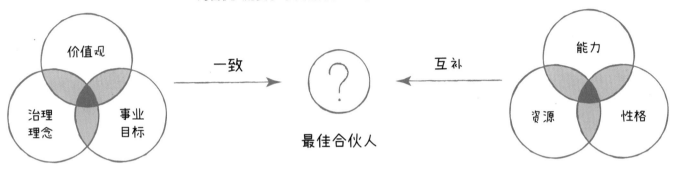

首席财务官 (CFO)

CFO 通过制定预算和财务策略管理公司资金。CFO 所做的最重要的事情就是确保公司的财务健康。

首席营销官 (CMO)

CMO 管理营销策略并监管其实施。CMO 应该了解整个行业的发展，帮助推广产品，确保消费者接受你的产品。

首席技术官 (CTO)

如果技术对公司发展影响很大，那么创业者就需要一位CTO。CTO 应紧跟技术趋势，确保公司可以紧跟市场的技术潮流。

知识链接

知识点 ❷：如何寻找合作伙伴

对创业者而言，寻找合作伙伴是组建团队的第一步，同时也是为企业发展奠定牢固基石最重要的环节。寻找合作伙伴的重要性毋庸讳言，可以说："无伙伴，不创业"——没有找到合适的伙伴，宁可不要创业。因为如果没有找到合适的伙伴就贸然创业，危害很大。比如，没有强力的技术专才，企业的发展很可能后劲不足；没有懂得市场营销的人才，公司的发展将举步维艰；合作伙伴性格上合不来，在创业激情过后、挫折或考验来临之时，也将是团队散伙之日。

那么，我们应该怎样去寻找创业的合作伙伴呢？

❋ **寻找创业的合作伙伴的方法与途径**

准备工作	深入了解自己（优势与不足、价值观、发展理念、个性），想清楚自己的创业方向，对合伙人的需求（资源、能力等）。
寻找伙伴	从自己周围以及创业圈子中寻找，积极从自己的人脉关系网中扩散自己的需求，积极参加各类创业活动，积极寻找合适的伙伴。
磨合观察	寻找到人选并不等于工作完成，而要在具体的实际工作中积极进行磨合，看看企业和团队是否能顺畅运作。

★ 了解自己非常必要，如果你对自己没有客观认识，那么就很难找到与你目标一致并能与你很好共事的人。

★★ 你的人脉是最好、最快寻找到合适人选的地方，要合理并充分利用自己的人脉与关系。

★★★ 磨合期的阵痛难以避免，遇到争执要学会对事不对人，只有同心协力才能赢得"比赛"。

小贴士 TIPS

投资人说 ｜ 十方创投合伙人吴曼： 投资就是在投人

王君亚. 十方创投合伙人吴曼： 投资就是在投人. 品途商业评论网站. http://www.pintu360.com/article/137142.html，有删减

在我投资的这些年中，看到过很多创业项目纷纷倒下，其中许多都是败在"人"上，我说的"人"是指创业者，合伙人，当然也包括投资人。所以，在很多投资人看来，投资更像是一个投人的过程。

在进入创投圈之前，我曾在网通见证了从几人，由于改革发展到二十万人的过程，在数十年中，网通的上万人都是由我亲自进行招聘。

其实，人力资源的角色是要面对公司最大的三角形，不仅是产品业务方向，还是战略，甚至是公司文化，都需要了如指掌，这样才能够吸引到合适的人才。

带着数十年的识人经验，或许与创投圈其他的投资人相比，能让我拥有更强的看人和与人沟通的能力，让我在创投圈处理关于人的问题，格外游刃有余。

投资人与创业者之间

与大多数投资人不遗余力的把自己推向前台不同，十方创投的每一个人则更愿意默默的站在创业者身后。但这并不意味着，我们要以保姆式的方式与投资人相处。

1. 锦上添花，凡事有个度

当一个创业项目能覆盖到我所认知或者感兴趣的范畴内，我首先会选择看人。

作为投资人，更应该去做一些锦上添花的事情，什么该管什么不该管，都要掌握一个度。投资机构与创业者的交集无非就是几条线，人力财务线、运营线，以及资金线。那么，首先，应该考虑的是这三条线从哪些角度去切入，然后，随时能够掌握动态，在这个动态之上，作为投资人去做一些叠加的工作。我更希望与创业者是一个合伙人的关系。所以，我要求自己和公司的人，对于投资过的企业要了如指掌，不要停留在介绍企业商业模式上，我希望对于经营状况和未来的发展策略也能够熟知。

2. 全力支持创业公司

十方创投在投资圈素有带着资源去投资的说法，甚至称为陪跑创业者一路到底的雷锋，不仅会对接给创业公司营销、互联网资源，甚至还有跨界的协作平台。

其实，对我来说，这是作为早期投资机构或者投资人最应该帮助创业者的地方。对于一个项目的贡献应该远远大于你所带给的创业者资金。

尽管在投资后不免会有些陪跑或者陪伴工作，但我仍然希望每一个阶段，十方创投都可以帮助创业者做一些参与的意见，不仅在股东会董事会层面，还有一些日常工作，甚至包括给予他们相互之间的跨界合作，彻底将投资人的一个项目风控做到了骨子里。从一定程度来说，十方创投早已不是单纯的投资人，当然，我们也不希望创业者把我们仅仅定义为投资人。

3. 投后工作的重要性

当然，不仅要带着资源全力支持创业公司，投后工作才是最重要的环节。尽管，投资后创业者与投资人变得以资本为纽带，但绝对不能光以资本为纽带。

从宽带资本到十方创投，从后期甚至是IPO的项目一路再往前看，这样的经历，就跟很多投资人背景不太一样，再加上人力资源出身，我的投资理念是不要仅看冰冷的数字，因为我更深切的知道，每一个阶段，对于投资人来说，标准是怎样的。

尤其对于互联网产业，它的发展还需要一个缓慢的过程。商业模式就是先从产品形态，也就是最底层的东西，逐渐涨起来，有的投资人仅仅认为投了钱后就可甩手，但这样并没有起到对创业者负责的态度。

现在很多时候提到资本寒冬，就是说现在投资人保守。其实这并没有很大关系，从天使阶段到IPO，甚至到二级市场，每一个板块，如果把它细分的话，那每一个板块上面它的衡量标准都是不一样的。

创业者与合伙人之间的关系

对于创业者的嗅觉灵敏度我很是看重。能够快速的跟随趋势，而不是浮夸的 PPT 追问模式，先真正达到自己所说的能力，再不断的去叠加这个能力。

1. 给创业公司的意见

现在接触的很多创业公司，我都会分享给他们一个用人经验，不要因岗设人，要因人设岗，因为有一些比较有经验的企业，就是曾经在企业里面做高管，就会对管理有很很有心得的，甚至读过管理学的知识积累。

一个相对成熟的公司，从创业的第一天就要正规化管理，将团队组建完善。考虑到品牌、待遇和发展路径等方面，在选择合伙人上，应该是互补型。这样大家扬长避短，共同去做一件事，而不是十八罗汉，需要一个去找一个，再说，唐僧取经也是在途中一个个凑齐的团队。

2. 心胸接纳合伙人

在过去投资的很多企业中，我投出过失败的案例，也投出过成功案例。当我去复盘项目失败的原因时，总结出来有很大一部分跟创始人有关系，不仅包括创始人用人识人的能力，还包括自身的学习能力，甚至与格局和胸怀都有很大关系。在过往的投资案例中，就遇到过创始人因自己的心胸无法完全接受一位技术合伙人，内心存在非常强烈的甲乙方感，最终一个很好的项目以失败告终。

3. 复盘的重要性

失败之后，有很多创业者疑惑，认为复盘是一个非常残忍的事情，但我却把它看得非常重要性。因为，对于投资人和创业者来说，复盘不仅可以审视双方失败的原因，花了很多心血，投入很长时间，复盘究竟是趋势、产品还是团队原因。复盘的过程也是对自己、投资人和当年一起创业的团队一种负责任的表现。

如今，创业和投资都呈现爆发态势。在这样火爆的市场下，泡沫不可避免。回过头看自己曾投资过的失败项目，大部分失败的原因不在赛道，不在商业模式，而是人身上。

所以，很多的投资机构都将 80% 的精力放在那 20% 的明星项目上面，但是我觉得，随着市场竞争越来越激烈，这种定律不太能够成立，作为天使投资人，应该给创业者更多的机会，看准人，就是绝处逢生的好机会。

5.2◆ 怎样组建高效团队

多多沟通、合理分配是团队合作之本

访谈实录.采访人：潘梅，受访人：大学生兼职平台负责人龚鑫豪

1. 先对你们的项目做简单的总体介绍吧？

答：我们这个项目总体上就是针对大学生在校期间兼职活动，为他们提供社会实践的一个路径。

2. 你们的项目有什么优势呢？

答：因为我本身就是一名大学生，而且在平时双休日的时候自己也是在做兼职的，所以我更能了解目前大学生适合怎么样的兼职工作。当然我们在校园内的宣传工作也进行的很好，同学们也更容易信赖我们、接受我们。

3. 产生创业的想法是在什么时候呢？为什么会想着创业呢？这个想法是如何形成的？

答：产生创业这个想法是在大一下半学期。因为我在做兼职的地方偶然和那家店的经理谈到了学生兼职这个事情，从而就有了创业这个念头。并且我认为大学生做兼职可以更好地锻炼自己，还能够为自己毕业以后真正的步入社会找工作做铺垫。

4. 怎么找到志同道合的创业伙伴的？说一说你的小伙伴们吧，他们有哪些地方吸引了你？你们团队在创业过程中有过不愉快的经历吗？是怎么解决的？

答：志同道合的同伴就是平常一起玩得来，关系比较好的几个。当我和他们提出这个事情的时候他们也是挺赞同和我一起创业这个想法的。而且他们也很有智慧，在规定方案的时候能够相互给出建议并弥补其中的不足。如果我们之中谁有不足的地方我们就会提出来并要其加以改之，这样我们才可以发挥出团队的真正力量。所以我们团队在创业过程中一直都是和和气气的，没有发生什么不愉快的事情。

5. 你们是如何找到自己的市场和目标客户的？怎么定位自己产品或服务的？第一批客户是如何获取的？

答：首先，我是在自己兼职的地方也就是满记甜品店开始找。其次，则是我们团队在每星期双休日放假期间各自跑到需要兼职的店里沟通，并且我们主要是以学生的方便和利益为主。然后我们在自己创立的一个兼职群中进行宣传，什么地方需要兼职的职位，同学们如果需要兼职就可以找我们报名，相当于一种"中介"。

当然我们找的大多是大型的店，比如说：满记甜品店、必胜客、迪卡侬等。目的就是让同学们能够有稳定的兼职工作，不会让大家为自己的工作感到担忧。我们的第一批客户就是通过与迪卡侬的经理沟通后以这个方式获取的。

6. 除产品或服务本身外，你们还有哪些优势？包括但不限于资源、资金、渠道、技术、团队等方面。

答：我们的优势就是我们自身的成本低，而且我自身就是上海的。所以我可以通过我以前同学，目前在上海读大学并自身也在做兼职的这些人那里去咨询。这样我们的渠道也会广一些，对于市场行情方面能够理解得更通彻。

7. 创业过程中遇到哪些困难？你们又是如何克服的？

答：在双休日放假期间，我们团队从早上出发去各自划分的区域去找那些需要招兼职的店，可能劳累一天还是一无所获。而且有时候会出现资金缺乏的问题，从而导致我们止步不前。但是我们并没有因此而退缩，因为我们从一开始创业的时候就已经做好心理准备去面对，并且挑战它。

8. 你们团队在成长过程中发生了哪些精彩故事呢？请你具体分享下。

答：我记得那是在一个周日的时候，那是个下雨天。那天我接到了来自民建里面一个老板的电话，说是万达信贷的总经理对我们这个项目感兴趣想要和我们合作。挂完电话后我很兴奋，因为这是一个很难得的机会。然后我就立马叫着我团队的成员们一起到与他约好的地方见面，当时我们每个人都怀着激动又紧张的心情。一开始我们以为那个总经理是很严肃的人，但见过面打完招呼后发现他其实并不是我们想的那样，是一个挺随和的人。在初次的自我介绍后，我们渐渐地不那么紧张了。然后我们便开始向他讲我们目前这个项目所做的事情，并且听取他给我们提的意见。虽然我们交流的时间只有短短四个小时，但我们从中汲取到

的经验受益匪浅，而且更加激起我们奋斗的心。回学校之后我们便开始了一系列的讨论和修改，把方案弄得更完美。

9. 你对未来有什么畅想呢？

答：对于未来呢，我希望能够把这个行业继续做下去，做得更大更完美，为在校的大学生提供更好的兼职平台、更好的服务以及更好的资源。以后还打算把这个兼职平台推向各个省的大学校区打响国内市场，使我们这个企业能够在国内站住脚跟，日益壮大成为国内最大的大学生兼职平台。

10. 如果重来一次，你们还会选择创业吗？

答：如果重来一次，我们当然还会选择创业。因为我们不但可以从中来锻炼自己，还能够为自己在未来步入社会从事工作汲取一定的工作经验。并且大学本身就是一个小型的社会圈，只有在其中不断磨练自己，才能在以后给自己的人生做出正确的选择。

11. 你对创业的学弟学妹们有什么要说的？

答：初次创业的道路上遇到困难是难免的，但不能遇到困难就想尝试着去放弃，要尝试着去克服它。哪怕第一次创业失败了，也不能气馁。毕竟失败乃成功之母，有了第一次的经验我相信第二次你会做得更好。虽说朋友合伙不好做，但是单打独斗更难过，要多和自己团队成员沟通交流，利益与工作也要进行合理的分配。在创业过程中不能因为面对过多的机会和诱惑，而忘记了自己本身团队的位置、目标和方向，那样整个团队则会死于机会过多以及多变的方针路线。做任何的项目，不能够只看事不看人；在项目之中没有所谓的理所当然，各个环节必须认真考虑反复斟酌。

小组讨论

1. 龚鑫豪说他很重视团队内部的沟通和分配问题，你认同他的观点吗？为什么？

2. 案例对你在团队管理与合作方面有什么启示？

高效团队是怎样炼成的

每个创业者都希望有一个得力高效的团队。但一个优秀的团队并不是那么简单就能组建成功的，这里面需要耗费创业者大量的心血和努力，但大量案例证明，这些付出是完全值得的。

我们首先需要认识创业团队，并了解高效创业团队的特点。然后，我们需要学会如何自己组建一个高效的创业团队，为我们的初创企业打下一个坚实的基础。

创业者并不是孤胆英雄，而应该是一位眼界开阔、胸怀广博的统帅。创业团队就是他率领的良将，也是初创企业赖以生存和发展的最大保证。一个优秀的团队，必然是能经历风雨洗礼，有坚韧的态度、实干的精神和超强的凝聚力，从而推动创业事业向着成功迈进。

01
高效创业团队
的特点

初步认知

02
如何组建高效
的创业团队

掌握方法

知识链接

知识点 ❶：高效创业团队的特点

创业团队是在创业起始阶段，包括企业成立前和成立早期，由目标及理念一致、职责明确、责任共担的人所组成的群体。

在注册公司之前，创业者就应该组建好创业团队。一个好的创业团队对初创企业的发展壮大极为重要。在当今社会，单打独斗的创业者已经很难存活，组建团队是必然的选择。创业团队的凝聚力、合作精神、立足长远目标的敬业精神会帮助新创企业渡过危难时刻，加快成长步伐。另外，团队成员之间的互补、协调以及与创业者之间的补充和平衡，能对新创科技型企业起到降低管理风险、提高管理水平的作用。

01 有明确可行的目标	02 能力互补	03 凝聚力强	04 致力于创造企业价值
只有具备一个明确的目标，才会让所有人齐心协力，使团队发挥最大潜能。	能力互补使团队成员能发挥各自长处，也使得团队更富有战斗力。	凝聚力是团队成功的根本保证，一盘散沙是无法成就事业的。	创造企业价值是所有创业团队的追求，也是团队成就感的最大来源。
05 良好通畅的沟通	06 对企业的长期承诺	07 经营成果共享	08 股权分配公平合理
良好顺畅的沟通是团队合作的基础，能让团队工作更加顺利地开展。	承诺是富于责任感的表现，没有责任感的团队很容易被挫折击败。	经营成果是团队成员的共同奋斗目标，共享成果会激励团队积极努力。	公平公正的股权分配能保持和谐的团队氛围，使团队避免不必要的纷争。

☆ 推荐阅读：读吴晓波《腾讯传》，深入了解"腾讯五虎将"的创业团队的特点及在企业发展中的作用，写出自己对创业团队的理解和认识。

知识链接

知识点 ❷：如何组建高效创业团队

组建一个高效的创业团队是每个创业者追求的目标。对创业者来说，高效的创业团队并非是可遇不可求的。只要目标清晰、方法得当，就可以组建一个优秀的创业团队。

确立清晰明确的创业目标

创业目标需要体现出团队成员的利益，同时也要所有团队成员都能正确理解，并在团队内部达成共识。此外，创业团队的目标还必须切实可行，既不应太高，也不应太低，可以把总目标加以分解，设定若干可行的、阶段性的子目标。目标也要随着环境和组织的变化要及时调整。

制定可执行的创业计划

在确定了目标之后，需要制定周密的创业计划。创业计划是在对创业目标进行具体分解的基础上，以团队为整体来考虑的计划，创业计划确定了在不同的创业阶段需要完成的阶段性任务，通过逐步实现这些阶段性目标来最终实现创业目标。

招募合适的成员

招募合适的成员是创业团队组建的关键一步。一般而言，创业团队至少需要管理、技术和营销三个方面的人才。团队人数不宜过多，同时成员之间需要优势互补，这是保持创业团队稳定的关键。缺乏创业激情和对事业有信心有成员即使能力很强，也是团队的负能量源头，不宜招入。

职权划分合理明晰

团队成员间职权的划分必须明确，既要避免职权的重叠和交叉，也要避免无人承担造成工作上的疏漏。此外，由于还处于创业过程中，面临的创业环境又是动态复杂的，会不断出现新的问题，团队成员可能会不断更换，因此创业团队成员的职权也应根据需要不断地进行调整。

制定完善的团队制度

创业团队制度要体现对成员的控制和激励作用，并以书面形式确立。一方面，创业团队需要有完善的约束制度（包括纪律、财务、保密等条例），避免成员做出不利于团队发展的行为。另一方面，创业团队需要有有效的激励手段（包括股权、工资、奖金、个人成长等），激发成员最大潜能。

团队的调整改进

随着团队的运作，团队组建时在人员匹配、制度设计、职权划分等方面的不合理之处会逐渐暴露出来，这时就需要对团队进行调整。在进行团队调整融合的过程中，最为重要的是要保证团队成员间经常进行有效的沟通与协调，培养强化团队精神，提升团队士气。

拓展阅读

创业必读：组建初创团队最常见、最致命的 10 个大坑

成妙绮.创业邦网站.创业必读：组建初创团队最常见、最致命的 10 个大坑.http://www.cyzone.cn/a/20150715/277415.html，有删减

我们 AA 投资与大量天使期初创团队接触的过程中，发现了不少初创团队在组建团队中所出现的问题，这些问题将成为企业发展的桎梏甚至企业轰然倒下的直接原因。因此我们把最为常见、最致命的 10 个大坑列出，希望引起创业者的警醒并对初创团队有所帮助。

下文所用的例子都是我们 AA 投资团队在与初创团队接触过程中看到的实际案例，很多都非常有戏剧性。其实生活往往比影视剧还要充满戏剧张力，因为生活经常是最优秀的编剧。

一、老大去哪儿了？

柳传志曾经说过："领军人物好比是阿拉伯数字中的 1，有了这个 1，带上一个 0，它就是 10，两个 0 就是 100，三个 0 是 1000。"这句话很好地概括了公司里老大（大部分情况下是 CEO）的重要性。表面来看，每一个初创团队都会有一个名义上

的老大，这个问题似乎不足为虑。但事实上，初创公司经常出现隐性的老大缺失问题，主要包括下面三种情况：

1.高管不服管，名义老大没有足够的威信。老大招聘过来的人大多跟老大是旧识，这本身并没有太多问题。然而如果有的团队成员因为种种原因（例如是老大的老领导或老师），自认为比老大的能力高，发自内心地缺乏对 CEO 的尊重，进而在团队沟通和讨论的过程中有意无意地体现出自我的优越感并散布对老大的不信任，就会给团队管理带来极大的困难和障碍。在这种情况下，就应该明白合伙创业千万不能"中国式合伙"，以太多感情因素和老黄历的自我认知占据了理性因素本该在的位置。感兴趣的朋友不妨看看俞敏洪最近的发言稿：《俞敏洪自揭创业伤疤，股权分配过程大揭密》，体会一下老俞当初所受的煎熬和各种不容易。

2. 公司 CEO 成为整个公司的对立面，成为公司内部公认的麻烦制造者和公司所有问题的根源。虽然 CEO 本来就应该对公司的所有问题承担责任，但是如果出现公司"千夫所指"，全部问题都仅仅归咎于 CEO 的情况，还是很奇葩的。如果说上一种情况还只是公司个别高管不服管束，这种情况就是公司上下都缺乏对 CEO 的基本敬意。例如，我们投资的几个企业都比较喜欢来自某个公司的技术人员，因为他们工程师的表现都非常好：技术过硬，态度认真。理论上来讲这样的企业应该很有前景才对，为什么大家都到外面寻找机会？后来一问，该公司几乎所有员工众口一词，都说公司的技术氛围很好，但是 CEO 是典型的各种不靠谱，缺乏创业、管理、凝聚人心的基本能力。缺少一个可以服众的领袖，这个企业的分崩离析只是个时间问题。

3. 权分两半，两人联合创业、各管一摊。能撑起摊子创业的人必然都是比较有想法和强势的人，那么假如有两个这样的人在一起共同创业，各管一摊会怎样？俗话说，一山难容二虎，两个同样强势和同样能干的人往往难以做到长期合作与和谐共处。

笔者曾经投资过两个牛人联合创业的公司，两人在公司内的股份差不多大，权力结构方面也过于平等。这俩牛人一起发力，三年就把公司做到了能在纳斯达克上市的规模，后来因为一点挫折两人就开始互相抱怨，最终结果可想而知……如果有时光机器，那么笔者一定会回到两人开始创业的初期，告诉他们：平均不可能永远都是最优的解决方案，一个公司还是需要一个绝对的领导者的。

二、股份结构太过分散、平均

在个人主导创业的时代，创始人个人持有融资之前公司 80% 以上股份的情况并不罕见。但是随着联合创业成为了主流，公司股份需要在多个团队成员间进行分配，CEO 的股份占比显著降低。近期我们看到的项目中，部分 CEO 融资之前的股份比例甚至不到 35%。

事实上，从一个中长期的角度来看，过于分散、平均的股权结构对公司可能是隐忧，乃至于成为公司发展道路上的一个"暗雷"。我们建议：融资之前，CEO 的股份最好不低于 60%。这样经过天使融资后，CEO 还能持有公司 50% 以上的股份比例。

初创团队中必须推选出明确的领导人 (CEO) 来做绝对的大股东。如果创业初期，大家的贡献和条件相差不大，建议 CEO 通过个人向公司注资的方式获得更高的股权。股份上的明显优势对于 CEO 树立在团队内部的影响力和话语权也是很有帮助的。但与此同时，CEO 也不能持有过高的股份比例，需要为创始团队留出股份，也为员工和后续核心成员留出期权的空间。

三、没有提前制定好游戏规则和退出协定

为什么有的企业会"哥们式合伙，仇人式散伙"？合伙创业的时候，大多是因为惺惺相惜、理念相同；而分道扬镳的原因却可以有很多：有人承诺带来订单和资源，拿到股份后就不见人影；有人不适应创业的生活，时间不长就退出接着回归朝九晚五的上班生活去了；有人说得天花乱坠，却一开始动手就被打回原形；还有人虽然能力很强，却无法和团队和谐相处。

为了在出现这种窘境时尽可能地保护公司和全体股东的利益，创业之前一定要提前签好退出协议，明确不同退出情况下的股份处理和转让相关条款、机制。如果创业之前顾及"兄弟"情面，没有明确规定出现问题后的应对和调整机制，一旦不利情况发生，公司和剩余股东将陷于被动的境地之中。这就好比结婚前大家先签好了离婚协议，听起来很伤感情，但可能是对彼此最好的保护。

四、团队背景过于接近

团队内部讨论的时候，如果两个人的意见总是一致，说明其中至少有一个人是多余的，可以去掉。然而在组建初创团队的时候，不少人却往往忘记了这一点，组建团队的时候，一味地根据喜好和认同感吸纳团队成员。我就经常看到主要成员来自同一个学校、同一个公司、或同一个地方的公司。过分抱团的典型，学校是清华的，地域是湖南的。上周我收到一个BP，初创团队

有8个人，前面7个都是清华校友，你让剩下的那个挂尾的"另类"情何以堪啊？作为清华校友，一方面我也感动于我们校友之间的彼此认同和凝聚力，但另一方面，我却不得不为这个公司担心：团队核心成员的背景太一致，容易形成"核心圈子"，圈子之外的人，能力再强、位置再高也会觉得自己是外围。更重要的是太封闭的团队其生命力和适应性是有限的。

我非常喜欢Beyond《光辉岁月》中的这句歌词："缤纷色彩闪出的美丽，是因它没有，分开每种色彩"。我们真心希望每一个初创企业都能够组建背景多样化的团队，有着兼收并蓄、开放、平等、自由的文化。

五、天上掉下个CXO？

创业公司只有几条枪，每一个人都要独当一面甚至好几面，任何一个人拖后腿都将直接影响整体进程，每一个创业伙伴都至关重要。所以务必要在人选的问题上谨慎再谨慎、斟酌再斟酌，尽最大可能去寻找合适的人选，不能指望天上今天掉下个CTO，过几天再掉下来个COO……随意地决定一起创业小伙伴的人选，无疑是一开始就在公司安放了一个滴滴作响的定时炸弹。

但是，还是有不少CEO在选择创业伙伴的时候随意得令人发指：有人在小区跑步，认识一个比较聊得来的邻居，就不顾对方的背景、性格、年龄等因素，尽管他完全不懂业务，也没有接

触过行业，就直接拉过来当 CXO，这样的两人合伙能一起走多远？这里的问号真的需要加粗加下划线还放大了。还有人不管新公司和原公司的业务是否一致，直接从原公司挖来整套人马，也不考虑考虑这么做是否合适，那么这个团队行走江湖会不会被自己的员工有样学样呢？

六、贸然和不熟悉的人一起创业

很多人都会纠结：组建团队的时候，是寻找知根知底，但是能力、经历、个性等方面稍有不足的熟人来做创业伙伴，还是更主动地寻找更加合适的队员？为了搭建更有战斗力的团队，需要打开视野，在不熟悉的圈子里寻找合适的创业伙伴。然而，前提是必须在新人正式加入之前就擦亮眼睛仔细甄选，先进行一定的磨合，做到知己知彼。一般来说，如此找到的牛人经常是你不熟悉的，那么该怎么办呢？这就需要提前做好工作，通过多方面的调查和多次深入沟通来了解你的准创业伙伴，以期在最短的时间内达到彼此之间的熟悉和了解。下面是一些实际操作的方法：

1. 多谈几次，每次多花点时间谈透，多谈业务和工作的细节。这些年我在不同的企业中见过不少典型的面霸，他们面试时表现很好，很能打动人，所以往往能拿到不错的职位，但是实际能力非常一般。其实这种人也容易分辨，多问业务方面的细节并听听他的回答是否言之有物。只要问问细节，南郭先生其实是很容易原形毕露的。

2. 多场景接触，比如说一起撸串、喝茶、爬山、打球、打牌、喝酒等，多谈点与工作无关的事情，从不同的场景中来对创业伙伴做出综合判断。此外，重要合伙人一定要跟对方的家人或准家人接触，因为创业不仅仅是工作选择，更是生活方式的选择，没有家人的支持是很难坚持下去的。

3. 找参谋一起谈。这个参谋可以是团队中经验和阅历比较丰富的个人，也可以是你们的投资人。我曾经开玩笑说过，投资人就是专业跟 CEO 打交道的人。投资人的工作性质决定了他们需要跟不同的牛人接触，阅人无数之后，自然识人的能力也会高一些。事实上，我们的投后服务工作重点之一就是帮已投项目找人或看人。

4. 做背景调查。背景调查是很有效的方法，尤其是如果能找到了解对方情况、眼光犀利且愿意跟你开诚布公的人，将会事半功倍。之所以把这条放到最后，是因为你需要具备用前三种方法，自己排除掉 95% 地雷的能力；同时，不是所有情况下都能找到合适的人去做背景调查。所以，为了能找到合适的创业合伙人，创业者需要提前布局，扩展人脉。

七、一开始就组建一个豪华团队

部分创业者比较理想化，一开始就想着组建一个梦之队。但实际上，梦之队往往都是以惨败收场的。原因很简单，在创业初期选择精益创业方式可以最大可能地提升生存概率，而反其道而行之则容易加速死亡。初创企业的资金都很有限，每一分钱都得用到刀刃上，否则天使轮的小几百万还不够半年烧的。因此，初创企业的人员数量上不能太多，能满足基本的需求就可以了，否则会增加内耗，造成不必要的麻烦。

组建团队时，如果过于求全求好，就会主要出现这两个方面的问题：

1. 团队成员的背景过好，超出了公司早期业务的需求。我们有时可以看到一些创业者在挑选创业伙伴时，一定要求是同行业大企业的管理层加盟，否则似乎就不够高大上。然而，习惯管理大企业的人，不一定能接地气，也不一定能挽起袖子亲自动手，因此开展业务不一定就会如在大企业那样得心应手。同时，大企业管理层的人力成本也不是初创企业能承担的。另外，大家背景都差不多，谁也不会服谁，在团队股份比例和领导权方面会增加不必要的内耗。当然了，如果你自己是雷军似的人物，本身就比牛人还要领先一大筹，就不需要担心这个问题了。

2. 团队太完善，各种关键、不关键的岗位全部到齐。有的创业者似乎已经被过往从业经历中的层级划分、岗位界定洗脑了。就算公司创立的前半年只是在开发产品，也提前配备好市场和营销人员。更有甚者，有些做天使融资的团队，已经有 CFO 了。对于这种团队，我们一般都会保持警惕。

八、引入中看不中用的人

我们曾经见过一些团队，一眼看去团队成员的背景非常好，且经验和人脉正好是公司业务发展所需求的。但是跟团队成员细细聊过之后，发现不是那么回事，有些团队成员的背景看着非常令人印象深刻，但是一聊到业务细节就漏洞百出。大公司里边难免会有滥竽充数之辈，但是对小公司来说，如果关键岗位请到的是南郭先生，那很有可能是个灾难。更有甚者，部分创业者为了募资时谈个好价钱，明知道是南郭先生也要招进团队。我有一个在创业的哥们，一次我去跟他们团队讨论业务，出来的时候我忍不住提醒他高管团队中有南郭先生。他的反应让我吃惊，他说："我知道，但是他的背景好，容易获得投资人的认同。"对此，我是不敢苟同的。我们在做团队访谈的时候，如果发现有南郭先生，是要亮红灯的。因为从一方面来看，团队是创业成功重要的必要条件；另一方面，选人的功夫也是我们考核 CEO 能力中很核心的一部分，成熟的投资者不会仅从团队成员的背景去考虑问题。

九、所有成员都是兼职创业

创业是一种生活方式，一旦市场的枪声响起，就要夺命狂奔。创业的日子里，每个人都恨不得每天都有 48 个小时。朝九晚五？那是很久很久以前的事情了。

数年前，还有不少人是先兼职创业，准备充分之后再辞职。

但是近期，随着市场环境的发展和竞争的步调加快，如果你看到了一个市场机会，只要判断距离市场的爆发不会太远，请不要犹豫，尽快全身心投入其中吧。否则，等你觉得自己准备好了可以创业的时候，没准市场上已经有上百个竞争对手了。

我们曾经见过一个项目，是 BAT 里的一个程序员自己个人做的 App，他的产品比别人领先了大半年推出，在没有任何宣传和推广的前提下获得了上百万的用户，且用户反馈很不错。但是，最终我们还是没有投资，因为他计划辞职专职做自己项目的时候，市场上已经有数个类似的 App 拿到了大额融资，且市场占有率已经领先于他了。这位同学就是典型的因为兼职创业而错失机遇的例子。

十、招来在做人方面有硬伤的人

如果创业核心成员出现如下的问题，将成为团队团结的障碍。

1. 品性有问题的人，这种人不仅自己破坏，还影响整个公司的文化和气氛。

2. 太喜欢公司政治的人。

3. 太难以与团队进行配合的人。

初创企业，招聘是非常重要的工作，也是创始人需要花大力气的三个重点之一（团队、融资和战略）。但是招聘是个技术活，需要在长期的工作中练就一对火眼金睛，并参考本文第

六条的 4 个建议快速对候选人做出综合判断。

在选人方面，YC 创始人 Paul Graham 给出了一个很好的实操建议：如果你在跟候选人沟通的时候，如果对方看起来令人印象深刻，但是你自己个人总感觉有疑虑，那么，你要相信你的直觉。

总结

世界上没有完美的个人，但有接近完美的团队；创业者需要做的，就是建立起一支能熬过困难、能越战越勇、能持续学习并最终夺取胜利的团队。

一个好的创业合伙人，会在企业困难的时候迎难而上并帮助企业实现腾飞；同样的，一个不合格的合伙人，不仅仅会延误战机，更可能给企业带来灾难。对创业者而言，选择创业伙伴则意味着未来好几年内你将和他休戚与共，共同决定公司未来几年内的走向。所以你需要选择内在价值观一致、能力互补的创业伙伴，并通过提前制定好规则、坦率而真诚的交流以及彼此之间的包容，努力打造一个富有战斗力和生命力的团队。

在初创团队的建设上，建议各位创业者有空的时候可以翻翻《三国演义》，一方面是换换脑子，另一方面也看看三个最牛的创业团队是如何组建出来的，又为什么产生了自身固有的困境和问题。

5.3◇ 初创企业的股权设计

"众筹创业" 点亮 90 后大学生的梦想

王文佳."众筹创业"点亮 90 后大学生的梦想.信息时报，2014-10-10

"如果你真的想做一件事，全世界都会帮助你"，时下正风靡的"众筹"让这句话有了更直接的方式照进现实。从一个创业想法到寻找合作伙伴，租下的铺位从一片荒芜到宾客满座，"比逗 BEPOTATO"咖啡馆用了 6 个月的时间。时髦的"众筹"，让这群 90 后大学生的"白日梦"变成了现实。

创业故事：90 后大学生众筹开咖啡厅

秋意渐浓的广州，"比逗 BEPOTATO"的联合创始人刘永杰和营销负责人王海与信息时报记者聊起比逗咖啡馆的创业故事。

"90 后都追求自由和个性，对于千篇一律的食堂充满了槽点，对校内毫无个性的聚会地点也早已厌倦"，正是基于这样的想法，今年年初，在华南理工大学就读的刘永杰和 3 个小伙伴萌生了开一间咖啡馆的创业想法。这时，"众筹"模式走入了他们的视野，众筹咖啡馆的计划也就列入了日程。

开一间大学生众筹咖啡馆在广州是头一遭。为了考察众筹在校园的可行性，今年 4 月，创业团队在华工和华农的校园进行了 300 份以上的问卷调查，高达 70% 的参与众筹意愿给予了团队正式启动的信心。

随后，他们以这两所学校的学生为目标群体进行股东招募。他们的众筹计划是众筹股东每股 1000 元，每位需出资至少 1000 元，至多 5000 元，享有 1 至 5 股的分红权。经过一个多月的招募，加上核心团队的出资，他们共有 170 多位众筹股东和 70 多万元的启动资金。

筹得了资金，下一步就是选址。经过一段时间的考察，他们在五山地铁站附近租了一间临街的铺位，室内面积约 280 平米，露台约 200 平米。

90 后大学生充满个性的想法在比逗咖啡馆里随处可见，菜单上每一类菜品都有一句个性宣传语，如"芝士多么粘，就像你的思念"形容的正是披萨。自己设计的店铺装修风格有种古朴的时尚，刘永杰和王海告诉记者，就连店里照片墙的几根木头都是自己剥皮和打磨的。

170多位众筹股东都竭力宣传这间咖啡馆，不仅自己来消费，也拉朋友来消费，开业两个月以来，咖啡馆的生意也越来越好。在比逗的募股计划里，他们预计咖啡馆每月的利润在16万元，十个月左右可以回本。9月19日正式营业以来，长假前的十个营业日中有5个单日营收都超过了1万元，刘永杰认为这样的业绩还有很大的增长空间，实现盈利的目标指日可待。

"有了志同道合的创业团队，通过众筹获得了资金，创业虽然不简单，但也并没有想象中那么难。"刘永杰说。未来，他们计划将此模式标准化，在其他高校附近复制，广州大学城的分店已在筹备中。"以后每一间高校旁边都有一家这样的咖啡馆。"刘永杰和王海希冀着他们的未来。

生意经：想方设法提高"众筹股东"活跃度

在咖啡馆最显眼的地方，整个墙面挂满了印有比逗LOGO的马克杯，仔细一看，这些马克杯上都刻着名字和编号。王海对记者说，每一个马克杯代表的正是咖啡馆的一位众筹股东。

"众筹"是这家咖啡馆最大的特色。不过，由于股东数量庞大，不少众筹咖啡馆最后变成了"看上去很美"而实际运营却举步维艰，落得散伙的下场。为了避免这种情况发生，咖啡馆建立了自己的董事会，由核心运营团队、校园股东、社会股东等7人构成，虽然每个众筹股东都拥有建议权，但最终的决策权是在专业的核心运营团队手中。"尽管有摩擦，但大家都奉行'专业的事给专业的人做'的原则，合作很顺利。"刘永杰说。

应学生特点设置股权流转计划

学生众筹创业面临的另一个问题则是"毕业"带来的股东流动。毕业以后，离开了广州的股东就很难给咖啡馆带来地域性的资源。为此，他们设置了学生股东毕业的股权流转计划。对于第一批学生股东，两年之后按贡献度排名，挑选一部分成为永久股东，其余在毕业时需将股份流转给五山高校在校生。对于之后加入的股东，均需要在毕业时将股份流转给在校合适的大学生。

除此之外，为了激励股东的活跃度，他们将运营团队分成了许多小组，如设计组、运营组、植物组、摄影组等，每一个小组就相当于孵化出来的一个创业小分队。例如他们与华农学生合作试运营"一米植物"，利用室内外的可种植空间进行植物认养，这些植物可观赏也可贩卖。刘永杰说，将来或许会给每个小组增加一些盈利压力，以此来提高他们的积极性。

举办各种创业交流活动

刘永杰对记者说，若是在4年前这家咖啡馆定然是开不起来的，而随着移动社交网络的发展，利用微信、微博等构建起来的熟人圈子，为咖啡馆的众筹提供了可能性。

在最初的时候，他们在微信上推广了一组"一抹华光"的华工校园明信片，3 天内就获得了上万的阅读量，为微信平台积累了首批读者。如此，当此后使用微信推广众筹计划时，就获得了许多回应。

曾有人指出，众筹咖啡馆的成败在于咖啡馆的主题。利用校园优势，比逗的主题正是"创业交流"。除了承接下许多校园社团活动以外，他们还承办了广东天使会等的线下交流活动。通过举办类似的创业交流活动，也让店铺获得了更多的创业资源，一些更富有经验的专业团队还能够给予他们诸如薪酬制度设计的指导。

而一些兴趣小组也自发找到了比逗，如锤子科技、海星会、吴晓波读书会等，都在比逗举办了线下活动。刘永杰对记者说，目前下午时段主要承接一些线下活动，他们计划在晚上时段推出看电影等主题活动。

像打游戏一样开咖啡馆

在刘永杰的设想里，咖啡馆未来将借助移动互联网，发展 O2O 模式，实现线上与线下的互动。"90 后不喜欢墨守成规，我希望把开咖啡馆也变成一场领任务、组队、打副本的游戏。"

目前，团队在微信平台上进行在线订餐的测试。同时，他们也在进行 App 的研发，App 首先将面向所有众筹股东，主要的目的是加强股东之间的交流、股东活跃度等。

他举例说，可以将股东对店铺的贡献设置成一个一个的任务，例如来店消费或发布一篇推广文章就能获得"经验值+1"，带朋友来消费就能够获得更多经验值。王海还举例说，店铺中要新增一幅壁画，以此设置一个任务，那么股东就可以通过 App 来领取这个任务，在股东中找队友一起执行，完成后就获得相应的奖励。

通过这样的任务完成获得的奖励积分，就可以更直观地看到每个股东对咖啡馆的贡献值，这样在今后的分红、股权流转等环节也就有据可依。将来，这个 App 也可以应用在学校的社团中。

小组讨论

你对众筹这种创业方式是否看好？你认为众筹创业中每个投资人应该有哪些权利？

股权：需要创业者认真对待

股权的分配是创业者必须认真思考的问题，在融资的时候股权的变动同样需要创业者熟稔于心。股权不仅仅是利益的象征，也是责任的象征。

我们首先需要了解什么是股权，以及法律意义上股权的内容。然后我们需要掌握创业团队中股权分配的方法和原则，以便我们在创立企业时作出合情合理的分配。最后我们需要了解股权在不同轮次融资时的稀释，以及如何计算股权的变更。

创业者对股权的变更应该有一个清晰的概念与认知，深入理解企业发展与融资、股权稀释的关系，并适当了解投资人的需求，以期助力初创企业的发展。

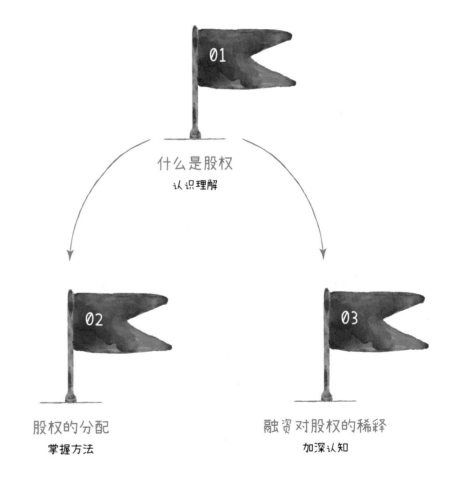

01

什么是股权

认识理解

02

股权的分配

掌握方法

03

融资对股权的稀释

加深认知

知识链接

知识点①：什么是股权

股权，即股东对所投资的股份公司所享有的权益。一般而言，公司是合资而成的经济组织，不论自然人还是法人都可以成为股东。在股权主体问题上，有两点需要注意：其一是公司不能成为自己的股东；其二是股权的主体可以不止一个，即当同一股份或出资为两个或两个以上的股东共同拥有时，就形成了股权的共有。

那么，股权到底包括哪些内容呢？我们下面来看一看。

股权的内容

01

投资受益权

投资受益权是股东按照出资或所持股份向公司要求分配盈余的权利，这是股东的基本权利。

02

表决权

表决权是股东按照其持股比例对公司的重大事项行使决策权，由大股东会对公司的重大问题作出决定。

03

选举管理权

股份有限公司中，股东不参加公司的管理，公司的管理是由股东会选举的董事会实施。

建议与质询权

股东有权对公司的经营提出建议或者质询。

知情权

股东有权查阅财务会计报告、公司章程和股东大会会议记录。无论何种形式公司均有义务提供。

股权或出资的转让

股东原则上具有转让出资的权利，而对不同形式的公司的出资或股份的转让有不同的法定条件。

剩余资产分配权

股东对公司清算时的剩余资产有分配的权利。

优先认股权

对转让出资的优先购买权和发行新股的优先认购权。

诉权

诉权是指股东的权利受到损害时，有权向法院提起诉讼，以保障其股权。

知识点 ②：股权的分配

股权的分配是创业团队的核心议题。创业团队的股权架构应该如何设计呢？这个问题包含：什么人可以参与股权分配、股权如何分割、股权分配需要考虑的因素、合伙人股权的成熟机制及合伙人特殊原因退出机制安排等几个方面。

❋ 什么人不适合参与股权分配？

只有合伙人才能参与股权分配，下面的几类人并不适合参与股权分配。

01

非资金投入的兼职者

创业是长期的事业，需要全身心投入，非资金投入的兼职者，是不适合当合伙人并分配股权的。

02

存在不确定性的资源提供者

部分项目启动需要资源。如果是存在不确定性的资源提供者，不宜作为合伙人。对于这部分资源，在初期可以以顾问的形式取得。

❋ 股权分配的原则与依据

1. 出资比例。如果所有合伙人都同意按比例出资，各方资源优势基本相当的，可以直接按出资比例分配。
2. CEO 应取得相对多的股权。因为 CEO 是合伙事业的灵魂，CEO 取得相对多的股权有利于创业项目的决策和执行。
3. 综合评估每个合伙人的优势。如客户资源相对技术重要，则技术提供者应占有相对多的股权，反之亦然。
4. 科学评估每位合伙人在初创过程中各个阶段的作用。每个合伙人的作用不一样，股权安排应充分考虑这一点。
5. 必须要有明显的股权梯次，绝对不能采用均等的比例。如三个合伙人，可以按 5 : 3 : 2 的比例分配。

03

专家顾问

部分创业项目需要特定专业的顾问，但有些顾问会提出不收顾问费而换取股权的要求，这会导致一个并不参与经营决策的人占有股权，股权未发挥其作用。

04

早期员工

早期的股权非常珍贵，不能轻易送出，且员工并不一定认同初创公司的股权，起不到激励作用。如果用股权抵工资，往往会起到反效果。

05

不认同发展理念的人

创业过程中，因为各种原因，中途退出的案例很多。股权给一个不可靠的合作者，其退出时带来的损失是巨大的。

知识点 ❸：融资对股权的稀释

股权稀释是指当企业在追加投资时，前期投资者的股票所包含的资产值被稀释了，即股权稀释。简单来说，就是因为有新的投资者进入，资金池变大，而前期投资者的股权就相对减少了。

✹ 某企业的股权稀释

初创企业的融资与发展可以分为几个阶段：最开始是创业者自行投入，随后是天使轮投资，经过基本验证，具有了可行性之后是 A 轮；发展了一段时间，觉得势头不错，开始 B 轮；继续发展下去，看到上市希望，开始 C 轮融资；时机成熟可以上市，进入 IPO 上市阶段，投资人套现离场。

在下面这个案例中，从设立股权池开始，公司总股份会从李同学和张同学手中每次分出去 20%，而李、张两位同学保持起始阶段的股权比例 (3：2)。在实际融资过程中，创业公司跟风投机构在一定程度上处在不平等的地位，因此风投所占股份很可能会超过 20%，如果这样经过多轮融资，创始人的股份甚至会被稀释到 10% 以下。

股权所有者	公司初创期	天使投资人要求设立股权池	天使轮	A 轮	B 轮	C 轮	IPO
李同学	60.0%	48.0%	38.4%	30.7%	23.0%	18.4%	14.7%
张同学	40.0%	32.0%	25.6%	20.5%	15.4%	12.3%	9.8%
股权池		20.0%	16.0%	12.8%	9.6%	7.7%	6.1%
天使投资人			20%	16.0%	12.0%	9.6%	7.7%
A 轮投资人				20.0%	20.0%	16.0%	12.8%
B 轮投资人					20.0%	16.0%	12.8%
C 轮投资人						20.0%	16.0%
IPO							20.0%
合计：	100%	100%	100%	100%	100%	100%	100%

超实用的股权设计方案：创业公司如何分配股份

孙志超.搜狐网.超实用的股权设计方案：创业公司如何分配股份.http://business.sohu.com/20161108/n472646827.shtml

公司的价值 = "资源" + "执行"

资源包含了：创业的点子、申请中或已取得的专利、资金等。这类投入有个重点：一旦投入，当下直接成为公司的资产。

执行就是公司的团队（创始人、员工、顾问等）接下来时间与精力的投入。

这类投入有个特点：它从零开始而持续发生，随时间不断增加价值。

传统行业因为重要的是资产，大部分员工被当成廉价的劳力，"执行"不被重视。可是在科技行业，或任何以"人才"为主要资产的公司中，"执行"的价值常常远超过"资源"。由于特性不同，架构公司股权结构遇到麻烦时，比较好的做法是引入两个角度：科技创新型企业股权设置角度 = "不同股权" + "不同时间"。

不同股权

把这资料和执行当做两种贡献分开来看："资源"的投入，换来的是"A类股"，而"执行"的投入，换来的则是"B类股"。

不同时间

厘清贡献产生的时间。例如大部分"资源"的投入，一旦投入后随即转成公司资产，故产生的价值是立即性的；而"执行"的投入，则是随着时间慢慢产生并累积的。

引入这两个角度，会带来莫大好处，并避免许多问题。我们举例如下：

在第一轮出资时，创办人甲虽然实力浅，但是家里有钱，于是投入一千万资金，并担任公司研发工程师，而创办人乙，技术上身经百战，但是家里没钱，于是没有出资，并担任公司

CTO。

此例可以如此规划股权结构：我们定义两种类股，代表"资源"的"A 类股票"、以及代表"执行"的"B 类股票"。我们同时也定义"B 类股票"的实现时间为四年，按月实现。

盐科技作者将其股权架构以如下规划，搏实资本深表认同：

公司成立之际，甲君的投资，立刻获得 10 张"A 类股票"，而往后四年对公司的付出，按月实现，累积达四年，将获得共 10 张"B 类股票"。四年后，甲君拥有 10 张 A 与 10 张 B，一共 20 张股票。

公司成立之际，乙君没有获得"A 类股票"，但是往后四年的付出，按月实现，累积达四年，可获得 40 张"B 类股票"。

在分股息或上市时，A、B 类股拥有相同的权利。

以上例子中，我们可以看出引入这两个角度后的许多好处。

好处一：正确归咎责任

在本例中，创办人甲出了所有资金（一千万），四年后却只拥有公司的 1/3 股权（20 除以 60）。当初设立公司时，站在"执行"价值高于"资源"的角度，大家觉得这是合理的。

但假设四年后，公司经营失败，大家决定关掉并清算，而清算资产后，共得两百万。这结局，应该先追究"执行"方（B 股），而比较不关"资源"（A 股）的责任。所以，这两百万应该优先清算创办人甲当初投资一千万所获得的那 10 张"A 类股票"。

术语上，这就是优先清算权的概念。此例中，在公司成立之际，我们可以定义"A 类股票"相对于"B 类股票"，拥有优先清算权。

那么此时，公司清算所得的两百万，将全数归创办人甲。虽然甲乙都有负责执行，故都有责任，但是当初只有甲放资金进来，故甲获得优先偿还。

好处二：正确估算付出

两年后，甲君决定离开公司，那么他该拥有多少股票？

由于我们定义"B 类股票"代表"执行"，并分四年实现（Vest），故此时，甲君将带走 10 张"A 类股票"以及 5 张"B 类股票"，并因为提早两年离开，损失了 5 张未实现的"B 类股票"。

又如一家公司开始获利并持续成长，不需要继续融资，那么随着时间，"A类股票"比例会慢慢被"B类股票"稀释。在上例中，四年过后，公司必须要再发下四年的股票给甲乙君以及团队。由于"B类股票"变多了，"A类股票"占全公司股票的比例自然就下降了。搏实资本认为，这是合理的，因为这反映了执行方为公司持续创造价值之际，也获得相对应的报偿。

如果出资者不帮忙执行，那么出资完就不再付出了。但是执行者，却是随时间一直不断付出，所以当然就需要持续获得报偿。

从以上说明中我们也可以体会到，公司股权是应该一个随时间而持续变动的概念。

好处三：细化表决权

很多没有资金的技术创办人，为了要维持掌控权，而一直不愿意融资，导致公司无法获得成长所需的资金。但是一但我们把股票分类，那么我们也就可以将表决权细分。

例如技术创办人可以要求，更换CTO或技术副总时，需要"A类股票"与"B类股票"分开投票决定。这也就给予了"B类股票"在此事上的否决权。不论"B类股票"被稀释得多严重，仍然可以保有在某些决定上的影响力。

好处四：分离"获利"与"决定"权

常见许多团队坚持持股比例，为的是掌控权，而投资人也坚持持股比例，为的是高报酬。目的不同却都卡在持股比例时，就可以利用多类股方式来隔断：我们可以设计成，所有类股都有股息权，但是"B类股票"在某些表决案中，一股可以投10票，这么一来，稀释就不会影响控制权了。这部分大家最熟悉的，就是Google的B类股了。

Google创办人拿的都是Google的B股，在投票时，一股可以投10票，而其他类股则是一股投1票。

好处五：正确反应股价

每个投资人可为团队带来的价值不等，厉害的投资人就是可以立刻为团队带来经验、方向、人脉、资源、客户、甚至品牌效应。不过，厉害的投资人也很习惯拿自己的价值来要求较低股价。在某种程度来说，这是公平的，尤其在创业所需资金大幅降低的今天，团队初期需要的几百万或千万，很多有钱的个人就出得起了，更不用说创投，但是能够有能力真正帮公司的投资人却不多。如果优秀而又肯花时间的投资人，跟一般的煤老板，拿的是一样的股价，那就不公平了。

问题是，假设第一轮我们找到了天使，而愿意用极低的股价让他进来，那么第二轮时，新的投资人势必质疑，为何一年内股价翻了三十倍？第二轮的投资人，只愿意用五倍的价格入股，此时解释起来，就耗时间了。

所以比较好的做法，是让股价尽量反映公司目前合理的估值，而对于某些特别优秀，或特别肯帮忙的投资人，我们另外给予"B 类股票"，而就如同薪水一样，对方有持续帮忙公司做好"执行"，我们就按月给，如果帮忙中断了，例如对方找到他觉得更值得花时间的公司去帮忙了，那我们也可以合理地终止合约，这对双方都公平。

即使对于同一轮增资进来的投资人，我们也可以针对其中某几位，依其对于"执行"面的时间投入、价值产生的不同，而给予不同数量的"B 类股票"。

好处六：建立以"人才为主要资产"的概念

今天的科技市场，很明显是一个资金过多而人才不足的情况。创业公司切分出不同类型的股票，可以分清楚"资源的付出"与"执行的付出"。这两种，哪一种价值比较高呢？搏实资本认为，对于高科技创业来说，是后者。

点子只是执行力的放大系数，而执行力价值连城。可以用以下公式描述：

价值 = "资源" × "执行"

资源可以帮助放大执行效果，但资源的多寡，只是个放大系数，价值本身仍来自于执行成果。因此，在设计公司高科技创业公司之股权结构时，设计有不同类股，并让主要负责执行的"人才"，不论是否拿得出钱投资，都能够获得相当的股数。

好处七：提升团队向心力

一家高科技创业公司，尤其是软件相关的公司，若留给团队的股数不够多，其实是很危险的。因为如果团队股数不够，一但公司做出成绩，则必多挖角。如果两千万可以挖一位人才，挖十位也才两亿，谁又愿意用几十亿，甚至百亿来并一家公司？此外，就人才的角度，既然公司没有提供足够的股票，这种挖角也只是提供人才另外的选择，不一定算恶性。

真正的高科技创业公司，其主要资产并非其资金、资源或甚至点子，而是其负责执行之人才，故设计分类股，可以让合理的股份，落在公司主要的资产："人才"身上。

第6章
整合创业资源

6.1 ◇ 创业需要的资源

引导案例

两位大学生的创业历程

赵陈萍. 两位大学生的创业历程. 青年文学家,
2013(20), 有删减

案例一:

周同学, 2006 年毕业于江苏农林职业技术学院信息工程系农林信息工程专业, 现任某科技公司总经理。公司现有员工 12 人, 其中大专及以上学历者 6 人、国家二级建造师 2 人, 承接工程年产值已超过 500 万, 年利税 20 余万元。该生在校期间, 成绩优异, 多次获奖学金, 并且是一名优秀的学生干部。为增强就业能力, 他取得了"思科网络上师(CCNA)"证书, 同时积极参加社会实践参与学校的信息化改造。

毕业后一年, 他主要在苏州的计算机公司从事售后工程师和 IT 工程师的职业。这些工作经验,

为他 2007 年的创业奠定了坚实的基础。2007 年元月, 地地道道的农家子弟的他怀着一颗不安分的心, 在江都创办了一个小的科技服务中心, 主要面向企业用户提供专业 IT 系统集成服务。

万事开头难。创办初期, 他既是销售员也是技术员也是搬运工。由于他踏实肯干做事诚信, 他的店铺从一家发展成为两家, 最后他的公司发展成为该地区一家优质的集成企业。该公司是专业从事弱电建设及智能建筑系统集成的电气工程公司, 业务范围包括弱电综合布线系统、数字监控系统、防盗报警系统、停车场及一卡通系统、公共广播背景音乐系统、家居智能控制系统、LED 全彩显示屏的解决方案提供、设计安装、系统集成、维修服务等。

案例二:

唐同学, 2011 年毕业于江苏农林职业技术学院信息工程系计算机应用技术专业, 在校期间成绩普通, 现为南京一家电子经营部的经营者。该经营部主要销售各品牌手机及电脑周边产品。他的销售主要分四种模式: 实体店铺销售、网络销售(淘宝、西祠胡同等)、代理销售(校园代理销售为主)、电话直销(面向南京城区)。

他的创业萌芽始于他大学的第一年。因为大一上学的分校区地处南京偏僻的城郊, 电子产品价格比市区高, 所以家住珠江路(华东地区最大的电子电脑产品集散地)的他开始做起了校区的电子产品销售代理。但

是由于年纪轻且经验不丰富，他在做代理期间，产品的质量成了他这条路上的第一个绊脚石。

为了找到良好的货源，他在朋友的帮助下来到了深圳被誉为"中国电子第一街"的华强北。在这里他树立起创业的决心，并找到了合作的代理商。2010年是他大学的第二年，他回到了位于江苏句容的主校区开始学习，并组建自己的销售团队。在班里寻找了一部分有想法的学生，成立了团队，团队中有负责广告彩页与海报制作的，有负责宿舍推销送货上门的，有负责电脑维护维修免费服务的……—他们一起共同成长。

在这期间他学会了分析产品需求信息与科学备货，在降低风险的同时也使治动资金充足了。他们还在校周边积极地开展相关义务维修活动，为他们赢得了更多的顾客。大学的最后一年，他在暑假申请了营业执照，在办理完提前实习的相关手续之后和他的五位同学开始了创业之旅。在外实习的几个月时间里，由于创业初期的种种困难，一些同学退出了，找到了更适合的就业岗位。最后只剩下唐和另外一个同学，继续从事创业。唐帮助这个同学在四川开了一家相同性质的电子产品经营部，依旧从事着电子产品销售，他们的大学校园代理已经分布到南京的11所大学。

小组讨论

1. 这两位同学所争取到的创业资源都有什么？

2. 说说你对创业资源的理解。

不可或缺的创业资源

创业需要各类资源的支持，比如人才、资金、管理等，这些资源对于创业活动的顺利开展至关重要，可以说缺一不可。

我们首先需要了解什么是创业资源，并对大学生创业通常所缺乏的资源进行了解。然后我们需要进一步了解创业资源的类别，以及如何获取这些资源。

创业资源对创业者的重要性就如阳光对植物一样。我们需要充分了解创业资源及其重要性，为后面的资源获取知识的学习打下一个好的基础。

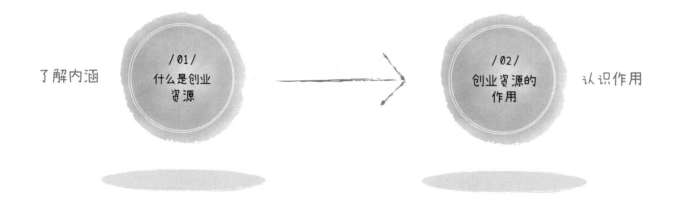

知识点 ❶：什么是创业资源

创业资源是指新创企业在创造价值的过程中需要的特定的资产，包括有形与无形的资产，它是新创企业创立和运营的必要条件，主要表现形式为：创业人才、创业资本、创业技术和创业管理等。

❀ **大学生创业的资源需求**

对大学生而言，创业所需要的资源很多。但资源的多少并不是创业成败的决定性因素，获取资源的能力才是对大学生创业的考验。

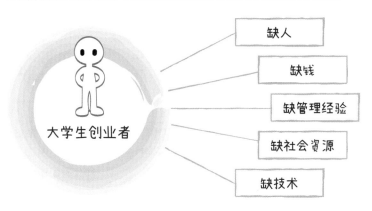

看上去大学生创业几乎是"一穷二白"，什么资源都没有。但实际情况并非如此。我们在学校就是锻炼自己、拓展资源能力的最佳时期。比如，刚入学时的学生几乎没有任何社会资源和经历，但在暑期打工和企业实习的过程中则可以有所收获；技术也是一样，可以通过校内校外的学习获得；而管理经验则可以通过社团或者学生组织的管理来体悟，了解一些初步的管理方法及其效果，等等。如果立下了创业的决心，我们就必须时刻关注创业的资源，并积极锻炼自己获取资源的能力。

知识链接

知识点 ❷：创业资源的作用

对创业者而言，获取创业资源的最终目的是为了组织这些资源，利用好创业机会，获得创业的成功。而无论是哪种资源，无论它们是否直接参与和影响企业的运营，它们的存在都会对创业的过程产生积极的影响。

❋ 创业资源的作用

创业资源对创业的影响是巨大的，不管是人才、资金、技术，还是管理和社会资源，都能给创业带来很大的推动作用。我们下面列举了几项常见的创业资源，一起来看看它们的作用。

创业资源

人才

人才是企业的基石，也是企业发展最重要的保证。没有优秀人才的加盟，初创企业将很难渡过创业初期的艰难。

资金

资金是一个企业的"血液"。没有启动资金，企业就无法创立。企业运营时没有资金的支持，企业也将难以为继。

管理

科学的管理方法是创业者和团队成员必备的技能。好的管理者能带领企业闯过艰难险阻，保持强大的战斗力。

市场

没有市场，企业将无法生存。初创企业的市场资源多来自于人脉关系或是自身的开拓。

技术

技术是企业的宝贵资源，也是企业开拓市场的保证。对初创公司而言，技术也可能是获取投资的重要依据。

大学生必看：从定项目到找资源，这位投资人手把手教你如何创业

孙松廷.创业邦网站.大学生必看：从定项目到找资源，这位投资人手把手教你如何创业.http://www.cyzone.cn/a/20151202/284840.html，有删减 ••••

　　随着国家经济深层次改革的持续深入，"创新－创业－创客"继90年下海潮后再掀高峰，创业成为这个时代的主旋律，对创客英雄的追捧和鼓励创新文化的崛起成为这个时代的主题。而随着科技部、教育部的入场，大学生创新创业也从以前的创投圈走向了前台，政府给予了充分的背书，而各大高校成立的创客空间、学校孵化器、休学创业政策、创业学分激励政策、大学生创业扶持基金、创业大赛、银行贷款等更是从操作层面给予了充足的支持。所以，很多毕业多年的老创客感慨新一代的创业者遇到了最好的时代。

　　作为评委，笔者也有幸参加了几次高校和协会举办的学生项目路演专场。坦白讲，如果撇弃商业的角度，参赛项目的质量和学生的勇气还是让我们几个评委汗颜的，毕竟当年我们大学攻读的时候，创业这个词也很少听到，更不用说去付诸实施了。而站在路演台上意气风发、挥斥方遒、时刻出发的同学们

已经做好了创业冲刺的准备……但从投资本身而言，大学生的项目创意、商业模式、团队、竞争优势、商业逻辑和经验等与市场博弈几年的创客比较，差距不足以里计。

　　与政府和社会层面正面积极推动大学生创业不同的是来自于创投圈的投资同仁，他们苦口婆心的劝刚毕业和未毕业的学生先练好内功，积累资源，具备一定商业常识和商业经验后再出发，成功率会提高很多。毕竟从现在大学生创业融资上市的几个案例来看，好比大海泛起的几朵浪花。更何况大学生推崇的几个退学创业的商界偶像，虽说中途退学，但都没有离开学校，还在学校学习其他的专业来补充和完善自己的商业想法、拉合伙人……

　　看到很多放弃考研、甚至大学一年级就开始拉班子建队伍，到处找投资的大学生创客越来越多的时候，我知道投资圈内大佬的苦口婆心并没有被他们所理解。既然已前赴后继踏入

征程，作为投资同仁就只能在创业长征过程给予建议，以期避免重复踏入创业的不同陷阱，提高创业成功机率。

在分享创业五项全能时，笔者要分享和纠正一些关于创业和融资成功的故事。

1. 个人对创业的理解其实并不同于很多同学理解的创办公司、找投资、成功上市、迎娶白富美、财务自由做投资人等等的循环。"只有初恋般的热情和宗教般的意志，人才会成就某种事业！"——创业首先是一种生活方式的选择，也是一条不归路，即使失败，也会百折不挠。有的中间过渡会去打工，也是积攒资源谋市再起的储备，所以，有些大企业虽然很欣赏全能型的创业者，但都不会录用，因为知道他们只是过渡。所以，一旦选择了创业，就斩断了退路。

2. 融资成功不等同于创业成功。哪怕企业成功上市，也只是拓宽了企业成长的空间和平台，投资机构和资本市场只是为企业持续成长、追求卓越提供了加油站，长征的目的不在于补给，而在于胜利。

3. 在与很多大学创业者的交流过程中，很难看到他们对事业的野心和商业成就的追逐，更多是对已获得融资的同学的美慕和不服。在这里，也做一个普及，许多融资成功的企业，光环和媒体的追逐会让台下其他企业产生一个错觉，以为资金到账，创始人财务自由，创始人身家过亿等，这都是一个资本的幻影。投资机构注资企业，钱是打在公司账户上，而公司账户上的钱是严格按照经营预算来支出的，指派的财务总监也会严格的按照财务制度和预算来监管账户，并不是打在创始人个人账户上任其花销。一般在上市前或 C 轮前，投资机构一般会锁定创始人的股权，限定其薪酬，很少给创始人套现的机会。所以，如果企业不上市或估值不理想，创始人很难财务解套，更不用说财务自由了。

德鲁克说"管理是一门技术，更是一门艺术，它可以学，但不可以教"，创业更是如此，许多创业有所成就的人士分享成功秘诀是往往把它归结为运气。笔者也经常受邀给大学生分享如何创业成功的秘诀，而我的答案是"成功无法复制，但失败可以避免"，所以在此分享的都是在创业路上如何披荆斩棘、迎难克敌。我没有创办过成功的企业，到目前为止，和几个合伙人创办的早期基金也在创业的路上，在这里从投资机构的视角来探索大学生创业的路径——大学生创业铁人五项修炼。

一、定项目

1. 大学生接触的商业层面和边界有限，所以要遵循商业的法则"不熟不做"。从自己熟悉的学生市场及周边来摸底调研，找准适合自己的商业定位。比如衣食住行娱医等，从大家刚性需求、高频次、客单较高的一些层面展开，找准一个点，深挖进去，找到水后，在沿线拓展挖出一条河。笔者接触过几支团队，有的从帮助学生们逃课、宅、懒人、短途等领域展开，在与大的平台竞争时选择了错位竞争，整个商业计划让人眼前一亮，一家做考研考题社交的项目我们甚至都已过会，进入到了实质合作阶段。但也有一些，从学校角度切入，做防范学生迟到、替考、智慧教室、传统产业改造等，而这些需求的解决方案，涉及到的利益群体和消费频次、竞争门槛都选错了市场，投资人接触到这些商业计划，只会匆匆一眼而过。

2. 产品的打磨，需要小范围试错和不断迭代。在创业过程中经常是锁定了一个细分市场和客群，可深挖下去才会发现是伪需求或与预期差异太大，这个时候，团队要勇于舍弃和否定，重新定位，针对人群重新设计产品和业务流程，匹配资源和团队。

3. 找准一个点，一针捅破天。当产品和服务在样板市场打样之后，创始团队要在此基础上进一步深化和完善商业模式，打造市场、团队的核心竞争力。接触到的很多创业者都把验证后的模式加资本的保驾护航当成核心竞争优势，这其实是没有底气的一种说法，拼资源总有比自己更巨无霸的产业王者。如果商业模式和竞争优势没有凸显，资本的助力也很难让企业如虎添翼。

4. 踏准移动互联网和物联网的浪潮。大学生一定要利用自己的优势，移动互联网和物联网领域的创新创业将新老企业拉到了同一个平台上，产业机会给大家的机会是均等的。在这门户网站都是传统企业，淘宝网都是老企业的时代，创业权威被大打折扣，大学生不会再被老一辈的企业家耳提面命企业应该怎么做怎么做，机会在这股浪潮面前被拉平了。当传统企业在为互联网思维，互联网＋，互联网人才挠头不已、重新学习时，大学生们先天具备这些优势。

二、找合伙人

1. 创业初始，搭建班子至为关键。创始团队的构成更是后续融资和推动企业不断成长的基因和原动力。大学生人脉有限，创始班子往往是发小、校友、同学等构成，这有利也有弊。利在彼此知根知底、性格能力互补，弊在大家起点类似、眼界类似、资源类似。建议在搭建班底时，眼界可以进一步拓展一下，搜寻一下自己前几届的学长学姐、校友会的师哥师姐，如果能引进一两个在商界打拼的企业家校友做顾问或天使投资人就更棒了。这样可以从行业、资源、眼界、资金等给予更大的互补，而有商业经验的创始团队在后续的融资、规模化的运营管理等层面会持续加分。

2. 创始阶段的415规则。企业创始阶段原则上创始股东不超过4人、1个控股大股东持有超过50%以上股权。创始股东过多，利益和沟通成本太高，也不利于后续投资资金的进入，1个带头大哥，要能在个人利益、股东利益、公司利益间做好平衡和取舍，要能让大家信服和持续追随，要打造自己的独属人格魅力。过50%的股权保障从法律上对企业所有权和决策权的控制。

3. 股权机制的设计。随着企业的不断发展，人来人去，有些人因业绩和能力、责任心会逐步的升迁、纳入核心层，一些空降兵如CFO等也会在后续融资和上市过程中给企业资本增值，这些都会逐步的纳入股权激励范畴中，要有明确、正向激励的股权激励方案。有些则因家庭、能力、学习等原因，会离开或跟不上公司的快节奏发展，则必须有一套明确的股权退出机制来实现吐故纳新。尤其牵扯到创始人股权的激励和退出时更是重中之重，一个操作不慎就是大灾难，在创投圈内屡见不鲜。许多同学搭班子、分股权、分工时哥们义气为先，从不考虑这些，但后果往往是兄弟成仇、夫妻反目，一定要慎之又慎。

三、找投资

1. 企业发展的不同阶段对资金的渴求也是不一样的。在公司没有搭建成型前，市场的调研、产品的原型设计和研发、样板的试点往往需要团队自己凑钱来展开，这个时候找投资机构融资成功率可以忽略不计，这个时候家人、自己、同学是注资的主体。

随着项目的团队信心和市场积极的反馈，产品原型有了，样板也有了一个好的开始，商业模式进一步验证，这个时候，可以将自己周边的亲戚朋友、一些投早期的天使投资人纳入投资人清单，然后制作商业计划书，开始游说他们出资。当公司商业模式成型、数据开始攀升时，结合不同行业不同企业的融资节点就可以推进 A 轮、B 轮……至于上市，实在是可遇不可求，这跟运气确实有关!

2. 比把产品卖给消费者更难的就是将股份卖给投资人。如果还有其他，就笔者想来，也就是投资人去募集 LP 资金的时候也是其一。所以知道这个逻辑，创业者就应该明白，坐在对面的投资人，他是资产受托人，他有严格的投资纪律、投资标准去遵守，越往后期基金回报的压力就越大。所以，在与他沟通时，先期了解他们基金的背景、投资专注的领域 / 行业 / 阶段、是否已投类似项目、基金目前的阶段 (刚募集还是处于退出阶段)、投资人的行业背景 / 性格 / 偏好等至关重要。

3. 找投资人的沟通渠道。目前的创业大赛、项目路演、孵化器、创投节目、创投论坛、协会论坛、财务顾问、校友会等都是接触投资人的一些途径，也有一些创新的形式，如在行、领路、聚份子等，还有一些媒体如 36KR、品途、创业邦等，都可以搭建创投约见、沟通的平台，为继续推进下一步融资对接提供了机会和可能。

4. 创业初始阶段，可以考虑多元的融资形式，多运用目前的股权众筹、产品众筹、店面众筹等新兴融资方式，来解决公司经营和发展中的资金需求，同时，更关键的要苦练内功，加快自我造血的功能。毕竟企业要靠持续不断的营业收入和源源不断的现金流来拾阶而上，而非依靠外部输血来强大自我。

四、找资源

1. 孵化器其实应该是大学生创业的首选。作为从学生身份过渡到商人身份的一个过渡平台，孵化器其实起到很关键的作用，在这里可以系统学习和交流到完整和完善的商业训练、铺设人脉、建立商务网络，而定期举办的创投路演、私董会、培训更是弥足珍贵。

2.找一个一对一、长期辅导的创业导师。可以从周边接触到的企业家、校友、投资人中优选一个，让其担任企业的顾问或进入董事会，在公司未来的发展战略、管理、融资规划、上市以及家庭等领域给予资本运营、产业运营和人生经验的分享和长期辅导。

3.新一代的大学生群体，性格、消费习惯和边界远不是70后、80后的世界观，一个项目的创意、实验、完善很可能背后有一个跨国的小团队来支撑和运作，而NGO、公益、社会企业等也成为新一代的选择，其实从笔者接触到的90后来看，他们更有担当和更有舍我其谁的勇气，所以在构建商业或人际网络层面，大学生要利用自己的全球视野和小组协作，将兴趣、商业、社会做更新的跨界和嫁接，构筑全新的网络。

4.借用政策的东风。目前国内的政商关系终于回归正轨，国家层面开始推动的政策下放、行业敞开、创新创业支持等史无前例。而对大学生的创新创业支持也媲美当年的上山下乡，所以要主动接触和了解目前的政策，从资金贷款、孵化器以及接下来的学校科研成果转化、大学基金等领域获取独占资源，这些都是传统企业和老企业所不具备的。

五、自我超越

1.企业，企业，无人则止！一家企业的发展腾飞，核心在于创始团队驱动，归核于企业家精神。而只有商业百战才会锤炼捶打出企业家。所以，作为大学生创业团队，要在企业种子阶段，就要根植企业家的火苗，在商场博弈过程中，不断的总结得失、不断的复盘，做为带头大哥的核心更应该树立远大产业抱负和梦想。

2.将创始团队能力发展成组织能力，构筑企业的核心竞争力。将原来单打独斗、各挡一面的团队能力，通过复杂的事情简单化、简单化的事情流程化、流程化的事情标准化，标准化的事情文化，通过组织、制度、流程、文化的系统构建打造成一个离了谁都能有效运转的商业体系。

3.打造"利益共同体""事业共同体""梦想共同体"平台。通过明确、清晰、阶段化的战略规划和部署，将小团队、小项目持续进化成利益共同体平台，锁定大家的共同梦想和利益，促成组织活力的激发和快速成长，在这个阶段股权、期权、年薪、年功、奖金、旅游、团建、家属会等综合运用，将个人利益统一到集体利益。随着组织的优化，文化的形成，组织会将不符合公司价值观和评价体系的人汰弱留强（负面的文化会汰强留弱）。这个时候，企业将个人的成长和成就、成功在组织平台上分步实现，创新小组、事业部、独立子公司、员工控股子公司、集团参股公司等会纷纷涌现，构筑一个大的事业平台。随着企业的不断发展和阶段性的成功，企业也会更加积极的承担更多的社会责任，原来源于创始人的梦想会更加具化出产业梦想和抱负，来汇聚更多的优秀人才、产业资源和社会声望。

4. 平衡好家庭和事业的关系。笔者创业也非常早，期间经历了结婚、生子、家庭，事业也随着上升起伏，坦白讲，两者之间存在竞争关系，毕竟人的精力是有限的，专注是有限的，如果两者都需要你全身心的时候，往往顾此失彼，所以这对大学生而言也是非常大的考验。所以，我们经常听创业者分享的时候往往是成就了事业，辜负了家庭。这需要创业者去平衡和协调。

5. 养成持续学习的习惯，培养四大能力。

第一，自律。认真管理好时间，去做最重要的事，见最重要的人，学会放权，学会培养人，学会分身术。

第二，自愈。千磨万击还坚劲，百折不挠。要有强大的内心和自愈能力，将失败看成机会，将挫折看成挑战，越挫愈勇。

第三，自燃。不管内心千疮百孔、身心疲惫，当出现在客户面前、团队面前、公众面前，立马激情四射，光芒万丈，影响他人。

第四，自学。学习周边优秀人的思维、做法，多看书，多看跨界的书，将商场上的磨练、书本上的文章、人事上的历练融汇一体、汇铸一炉。创业，就是以有限的资源成就无限可能的梦想之旅！创业路上，边走边闯，让我们以冰心诗篇共勉："成功的花 / 人们只惊美她现时的明艳 / 然而当初她的芽儿 / 浸透了奋斗的泪泉 / 洒遍了牺牲的血雨。"

6.2◇ 各类资源的获取途径

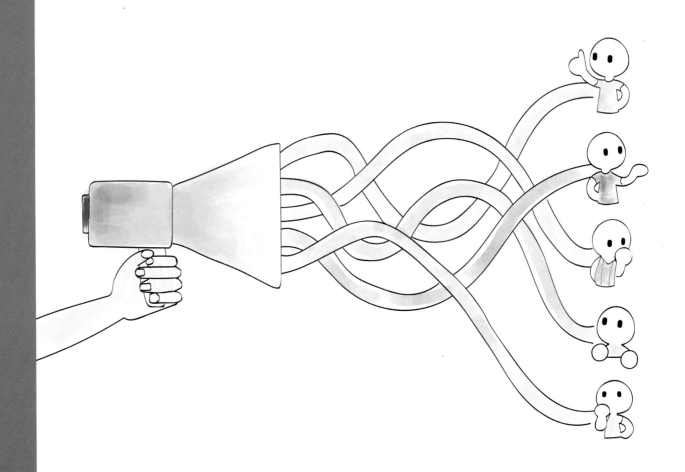

引导案例

高职生白手起家，"妆"扮创业人生

赖竞超，郭翔宇，张诗婉.高职生白手起家，"妆"扮创业人生.南方日报，2012-11-6(A07)

刚见面，27岁的莫凡就非常老练地直入主题，问笔者想要了解哪些内容。"这个采访一结束，我得马上赶去电视台为某档节目的主持人化妆。下午有两个应酬，晚上还要抽空去看看正在装修的公司总部新址，时间比较紧。"莫凡一边说，一边习惯性地用手抬了抬黑框眼镜，略带歉意地笑了笑。

"全国十佳化妆师""CCTV时尚中国化妆造型大赛第一名""国家高级化妆师"……别看莫凡未及而立之年，却已早早将这些头衔收入囊中。不久后，以他的名字命名的广州市莫凡形象设计公司

也将建成，注册资金数百万元。而此时，距离他从广东岭南职业技术学院毕业，仅仅3年。

偷偷拜师学艺比赛一举夺冠

人们不禁猜测，年纪轻轻就能闯出自己的一片天，莫凡应该是从家中拿了第一桶金的"富二代"吧？其实不然，出身平凡人家，上一所普通大专院校，莫凡毫无"背景"可言。甚至在最初追寻梦想时，他瞒着家人偷偷学艺才得以起步。

高中毕业后，莫凡听从家里的意思，报考了当时的大"热门"工商管理专业。然而，一次跟着朋友到某电视台化妆间参观，重新燃起了他心中埋藏很久的梦想：当一名化妆造型师。

"当时正好瞥见主持人在化妆，看到妆前和妆后迥然不同的两个模样，我心里就想：如果我能拥有一双化妆造型师的金手指，把舞台上的形象打造得完美无瑕，那我的人生就完满了。"为了能圆"化妆造型"之梦，当同班同学都到企业实习的时候，莫凡瞒着家人，扛起沉重的化妆包，挤进公交，偷偷到城市的另一端"拜师学艺"。

接下来的半年里，莫凡每天第一个走出宿舍，又拖着疲惫但亢奋的身心最后一个归来。因为这样，他挨了宿管阿姨不少的训斥。也正是在这短短的半年，莫凡实现了从仅有一腔热血的"粉丝"到一名技术娴熟的化妆造型师的蜕变。

2007年，一个偶然的机会，莫凡听说中央电视台即将举办"时尚中国化妆造型"比赛的消息。"自己偷偷买了一张硬座票，瞒着家人，坐了整整一天的火车到北京参赛。"莫凡起初只抱着试一试的念头，却不曾想一举夺冠。回到广州，他又马上参加了广州市十佳化妆造型师比赛，并再次问鼎。顷刻间，他成了圈内新的"种子选手"，造型设计邀请纷至沓来。直到这时，莫凡的父母发现总在电视上露面的那个青年才俊竟是自己的宝贝儿子。

基层执着打拼摸索创业"门道"

事实上，刚毕业时，莫凡并没有直接创业，而是选择从底层做起，担任某公司化妆造型师一职，一边打工一边摸索创业的"门道"。

"大学生选择创业，并非一拥而上，而是需要看准时机和市场。"在嗅到了化妆造型行业的发展潜力后，莫凡仅仅工作一个月就"自立门户"，建立了以自己名字命名的工作室。凭借在圈内的小有名气，莫凡工作室一开张就周转得红红火火。

那段时间，莫凡经常从一早忙到深夜。"为了达到客户、模特和造型师自己都满意的效果，造型需要不断反复地修改，有时忙活几个小时，仅仅是为了拍一个造型或一张照片。"由于工作性质的特殊，莫凡每天奔走于不同的客户和不同的工作地点，最忙的时候一天只吃一顿饭。

但凭借着一份执着和毅力，不久，莫凡的作品就得到了时尚圈内人士的广泛认可，客户群也随之增加，他的事业越做越大。毕业才3年，他就开创了自己的形象设计公司。当其他同学还在为每月两三千元的工资愁房子车子的时候，他已经是年薪几十万元的金领，手下运转着一个注册资金数百万元、正冉冉升起的公司。

— 声音 —

"做任何事情，都要有平和的心态，要有从底层做起的勇气和决心。"莫凡表示，中、高职毕业生在就业时确实会因学历不够而遇到"桎梏"，但这并不表示中、高职毕业生就"技不如人"，有志向开创自己事业又确实有实力基础的学生不妨试一试自主创业。

小组讨论

1. "白手起家"的莫凡是如何寻找创业资源的？

2. 莫凡的创业资源给他的创业带来了哪些好处？

充分利用资源获取渠道

创业资源有很多类别，认识这些类别对我们厘清创业资源以及根据不同资源的来源特点进行获取很是重要。我们还需要掌握资源获取的渠道与方法，为我们的创业打下一个好的基础。

首先我们需要认识的是资源的不同类别，厘清各类资源之间的不同及其关联。然后，我们需要学会通过不同的渠道进行资源的获取。

对大学生创业者而言，不仅要学会从通常的渠道获取资源（如通过风投获取资金资源），也要根据自身实际和特点去获取资源（如自筹资金或通过国家政策及学校支持获得部分资金）。

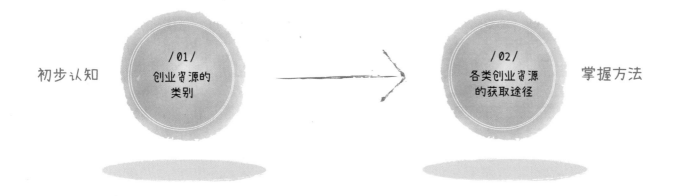

初步认知　/01/ 创业资源的类别　→　/02/ 各类创业资源的获取途径　掌握方法

知识点 ❶：创业资源的类别

　　创业资源有很多种分类方法，比如我们之前讲到的有形资产和无形资产就是一种分类法。而通常来说，创业资源可以分为物质资源、资金资源、人才资源、技术资源、社会资源和管理资源六大类别。

✳ 创业资源的分类

1. 人才资源

　　在企业运营的各个环节，如销售、生产、财务等，都需要一些高素质人才作为支撑，他们是企业的中坚力量。想要在激烈的竞争中获胜，就必须仰仗人才的力量。

2. 技术资源

　　技术资源是具有商业价值的科技成果、生产工艺等。很多初创企业正是凭借良好的技术基础发展壮大的。技术对企业的可持续发展同样起着不可替代的作用。

3. 物质资源

　　物质资源是指企业的有形资产，如厂房、软硬件设备、原材料等，一般情况下，物质资源可以通过购买获得。

4. 资金资源

　　资金资源是指企业运转所需要的资金支持。开发产品、营销推广、维持企业正常运营都需要资金的支持，募集启动资金对创业者来说责无旁贷。

5. 管理资源

　　管理资源是指企业的各种运行机制以及管理者的管理经验和能力等。好的管理资源能使企业维持良好的运营状态，并能更好地调度和使用其他资源。

6. 社会资源

　　社会资源即社会资本，是指企业所拥有的各类社会关系，包括创业者和创业团队成员的社会关系。社会资源通常对获取资金和开拓市场有很大助益。

知识点 ❷：各类创业资源的获取途径

1. 人才资源的获取。

大学生创业者获取人才资源的渠道一般是通过同学及亲友，而这并不足以让大学生获得足够优秀的人才。我们应该积极参与各类创业沙龙和其他一些社会活动，依照人才选择的标准（注重性格与才能的互补等）进行审慎观察和选择。

2. 技术资源的获取。

技术资源相对而言是大学生创业者更容易获得的资源。学校中有很多技术专长，也有足够的学习和成长空间。我们要好好利用这一时期，学习、掌握好过硬的技能，或是寻找有一技之长的合作伙伴。

3. 物质资源的获取。

物质资源大部分可以通过资金来解决，当然我们也可以利用一些自身的条件来获取。比如有条件的同学可以将公司注册地点和办公地点放在家中，或者利用学校和政府的支持，在孵化基地或是创客中心争取到场地和其他物质资源。

创业资源的获取对大学生创业而言至关重要。相对于已经步入社会的创业者来说，大学生创业者在经验、技术、资金等方面存在一定的劣势。大学生获取资源关键是要积极拓展社会关系，并充分利用一些有利的条件（如国家政策支持）。

4. 资金资源的获取。

　　大学生创业者通常是通过自己或亲友筹集资金，或是利用国家和学校的扶持得到优惠贷款或直接资金支持。其中，参加创业大赛是一个不错的办法，奖金可以为企业带来一定的资金，通过展示也能获得风投的关注。直接寻求风投支持难度较大，但一些条件不错的项目也可以考虑这个办法。

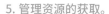

5. 管理资源的获取。

　　管理资源是大学生创业者面临的大难题。因为大学生创业者通常专注于专业学习，对企业管理的相关知识和实际运用不够熟悉，另外社会经验不足也直接导致了管理经验和能力的欠缺。这要求我们积极在社会上磨练自己，从企业实习或打工等渠道学习和了解管理制度及技巧。

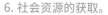

6. 社会资源的获取。

　　大学生的社会关系一般较为单一，这对于社会资源的获取是相当不利的。我们应当充分利用互联网，认识志同道合的"同道中人"，尤其是资源提供者、投资人以及具有丰富经验的先行者，他们对于创业事业的顺利开展有巨大的推动作用。

 知识链接

知识点 ❸：国内知名风投机构

在我国近十多年的创业大潮中，有很多风投机构积极投身于其中，以其精准的眼光和雄厚的实力为广大创业者提供了腾飞的翅膀。

DCM

DCM(Delta Capital Markets Ltd)，即戴盛资本。DCM 是一家专注于早期投资的美国风险投资公司，也是全球顶级风投机构。它帮助许多企业家们创建了众多世界级的高科技公司。国内投资项目有 58 同城、前程无忧、当当网等。

中国 IDG 资本

IDG 资本 (IDG Capital Partners) 于 1993 年开始在中国进行风险投资，是最早进入中国的国际投资机构之一。至 2013 年，IDG 资本已在中国扶植了 300 余家中小型高新企业，其中有超过 70 家企业在中国及海外市场上市或实现并购。

北极光创投

北极光风险投资 (NLVC) 是一家中国概念的风险投资公司，专注于早期和成长期技术驱动型的商业机会。北极光先后在高科技、新媒体、通讯 (TMT)、清洁技术、消费及健康医疗等领域投资了近百家公司。

晨兴资本

晨兴创投于 1992 年开始投资中国大陆的高科技、媒体、通讯和生命科技等各类项目。创立以来，晨兴创投致力于帮助初创和成长型高科技企业，不仅向创业者们提供长期的风险投资，而且还向他们提供管理支持。

红杉资本中国基金

红杉资本于 1972 年在美国硅谷成立，作为第一家机构投资人投资了苹果、谷歌、思科、雅虎、甲骨文等众多领导潮流的创新型公司。红杉中国的投资组合包括新浪网、阿里巴巴集团、京东商城、唯品会、豆瓣网、诺亚财富、高德软件、乐蜂网、奇虎 360 等。

经纬中国

经纬中国正式成立于 2008 年，关注的投资领域主要包括移动社交、交易平台、O2O（线上到线下）、电商、智能硬件、互联网教育、垂直社区、文化、医疗、互联网金融等。经纬在中国投资的企业包括陌陌、快的、口袋购物、找钢网、饿了么、猎聘网、nice（一款图片社交软件）、36 氪、猎豹移动等。

一线调查：孵化器，圆大学生创业梦

叶琦.一线调查：孵化器，圆大学生创业梦.人民日报，2013-6-27(06)

• • • •

有数据显示，每年我国自主创业的大学生微乎其微，而创业成功率更不到5%，与发达国家相去甚远。为鼓励和支持大学生创业，各地陆续建起创业孵化基地。孵化器为创业者提供了哪些服务与帮助？如何有效评估与指导创业梦想？发展还面临哪些问题？请看调查。

大学生创业难催生孵化器

提供人事代理、劳动保障、工商、税务、融资等"一站式"服务

"我们是白手起家的小企业，当时手头资金严重缺乏。不要说做大规模，连大家的工资都发不出来。"回忆起2010年创业初期的情况，远景数字软件开发室负责人李自荣仍感艰难。

"创业园为我们节约了一大笔创业资金，一解燃眉之急。园区帮我们申请小额贷款、减免各种税费，让我们把更多的资本和精力投入企业的发育和成长。如今我们年利润正向千万进军，相信不久的将来能够上市。"李自荣信心满满。

很多创业的大学生，都曾有过李自荣这样的"低谷经历"。有数据显示，每年我国走上自主创业的大学生微乎其微，而创业成功率更不到5%，与发达国家相去甚远。

合肥市蜀山区创业服务中心主任李华介绍，一个小企业想获

得必要的硬环境条件，除了要有相当的投资，还要筹备很长时间。"大学生有着最为先进和充实的知识储备，计划性强、思维快，但在资金、经验等方面却存在很大短板。可以说，是大学生创业难'孵化'出了我们这个孵化器。"

在园区内，记者看到专业化的管理服务机构、专门的经营管理团队和创业指导专家，能为初始创业的大学生提供一系列孵化服务，包括项目开发、风险评估、创业指导、创业培训、政策咨询、信息和融资等。此外，还为入驻的创业企业提供人事代理、劳动保障、工商、税务、融资、信息、咨询等"一站式"服务。

为缓解刚创业大学生资金短缺难题，创业园还为入园大学生提供免费创业培训、税费减免(地方税)、小额贴息贷款、三年房租减半、第一年水电减半、三年免缴物业费等优惠项目。

"目前，创业基地的日常管理打包交给物业公司。我们配备近十人的队伍专门负责管理并提供咨询服务。团队中很多人都是从企业或高校干出来的。有的曾经做过厂长，对指导创业活动有一定经验。"李华说到。

进园区先要跨过"模拟"门槛

是否仅停留于理想，营利目标能否实现，专家团会多次考察

进入园区之前，"模拟平台"让创业者印象深刻。

启航交通科技服务部的创业者李清彪，2010 年在模拟创业平台上"打磨"了一年。在中科大研发平台上，他验证了自己的想法，也学到了很多创业的技巧。现在，他有 13 人的团队，经营道路交通施工、管理、反光材料销售等项目，一年毛利润达上百万元。

而让李自荣感受最深的，是"如履薄冰、濒临险境的创业气氛"。"进入虚拟平台，我们将得到一笔创业资金、一个模拟企业空间，并去面对一个虚拟但却'残酷真实'的市场。技术新不新、产品硬不硬、管理好不好，一试便能知道。"李自荣说。

这样的模拟培训，可以说是大学生进入创业园的门槛。只有通过平台模拟的优秀幼苗才会被选入园区。这对于一些发展潜力不大、市场前景有限的企业来说，起到悬崖勒马的作用。

"社会鼓励创业，政府支持创业，但创业成功率并不高。很多企业失败往往源于初期的疏忽。"李华说，正因此，园区才提高门槛，保证成功率。筛选程序从申请开始，经过论证的企业规划、完备的申请报告以及就业失业登记证等资质证明是入驻孵化器的第一步。公司的经营和发展需符合园区条件，噪音大、污染重、占用场地空间过大、影响其他企业日常经营的一开始便会被拒之门外。

对于初选合格的企业，园区将聘请经验丰富的企业家和院校专家从思想理念上指导，分析形势，解读发展，还将组织专家团队对企业的经营方向、核心技术、市场潜力进行综合考察，"企业是不是仅仅停留于理想和计划，营利目标能否实现，前期我们会多次考察和论证。若方案可行，我们会思考如何创造更适合其发展的环境；若方案遭否定将第一时间给予当面回复。如此一来，避免了社会资源浪费。"李华谈到。

孵化需要更多"社会参与"

多为政府创办，孵化器数量和规模发展受到束缚

蜀山创业园从成立至今，已成功走出两三百家企业，其中不乏年利润几千万的企业。2013年安徽省有29.8万大学生毕业，全省约有33万高校毕业生需要就业。相对于如此庞大的毕业生和创业群体，这样的"巢"非常有限。

目前，创办大学生孵化器的主体有政府、高校和企业等。"大多还是政府在出资创办，民间组织和企业参与度不够高，有限的政府资金使得孵化基地的数量和规模发展受到束缚。企业在孵化器里理想的培育时间一般为三年，但现实中很多都会超过三年。由于面积有限，目前园区的创业大学生基本饱和。如何提供更多创业平台是一个巨大的难题。"李华说到。

"在孵化器里，创业者能够方便地沟通交流，分享经验和信息，互相鼓励，甚至结成业务合作伙伴。"李自荣谈到，但很多有前景的企业无法享受到优越的创业环境，不是因为企业自身不够优秀，而是园区的"温床"容纳不下。

针对这个问题，合肥市蜀山区将对辖区内的街道、乡镇、产业园进行摸底，搜索多余厂房，希望通过谈判集合更多民间资本和力量，开发更多孵化器，增设更为系统科学的管理机构，容纳更多"雏鸟"。

"全民创业的大背景，创新理念的引入和市场调控的介入，为民营孵化器带来机遇。其发展需要政府和社会更多的支持。"李华说到。

记者手记：缔造更好创业环境

从一颗蛋到一只雏鸟，完成了孵化，也开启了生命征途中最为关键的一步。李自荣、李清彪等人从两三个人的微小团体，到年利润上百万的新兴企业，其幸运、成功和自信，让人对大学生创业孵化器这片筑巢空间心生向往。

毕业之际，大部分学生在各个招聘会间疲于奔波，选择到市场大潮中一试胆识和勇气的人则少之又少。事实上，创业是一个民族智慧和创新能力的体现，除了提高大学生的创业意识，政府、高校、社会需要共同为大学生创业者缔造更好的创业环境。

孵化器就是这样一个推动年轻人兑现技术、知识和想法的摇篮，让国家优惠政策落地的同时，也极大增强了全社会对创业的自信。自 20 世纪 80 年代进入中国以来，孵化器在短短 30 年里发展迅速，一批批或大或小的企业从中起步、成长壮大，走向市场。然而，现今孵化器在我国已进入深层次的探索阶段，如何优化资源、提升孵化质量，容纳更多创业梦想，让更多创业者得到贴心服务，是其未来发展方向。

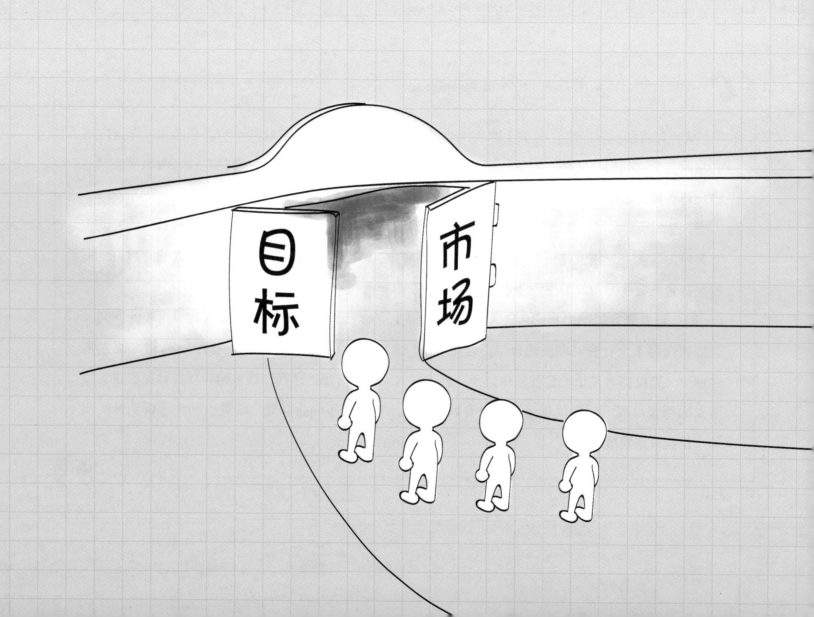

第 7 章
开拓目标市场

◎ **7.1 市场开发战略选择**

◎ **7.2 市场推广方式**

7.1 ◇ 市场开发战略选择

大学生卖菜起家 打造农业观光园

重庆晨报编辑部. 大学生卖菜起家 打造农业观光园. 重庆晨报，2014-12-10

从不懂农业的大学生到现在已经拥有超过 200 亩的农业观光园，销售额超过 200 万元的农业品牌公司，这个由 5 位大学生创业打造起来的农业品牌"东方锄禾"，靠着团队的才干和坚持，将事业越做越大。

摆摊卖菜了解市场需求

1985 年出生的吴书柱和 1986 年出生的龙运海都是重庆大学城市科技学院的学生，一个学市场营销，一个学电子商务。2010 年，来自农村的吴书柱毕业后想要自己创业，他率先开始关注璧山。为了了解市场需求、积累农业知识，他们在农贸市场门口摆摊卖过十多天的菜。他们发现市民对安全农产品的需求越来越大，却苦于无处购买，而绝大多数农民似乎还没看到这一市场需求。于是，他俩决定创办农业公司，教农民种好卖的菜，帮农民卖菜。

四处推销打开蔬菜销路

在璧山农委的帮助下，2010 年 8 月 19 日他们正式成立了公司。有 29 家农户以土地入股的方式和他们进行了合作。然而，卖菜挣的钱少之又少，龙运海又想出新招——大批量地收购农产品，销售给各餐馆和食堂。不过，对于没有任何人脉积累和关系网络的大学生而言，销售过程异常艰难。龙运海说，因为他们的菜从璧山运过来，比当地的菜便宜，遭到当地菜贩子不满，但他们没有放弃。

媒体帮助赢来创业转机

2012 年，受天气影响，蔬菜价格一降再降，龙运海收来的农作物以低于成本价还卖不出去，几乎把他逼到了绝境。无奈之下，龙运海想到了求助媒体，在有关部门的协调下，他们的蔬菜不仅卖了出去，而且还和大学城几所高校的食堂有了长期的合作。有了固定的收入来源，龙运海通过流转农民土地，开办"东方锄禾"观光农业园。

今年春，龙运海将璧山城郊流转的 200 多亩土地打造成草莓等蔬果种植园，教授农民养殖生态猪、土鸡等家禽。现在，龙运海的生猪已经订出去 50 多头，销售土鸡一万多只，种植的绿色蔬菜销量也较好。下一步，龙运海还计划把直营超市开进社区，让市民享受从田间直接到餐桌的绿色农作物供应服务。

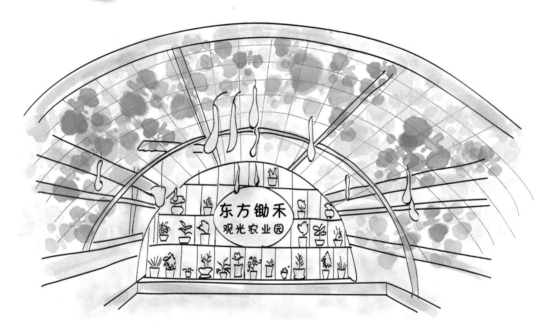

1. 吴书柱和龙运海都通过哪些手段来开辟市场？

2. 你觉得他们在制定市场开发战略上有什么得失？说说你对市场开发战略的看法。

审慎选择市场开发战略

　　市场开发战略的选择是初创企业的重要决策之一。市场开发战略的选择牵涉到企业市场开发的成本和方向，一旦选择错误，损失将很难挽回，所以，在做决策时必须审慎。

　　我们首先需要认识什么是市场开发战略，了解其路径和条件。然后我们需要进一步了解三种比较常见的市场开发战略——"滚雪球"战略、"保龄球"战略和"采蘑菇"战略，通过一些经典的市场案例来深入了解其内容及适用范围。

　　市场开发战略选择的关键是要根据企业和市场的实际情况，对市场进行充分了解。创业者不仅需要掌握相关的市场调查数据，而且还需要深入市场一线，只有这样才能真正把握市场的脉络，选择最适合企业的开发战略。

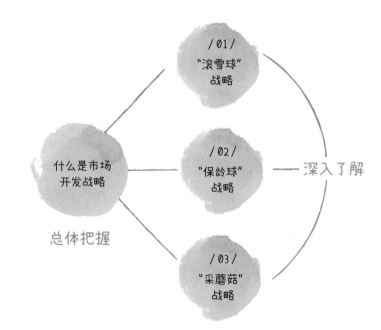

/ 01 /
"滚雪球"
战略

什么是市场
开发战略

/ 02 /
"保龄球"
战略

深入了解

/ 03 /
"采蘑菇"
战略

总体把握

知识点 ❶：什么是市场开发战略

市场开发战略是企业运用现有的产品和服务开辟新市场领域的战略。它是发展现有产品的新顾客群或新市场领域从而扩大产品销售量的战略。当企业现有的产品或服务在市场上已经没有进一步渗透的余地时，就必须设法开辟新的市场，比如将产品由城市推向农村，由本地区推向外地区等。

市场开发战略的路径是什么

1. 发掘潜在顾客，进入新的细分市场	2. 开辟新的营销渠道	3. 开拓其他区域市场

—— 微案例 ——	—— 微案例 ——	—— 微案例 ——
吉利开发出租车市场	耐克开设天猫官方旗舰店	小米进军印度市场

企业进行市场开发的条件

可以得到新的、可靠的、经济的和高质量的销售渠道。

企业在所经营的领域非常成功。

存在未开发或未饱和的市场。

企业拥有扩大经营所需要的资金和资源。

企业存在过剩的生产能力。

企业的主业属于区域扩张型或正在迅速全球化的产业。

知识链接

知识点 ②："滚雪球"战略

"滚雪球"市场开发战略是中小企业最常用的一种策略。企业采取稳扎稳打的做法，先完全开发好某个区域的市场，站稳脚跟之后再向另一个新的区域进军。这种战略的拓展将某一个地区的目标市场作为企业市场拓展的"根据地"，对市场进行全面、深入、透彻的开发，成为企业在未来进一步向其他区域市场开拓的基石。在"根据地"市场取得了稳固的优势市场地位之后，企业以此为根基向周边地区逐步推进和渗透，一步步壮大自己，最后达到全面占领整个市场的目的。这种市场开拓策略因类似于滚雪球(Snowball)，而得名。需要注意的是，滚雪球需要一个"硬核"，企业必须牢牢把握"根据地"市场，每占领一个新区域市场都要扎根，否则"雪球"不会越滚越大，而是会越滚越散。

"滚雪球"战略的优势

★ 降低营销风险

企业开辟"根据地"市场的过程中，会积累很多成功的经验和失败的教训，为周边地区的营销实践提供很好的参考。随着市场的不断滚动拓展，企业将积累大量营销经验，市场营销的风险也会越来越低。

★ 拥有充足的拓展资源

已经做大、做强的"根据地"市场，利润稳定，销售团队得力，这些都为开拓新市场提供充足的资金积累和人才支持。

★ 能稳步巩固和拓展市场

"滚雪球"市场拓展战略稳健踏实，步步为营，企业经营的风险很低，市场地位也会相对稳固。

✿ 经典案例——老干妈

老干妈在早期市场拓展中，依靠口碑一步步取得市场的领先地位。

广州是老干妈最先赢得优势地位的区域市场。由于广州是大量外来务工人员的聚集地，老干妈正符合他们的口味和价位，于是首先在广州市场取得销量的爆发。老干妈充分运用在广州市场上的成功经验，将老干妈产品逐步推广到国内其他的市场区域。这是典型的先做好根据地，继而复制到全国的案例。老干妈和一般企业的区别就在于，绝大部分企业是经过市场分析选择区域战略根据地，而老干妈是通过市场的自然选择赢得市场。

知识点 ❸ ： "保龄球" 战略

Haier 海尔

"保龄球"战略因其拓展策略与保龄球运动具有相似的特点而得名。在保龄球运动中，如果击中关键的那个球瓶，这个球瓶就会撞倒其他的球瓶。

企业在拓展市场时也与之类似。要占领整个目标区域市场，首先攻占整个目标市场中的某个"关键市场"——第一个"球瓶"，然后，利用这个"关键市场"的巨大辐射力来影响周边广大的市场，以达到占领大片市场的目的。这种市场拓展战略我们称之为"保龄球"战略。

"保龄球"战略的运作要点

★如何找到关键市场

"关键市场"的消费者一般有较强的求新意识和购买力，对新事物接受较快。另外，"关键市场"有很强的影响力和辐射力。"关键市场"的消费观念和潮流具有超前性，某种商品消费或生活方式一旦在这些市场流行，就会引起一大批周边中小地区市场的消费者模仿和追随。只要企业占领这个关键市场，就能获得以点带面、辐射大范围市场的效果。

★如何找到关键市场

"保龄球"战略是一种"先难后易"的市场拓展策略。关键市场往往是商家必争之地，要攻占该战略市场需要耗费大量财力、人力，一般实力较强的大企业才会选择此种战略。

❈ 经典案例——海尔

海尔集团的国内和国际市场拓展就是这样一个模式。在国内消费品市场，"北上广"三个城市的市场至关重要。"广州——上海——北京"成为海尔进军全国市场的战略"金三角"。占领了这三个市场，依靠其强劲的辐射力量，就等于攻克了大部分中国市场。海尔集团首先投入大量的精力先后进入和占领了北京、上海和广州，果然，产品迅速向全国铺展开来。同样，海尔在国际市场上也是先占领"日本——西欧——美国"三个关键市场，再准备向全球市场进军。只要占领了虽然最难却具有非常影响力和辐射力的全球市场"三极"，那么进入其他发展中国家市场相对而言就要容易不少。

知识点❹："采蘑菇"战略

"采蘑菇"战略与"滚雪球"战略步步为营的做法相反，是一种跳跃性的拓展战略。这种战略和采蘑菇的过程很相似，先采大的蘑菇，采完之后再选择小的蘑菇。

运用"采蘑菇"市场拓展战略的企业，在开拓目标地区市场时，通常遵循"先优后劣"的顺序原则，而不管选择市场邻近与否。企业首先选择和占领最有吸引力的目标地区市场，采摘最大的"蘑菇"，其次再选择和占领较有吸引力的地区市场，采摘第二大的"蘑菇"，以此类推。"采蘑菇"战略需要敏锐的市场洞察力，并对目标市场进行详尽考察之后才能施行。

"采蘑菇"战略的优势

★经济效益最佳

企业每一步选择的都是未占领的市场中最佳的。所以，企业的资源一般能得到最有效的利用，企业也能获得最佳的经济效益。

★兼具灵活性与时效性

当已经存在较多或较强的竞争者时，如果仍按由近及远、循序渐进的原则"出牌"，是不可能赢得市场的，很可能在残酷的市场竞争中落败。

★不分强弱先后均可使用

这种战略是企业能普遍适应的战略。不但先行者和强势企业可采用，后来者和弱势企业采用也能取得不错的效果。

❀ 经典案例——嘉士伯

在中国的啤酒市场上，嘉士伯是典型的后来者。在嘉士伯进入时，市场上已经有华润、青岛、百威等强势的竞争者，当时的重点市场——东部省份市场已经基本被瓜分完毕。

嘉士伯则采取了"采蘑菇"的市场开拓战略，在剩下的未被完全占领的市场选择较好的省份市场进行开发。从 2003 年起，嘉士伯相继收购了云南、甘肃、西藏、新疆、宁夏、重庆等省、市、自治区啤酒厂的全部或部分股份，从而在西部省份市场中取得了优势地位。如今，嘉士伯已经在西部的大部分省、市、自治区取得了市场的领先地位，这和其成功的市场开拓战略是分不开的。

拓展阅读

开创一个全新市场的创业者必须面临 5 大挑战

Scott Finfer. 开创一个全新市场的创业者必须面临 5 大挑战. 创业邦网站 http://www.cyzone.cn/a/20140305/254825.html　　●●●●

如果你创建的公司提供的是人们熟悉的产品或服务，那么你面临的最大挑战将是如何与老牌公司竞争市场份额。然而，如果你是从一个全新的想法出发，你就会有更大的障碍需要克服：你必须让你的受众了解你的产品、看到它存在的必要性以及购买它的风险，并努力维持公司的正常运转。

我对此深有体会。2011 年秋天，一小群投资者和我购买了一家名为 Emerge Clinical Decision Solutions(紧急临床决策解决方案) 的创业企业。这是一家设计医疗软件的公司，旨在简化医生的工作流程，为医疗点提供可用的信息。

这家小公司有创新和富有创造力的产品，但它需要更强大的资金、对产品的整体规划以及正确的市场营销策略才能实现发展

的目标。下面就是我带着这家新创公司进入全新的市场时，面临的 5 个挑战。

筹集资金，让你的产品和理念能在从"未经证实"到"已经证实"的过程中坚持下去。一开始这家公司原有投资者的钱花光了，于是他向我们求助。他们有一个未经证实的想法，仍然还有很长的路要走，并且可能需要更多的资金。我们不得不想尽办法，做一些诸如为 B 股本做准备，为 C 基金奠基的事，并且构建我们这些 white knight 白衣骑士投资者的股权 (当公司成为其他企业的并购目标后一般为恶意收购，公司的管理层为阻碍恶意接管的发生，去寻找一家"友好"公司进行合并，而这家"友好"公司被称为"白衣骑士")。我们要展望未来，关注我

们当前的财政基础，并且还要去和战略合作伙伴建立关系。

你如何销售这些现在不为人知的产品或服务？目标用户了解他们需要解决的问题吗？Emerge Clinical Decision Solutions 应用电子医疗记录 (EMR)，但在几年前，只有 25% 的医生使用电子病历。这就像是最初刚有网络时推销电子邮件一样。我们的市场是有限的，但我们有远见。医生逐渐明白使用含有这种技术的电子病历可以提高效率和合规性。Emerge Clinical Decision Solutions 有一些产品，其功能已经临床应用过，并且进行了升级。对于我们的产品来说，医疗 IT 界还必须等几年才能跟上 EMR 中离散数据的专门利用。

当没有其他同类产品做比较时，你如何证明你的东西有多好？当没有以往的历史统计数据可做分析时，改进是很难的。你可以发起独立的研究，或者构建一个核心客户群，可以帮你测试产品，提出建议。要知道，你早期的客户其实不是客户，他们是你早期的测试者，你必须让这些客户也认识到这些：你的公司和产品都是处于发展中的工作，只有他们加入，你的产品才会变得更好。或者换句话说，你必须找到一个潜在客户，他相信你们会一起走向更好的明天。

精确公平的产品估价是必不可少的。当你是提供某新产品的第一家公司时，你如何决定你的产品价格？如果你的产品太贵了，就可能销售不出去。如果你的产品价值被低估了，那么你的企业也许就会在财政问题中走向死亡。找到一个愿意为未经检验的产品冒险的投资人，是公司面临的最大的挑战。

想要成功，做到前四点之后，你还要保证不会在规模化发展之前就被挤垮，你是成功走出来的竞争者。一旦你克服了前四个障碍，你猜怎么着？人们会尝试去复制你的成功，并且你的利基市场会成为主流。大公司将试图找出是什么使你脱颖而出，然后复制，并且比你更快地扩大规模。结局是，并非每一个创业公司都会生存下来，但那些坚持它们的立场，并且争取增长的公司，可以做到不可思议的事情。

那些存活下来的创业公司可以让世界更美好。甚至可以挽救生命。

7.2 ◇ 市场推广方式

生命不息，创业不止

访谈实录.采访人：蓝雪，受访人：二手车车行项目负责人田宇

1.您曾经的创业项目是什么？面对什么样的市场？

答：我的创业项目是二手车买卖等一系列汽车服务项目。当时面对的还是一个很不成熟的市场，包括现在也是。二手车在中国一直处于成长期，所以发展空间比较大，竞争压力比较小，比较适合公司生存和发展。

2.您当时的创业想法是怎么形成的？什么时候决定创业的？

答：当时创业想法也是被逼出来的，父亲的公司销售遇到挫折，遇到了瓶颈。同时我的高考也失败了，整个人生都非常迷茫。这时就想尽自己的一份力量解决父亲公司面临的问题同时也证明自己的价值，解决迷茫的处境。所以，高中毕业我就开始慢慢接触创业了。

3.当时的团队是怎么样的？

答：当时团队情况很惨淡，就两个人。

4.当时的项目或资源有哪些优势？

答：当时我们创业的优势很大，我们有一个奋斗接近20年的平台，车源不缺，并且管理也不死板，价格上也有很大的优势。

5.你们是如何找到第一批客户的？

答：第一批客户来自互联网。

6.后来的运营情况发生变化了吗？是如何变化的？

答：后面的运营情况真的是越来越好了。公司销售走出了瓶颈，销售量达到高峰，公司变得越来越安逸。生于忧患死于安乐，我们公司现在还小，一定要一直保持忧患感，这样才能更好的强迫我们前进，强迫我们去发展。公司后来又实行了汽车质保业务、汽车贷款业务等。

7. 为了解决问题，您曾经做过哪些尝试？效果如何？

答：为了解决公司销售问题当时真是太傻了，大热天往路边小区的车上插收车卖车的名片，在百度贴吧啊、QQ群发出二手车的信息，但效果很差，没有任何回报。

8. 您会决定结束创业吗？

答：创业无论是在现实中还是在我心中都没有结束。生命不息，创业不止！

9. 此次创业经历，您损失了什么？收获了什么？

答：我觉得没有什么损失，能看到和我一起奋斗一起创业的人开心就是我最大的收获。因为我没有辜负他们，没有辜负他们的青春。

10. 您现在对未来的规划是怎么样的？

答：在未来的几年内，要收纳更多有上进心的人才，把公司做大做强，在上海开第二个二手车行，让跟我一起奋斗的兄弟们人人做老板！

11. 如果重来一次，您可以避免当时的问题吗？

答：我不希望重新来过一次！重新来过是借口，那是对失败人的借口，创业困难会很多，是必须解决的，是整个团队必须面对的，也是成长的好机会。没有经历过风雨，哪能见到彩虹。

12. 您对学弟学妹有什么要说的？

答：我希望想创业的人，先要想好从事什么行业、哪个领域，同时必须从最底层学起。只有把基础打牢，以后的路才会平顺；只有基础打牢，你的目光才能超前；只有远见超前，你才可能脱颖而出。这些东西做不到，内心不够强大，创业就会离你越来越远！

小组讨论

1. 田宇开始时采取的推广方式有哪些？为什么会失败？

2. 如果你是田宇，你会如何作推广？

市场推广：方式选择很重要

对于初创企业来说，市场推广是极为重要的一环。对不少初创企业而言，市场推广效果的好坏甚至会直接关系到创业的成败。创业者在这一点上最好身体力行，只有这样才能真正理解市场，并获得第一手资讯。

我们首先要了解的是地面推广，了解地面推广的目标、优势和如何执行，掌握地面推广的要点。其次我们需要了解新媒体的推广，掌握其方式和要点。

地面推广和新媒体推广是线上和线下的两种推广方式。需要指出的是线上和线下的推广并非是隔绝的，两者必须融合使用才能发挥出最大效能。

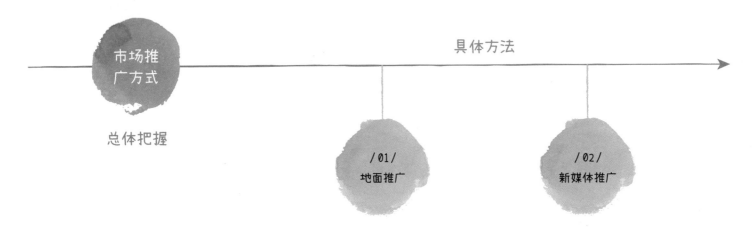

知识点 ❶：地面推广

地面推广简称地推，是针对以网吧、高校和社区为主要组成部分的各种地面市场资源，通过地面推广人员的实地宣传来进行传播的一种营销行为。

地面推广的管理成本较高，要提升效率关键在于提升执行力、结果的数据化以及团队管理的制度化，以结果为导向，根据实际情况和成效积极调整。只有这样才能使地推取得最佳的效益。

地推的优势及目标

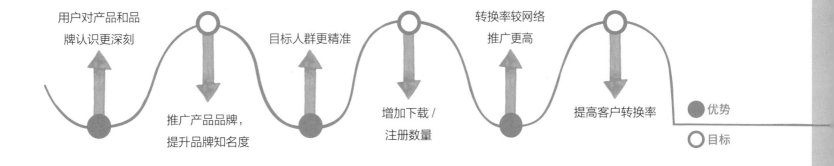

典型的地推做法

网吧

资料收集以及定期回访。网吧资料包括机器台数、IP 地址等，定期回访是为了做好客情关系，进而可以张贴自己的宣传品和安装自己公司的新游戏。宣传资料包括但不限于：门上的推拉，海报、宣传 POP(展示架、大招牌、实物模型、旗帜等)、喷绘、车贴、DM 单 (快讯商品广告)。

小区、学校等

选定推广地区及宣传、活动方式，根据客户特点和成本效率选择礼品、制作印制宣传资料 (能快速推广品牌且成本、受众广)，具体推广活动的执行，对转化结果的监控以及反思。

知识链接

知识点 ❷：新媒体推广

新媒体推广是市场推广的重要渠道和方式。随着互联网的发展，出现了网络杂志、博客、微博、微信、TAG(标签)、SNS(社会性网络服务)、RSS(聚合内容)、WIKI(维基百科) 等这些新兴的媒体，这些也成了线上推广的主要渠道。

典型的新媒体推广做法

体验性：experience：	沟通性：communicate	差异性：variation	创造性：creativity	关联性：relation
能带给客户良好的体验。	能建立顺畅的沟通渠道。	与其他品牌能有明显区隔。	以创意取胜，带来新鲜感。	注重媒体的社交属性和传播方式。

新媒体推广的主要渠道

1. 微博	2. 微信	3. SEM	4. 软文	5. 博客	6. 社区
微博是传播速度最快的工具，发文方式有长微博、短微博、头条文章等。	微信是使用频率最高的社交软件。公众微信平台一般包含服务号和订阅号。	SEM(搜索引擎营销) 包括搜索引擎优化 (SEO)、付费排名、精准广告以及付费收录等。	软文是软性的广告，通常有三种类型：新闻型软文、行业型软文、用户型软文。	博客形式不限于文字，趋向于多样化，有视频、语言、图片等。	以论坛为平台，用户的兴趣点比较集中，有利于推广。

你还觉得地推只是发发传单？难怪你无法找到精准用户！

张斌.创业邦网站.你还觉得地推只是发发传单？难怪你无法找到精准用户！. http://www.cyzone.cn/a/20160201/289501.html

—— 编者注 ——

张斌曾就职于环球市场与UC的产品研发部，2015年创立了地推吧，仅用3个月扩张20个城市，吞并200多个地推团队，市场占有率突破50%，2016年11月获Pre-A千万融资，2016年8月获得3000万元投资。

地推是个非常传统的推广方式，但是却很有效。近些年越来越多商家热衷于地推，但是地推可不是发发传单，送些小礼品那么简单！你在地推时是否还在为推广成本高、转换率低而苦恼呢？

Q1 为什么地推在今年又重新被关注？企业选择地推的原因是什么？

地推这事不是2016年才有的，早在20世纪90年代，当时没有互联网，很多民营企业都是通过地推方式推产品。后来互联网进入中国，因为线上推广成本低，让很多互联网创业公司都选择线上推广。到了今天，线上流量入口和应用分发入口都已经被巨头垄断了，创业公司从线上获取用户不再那么低。

这两年很多O2O互联网金融公司兴起，他们推广的要求更加精准，而且要把产品面对面地推给用户。现在大家打开应用市场的频率越来越低，很多公司只能通过地推主动地把一些优秀的产品主动地推给用户。这也是地推在这两年又兴起的原因，像我们熟悉的美团、大众点评都是靠强大的地推做起来的。

Q2 地推和线上推广的核心差别有哪些？

一、地推的地域和人群更加精准

包括线上推广和腾讯的广点通都可以做区域的定向投放，但是没办法做到像地推这么精准的投放（包括区域、人群），地推甚至可以在一些社区、门店做精准推广。

比如我们之前对 Uber 做的案例，我们帮 Uber 推广的是司机端，我们通过下游渠道对广州各个司机用户做了个简单调研。我们发现在广州并不是所有区域的 Uber 司机都一样多的。有些区域的 Uber 司机比较少，我们就主要在这些区域去地推。光知道这个事情还不够，我们还要把场景和推广模式进行细分。我们再次深入测试时，发现 Uber 司机在下载、注册、听推广人员讲操作流程的整个过程需要 10 分钟，我们就需要找司机能够停留 10 分钟的地方（加油站、洗车店、停车场），找到了精准的场景就相当于找到了精准用户。

二、用户更加真实

线上推广经常出现刷量、假用户等情况，而地推是直接面向用户推广的。地推用户可以用标准的话术向用户讲解产品的功能及使用流程。同时地推更重要的是可以和 CP 去设置些推广门槛，防止地推的包在推广的时候被下面团队的人恶意拿出

去刷量。例如我们之前有个做医疗的客户害怕地推人员给他刷量，我们就建议他提高单个用户价格，同时用户下载注册后完成在线问诊的服务。这样可以避免一些刷量行为，提高了一个推广的门槛，之后推广的效果得到巨大改善。

三、地推可以做面对面的用户教育

地推可以直接和用户进行交流，这个交流是用户对产品的第一印象。目前比较火的"借贷宝"，网上关于借贷宝的负面消息比较多，经常在朋友圈看到"如果有人让你装 App 时要你绑定银行卡千万别信，这会泄露你的隐私"。这也是在推借贷宝时最大的问题，所以我们在现场营造的氛围、展架的设计、海报的介绍都会把九鼎投资、明星代言什么的介绍进去，地推人员用专业的话术告诉用户借贷宝是上市公司九鼎公司打造的熟人借贷平台等信息，增加用户的可信性。

四、地推可以做区域化的品牌推广

很多 O2O 公司都是分 3 步走，第一步发展本地用户，第二步打造本地品牌，第三部开展本地业务。所以地推可以通过一个区域内各种的推广方式，很好地构造区域化品牌，帮助 O2O 企业在一个区域内打造出品牌。

Q3 企业在做地推时应该选择自营还是外包？如果选择自营会出现什么问题？

美团的地推团队是自建的，美团在全国有 2 万多员工，其中 1 万多是地推人员。2013 年美团在广州大学城有 13 个 BD 经理，

现在只剩下 2 个，因为当时美团扩张市场时需要很多人，现在维护市场时并不需要那么多，而且还要养着 1 万多的地推团队。

1. 地推团队的时间成本非常高，组建一个地推团队到能执行至少要 2 个月，因为你需要招募、培训。

2. 地推人员现在的成本并不低（在广州底薪 4000 元，加上提成可以到达 9000 元）。

3. 跨区域管理招聘培训等都是很大的挑战。

目前中国老龄化越来越严重，未来人力资源将越来越短缺。所以这样的发展情况也不容许每个公司都建一个庞大的地推团队。而选择第三方地推团队可以尽量地避免这些问题。

如果你准备自建地推团队，应该怎么做？

1. 首先要打造专业地推团队。

2. 建立一系列的管理、企业文化等制度。

3. 能制定出专业的地推方案。

应该如何制定地推团队的管理制度？

我们为什么把地推叫做铁军？因为地推团队就和军队一样，需要廉明的纪律。之前地推吧建立团队时觉得大家都是兄弟情，觉得上班可以不打卡，外出拜访客户可以不签到拍照等。这样一个月后所有人的惰性都被养出来，执行效率很差。所以打造一个制度是非常有必要的，比如晨会、会议总结等。军队是有情有义有血性的，所以在整个团队的氛围培养很重要，而且要让每个人养成分享的氛围，把一些好的推广策略及时地分享出来。

地推团队需要什么样的人组成？这些人应该具备哪些特质？

1. 我们一般更喜欢招聘学生，因为我们要求地推人员有很好的学习能力和可塑造性。

2. 这个人必须有强烈的目标性，在面试或试用期时这种特性就应该能够看出来，他在做一件事情时会千方百计选择不同的手段打造最终想要的东西，这种人拼搏的精神在地推中是非常看重的。

3. 有好的规划性，必须在职业生涯规划中，未来 1 年、3 年是什么样的，而且每天的目标很明确，这样的人在做地堆时执行力是非常强的。

4. 招人的时候千万不要招那些吹嘘自己有多少资源的人，我们之前招过这样的人，但最后事实证明，这种人招到团队后一般的贡献都不会很大。

什么样的激励方式可以调动地推团队的积极性？

地推就像军队，要打造团队文化，第一要廉明纪律，第二要有情有义，有情有义要体现在文化上。

一、树立团队意愿

树立一个很大的远景目标，告诉团队，我这一年，这个月，这一天要完成怎样的目标，让大家根据这个目标去做。

二、给团队阶段性胜利

比如阶段性目标达到了，给员工奖励下，一起吃饭唱歌等，提前享受下成功的喜悦，把团队氛围搞得好些。

三、学会造心

造心就是每个团队要有 271 的分布，分布出来后把团队最优秀的人拿出来，并在大会上重重地给他奖励。

四、设定 PK

我们地推吧现在在一个城市设至少 3 个团队，每个团队每个月向一个团队奖金池里贡献 5000。这 3 个团队在这个城市 PK，哪个团队这个月做的做优秀，就把这些奖金拿走。

五、招募内部讲师团队

地推吧里的所有讲师都是从内部晋升上来的，因为这些人奋战在一线，拥有丰富的经验。我们定期让这些人举办讲座培训，把他们成功经验分享给更多的人，然后再给这些导师更多奖励，促使更多愿意成为导师的人更加努力。

Q7 地推具体有哪些方式可以提高转换率？

一个是扫楼，一个是摆摊。

扫楼最有效的场景就是学校的宿舍楼和工厂的宿舍楼。

一定要想办法找到本学校或本工厂的人做兼职，因为这些人熟悉宿舍位置，能成功绕过宿管进入到楼里，而且他们随身携带着校园卡／工厂卡，那些人会让学生和工友们更有信任感。

摆摊的核心要注意以下几点：

一、摆摊氛围的营造

整个摆摊桌子、展架、布置等都要营造你要表达的氛围。

二、奖品的营造

在活动的各个环节，设置不同的奖品，以提高人气。

三、人员气氛营造

比如放终极大奖在最后抽取，就是要吸引人去围观，人们都有从众心理，人会越来越多，这时地推人员就要去把他们拿下。

Q8 企业应该如何选择第三方地推团队？判断这个团队的好坏标准是什么呢？

看下这个团队能不能给你量身定做一个方案，因为每一个 App 在地推时的场景、推广模式都不一样。同样的 App 在不同的场景，用不同的话术，通过不同的氛围去营造都会收到不一样的效果，所以地推团队针对同一款产品也要用各种不同的方式去尝试。我们地推吧推广时的照片视频每天都会定期通过系统传给客户看，每个客户在办公室就能看到各个地推团队在哪推广，现场氛围什么样。

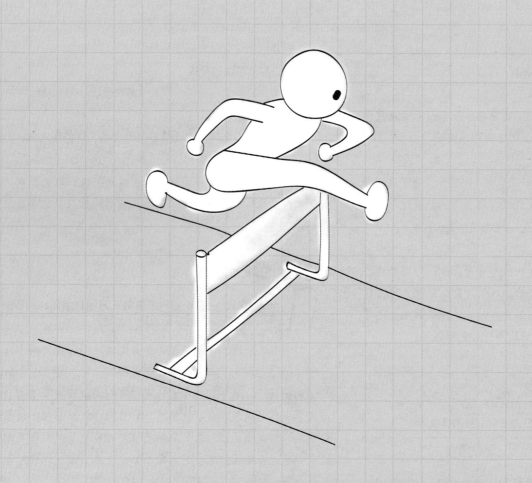

第 8 章
跨越前路障碍

8.1 ◇ 企业建立与运营的法律风险

大学生创业失败案例分享：法律风险需重视

中国人才网.大学生创业失败案例分享：法律风险需重视.中国人才网.http://www.cnrencai.com/goldjob/others/136161.html

秦亮在上海大学读大四时，通过熟人与中国联通上海分公司一级代理商上海美天通信科工程设备有限公司取得联系，并得知"美天"正准备推广 CDMA 校园卡业务。秦亮认为可以发动老师、同学购买，赢利几乎唾手可得。

由于"美天"要求必须以公司为主体来签协议，秦亮和几个同学在家长的帮助下，注册了上海想云科技咨询有限公司，以该公司的名义与"美天"签署了《CDMA 校园卡集团用户销售协议书》。

在同学和老师的宣传下，秦亮的生意很红火，一共发展了 4196 名用户。秦亮和"想云"可从"美天"获得 10 余万元的回报。

但是在"美天"给秦亮支付了 2 万元钱后，联通公司发现"想云"递交的客户资料中有几百份是虚假的，有一部分根本不是校园用户，有的是冒用别人的身份证，最终形成了大量欠费。

"美天"为此得赔偿联通 442 户不良用户的欠费 52 万余元，联通还扣减"美天"406 部虚假用户和不良用户的手机补贴款 36 万余元。

"美天"将"想云"及秦亮起诉到法院，要求"想云"及秦亮承担上述赔偿款项，另赔偿"美天"406 部虚假、不良用户手机的补贴差价 6 万余元，未归还的手机价款 15 万余元和卡款 5100 元，总计 100 万元左右。

经过一审和二审，法院认定秦亮借用"想云"公司名义与"美天"签订销售协议，协议书上是秦亮的签名和"想云"的公章，并无其他"想云"公司的人员参与，故秦亮与"想云"公司共同承担 100 万元的赔偿责任。

由于"想云"本来就为这项业务成立的公司，加上经营亏损，已被吊销营业执照，秦亮成了债务承担人。一分钱没挣到的秦亮反背上了 100 多万元的债务。

小组讨论

1. 你认为秦亮在经营过程中出现了什么样的错误？他的创业历程对你有什么启示？

2. 你认为创业至少应该了解哪些法律法规？

法律风险需要引起重视

　　法律风险往往容易被很多创业者忽视。很多人认为，只要守法经营，就可以规避风险。这种想法未免把问题想得太简单。公司在创办和运营过程中存在诸多风险，如果不认真对待，很容易造成纠纷，使企业经营受到不必要的损害。

　　我们首先需要了解企业建立的流程，对企业的各项文件有一个初步了解。然后我们需要进一步了解企业在建立过程中的法律风险。最后，我们需要了解企业在运营过程中的法律风险。

　　法律风险的规避最重要的是法律意识和各项规章的建立。如果没有完善的制度保证和良好的法律意识，很多问题可能会在企业创办和经营过程中涌现出来，成为阻碍企业发展的不稳定因素。

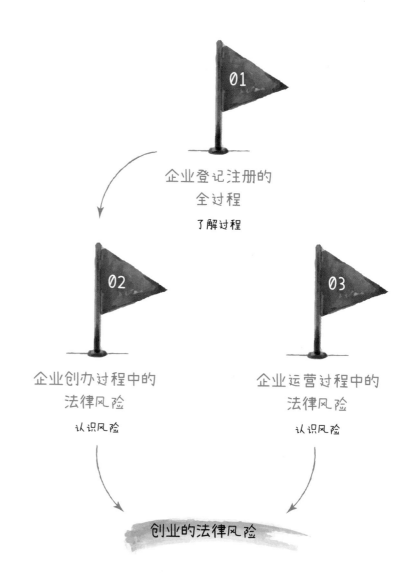

01 企业登记注册的全过程
了解过程

02 企业创办过程中的法律风险
认识风险

03 企业运营过程中的法律风险
认识风险

创业的法律风险

知识点 ❶ ：企业建立流程

设立公司是创业必经的过程。现在公司设立的流程比以前简化了很多。比如，以前需要领用组织机构代码证、税务登记证、营业执照三个证件，而现在已经实行"三证合一"，注册只需要领取营业执照即可。另外，注册资本由实缴制改为认缴制、放宽注册资本登记条件、居民住宅可登记为公司住所等措施也大大简化了现在企业登记注册流程。

企业名称核准

可在网上查询是否已被注册，一般准备 3 个左右的备用名称

✿ **企业登记注册流程**

撰写公司章程

公司名称、住所、经营范围、股东权利、规章制度等，是公司的"基本法"

办公场所租赁

注册住所可以是自有（需提供产权证明），也可以是租赁（提供产权及租赁合同）

领取营业执照

刻章、备案

需要去公安部门指定的网点刻章备案

银行开户入资

采用认缴制，企业不需要按注册资本一次性入资，也不需要验资

企业设立登记

领用发票

依照公司性质（小规模纳税人、一般纳税人）领用所需发票

办理社保

企业不为员工办理社保属于违法行为，对公司声誉也会有影响

知识点 ❷：企业建立过程中的法律风险

企业在设立过程中，除了企业注册时需要提交的证明性法律文件外，还需在出资人之间签订确定规范将来企业运作的协议、章程等法律文件。这些法律文件详尽地对各方权利义务作出约定，更契合公司需要。根据公司实际情况审慎订立这些文件，能有效规避企业设立的法律风险。

公司设立协议	公司章程	合伙协议
公司设立协议又称出资协议，一般包括如下内容：公司的注册资本数额、出资方式和出资时间，出资人在设立过程中的权利和义务，公司设立不成时费用的承担等。 协议中必须明确股东之间权利与义务的划分，尤其要注意保密条款对股东的约束机制，避免出现股东"另起炉灶"的现象。	章程是公司最重要的自治规则，在维护公司、股东、债权人利益方面起着重要作用。但一部分创业者和投资人不重视章程，简单照搬公司法的规定，导致其公司完全没有根据公司自身的特点和实际情况来通过章程建立切实可行的自治机制，可操作性不强，在发生公司与股东的争议、股东之间的争议、公司与高级管理人员的争议时，章程不能发挥其应有作用。	合伙企业通常由合伙人直接参与经营管理，合伙协议对合伙企业而言，具有设立协议和章程的双重作用。合伙协议要体现合伙企业设立活动的权利义务分配，而且对合伙企业成立后的经营管理，以及合伙人对企业重大事项的决策形成程序、权限、表决方式等都需要作出安排。合伙协议需要特别注意以劳务出资以及隐名合伙人带来的风险。

知识点 ❸：企业运营过程中的法律风险

企业在其运营的全部过程中都存在法律风险。作为创业者，不仅要了解法律风险，而且要了解其发生的的内部原因和外部原因，以便针对性地采取有力措施（如完善各类制度、引入法律顾问、建立法律意识、了解重要法律法规等），及时有效地应对风险的发生。

❀ **企业运营过程中的法律风险**

融资法律风险

银行贷款、民间借贷、股东追加投资、引进战略投资者、上市融资等都存在风险。如对于民间借贷，可能陷入"非法吸收公众存款""集资诈骗"等法律风险；股东追加投资或引入战略投资者，会引发股权及治理结构调整、利益分配的约定等问题。

经济合同法律风险

主要是经济合同违约纠纷，大多数经营者只注意到了合同中约定的义务及索赔问题，而忽视了先合同义务及后合同义务，因此导致纠纷。

知识产权法律风险

如果企业没有知识产权管理制度，如专利检索和商标待查制度，将使企业在面对知识产权侵权指控时陷入被动。

行政管理法律风险

如果公司内对行政管理重视不够，管理上的漏洞可能引发违规问题，被有关执法机关（如环卫、工商、税务、劳动监察、消防等部门）进行处罚。这种风险非常"不划算"，需要全面杜绝。

劳动人事法律风险

职工工伤、劳资关系处理不当会引发风险。另外，企业在引入重要人才时，可能遭遇被人才原所属企业索赔和专利商标等侵权指控。企业自身培养的人才无端流失，企业如果得不到应有的补偿，也属于风险之一。

大学生创业的法律风险

卢骏. 找法网. 大学生创业的法律风险. http://china.findlaw.cn/shuofa/shuofadetail/517.html

《公司法》新旧对比——1元注册公司

新《公司法》的正式实施，对于房兆玲这样年轻的大学毕业生而言，是一个令人振奋的时间点，因为新《公司法》最重要的改变之处在于：1.将注册资本实缴登记制改为认缴登记制，放宽了注册资本登记条件；2.简化了登记事项和登记手续。具体来说，修改的意义在于降低投资兴业的门槛，减轻了投资者负担，便利了公司准入，对于激励社会投资热情，鼓励创新创业，提供了坚实的法律基础。

按照原来的公司法规定，有限责任公司注册资本不得低于3万元（且须一次性到位），一人公司注册资本不得低于10万元，股份有限公司最低注册资本为500万元。公司法修改之前，公司全体股东的首次出资额不得低于注册资本的20%，也不得低于法定的注册资本最低限额，其余部分由股东自公司成立之日起两年内缴足，其中，投资公司可以在5年内缴足。一人有限责任公司股东应当一次足额缴纳出资。这次新公司法的修订，废除了公司注册资本的最低限额，法律、行政法规以及国务院另有规定的，从其规定；同时，不再限制公司设立时股东的首次出资比例，不再限制股东的货币出资比例，且无需提供会计师事务所出具的验资报告。不限制公司设立时股东的首次出资比例，说白了就是"零首付"，也被称为"先上车，后买票"。而之前在各大论坛上网友戏说的"1元注册公司"，现在也可变成现实。

这主要是考虑到，一是为了鼓励投资兴业，二是为了避免公司设立初期，因为业务还没完全开展，非要创业者预付部分投资款到公司账上，造成的资金闲置和浪费现象。从这个意义上说，设立公司的首要门槛——"注册资金来源问题"便不再成为草根阶层创业的屏障，开公司也并非是一个遥不可及的梦想。因为像房兆玲这样刚毕业的大学生，家境也许普普通通，如果希望父母出资供读大学之后，再提供创业资金可能勉为其难，新《公司法》的出台，恰好给这些有志青年提供了创业起跑的舞台。

大学生创业成本问题之法律分析

对于广大年轻的大学毕业生来说，公司设立时无需注册资金到位，是否就意味着开公司就"零成本"了呢？答案当然是否定的。

首先，公司章程中会将各位股东认缴资本的数额进行确定，同时约定了出资到位的时间和各方出资比例；

其次，公司注册资金虽然不体现在工商营业执照上，但在工商内档公开的系统中仍然可以查阅到；

再则，公司在实际运营过程中，必然会需要资金的落实，否则一切经济活动将难以开展，比如薪资社保、广告宣传、经营场地、办公设备等都需要资金的保障。

创业本身就带有极大的风险性，一旦涉及对外债务无法清偿，公司股东在认缴的出资范围内，仍需对外承担债务，故一味提高注册资本数额，表面上看起来风光，实则隐藏了巨大的法律隐患，因为公司实缴资本没有到位的情况下，债权人可以要求股东在认缴出资范围内承担法律责任。随着全社会对公司企业、个人信用的日渐重视，构建市场主体信用信息公示体系不断完善，公司或个人一旦被纳入失信人员名单，将对今后的发展产生巨大的负面影响。

大学生创业方式选择的利弊

创业除了选择设立公司之外，还有另一种形式——合伙企业。合伙企业与公司相比，两者各有利弊。区别在于：合伙企业没有注册资本的要求，可以通过劳务出资，合伙人之间具有极强的人身信任性质，这决定了合伙人出资份额的转让要受到严格的限制，其中最大的风险在于合伙企业对外的债务需要合伙人承担无限责任，这也是公司制较为有利的方面，因为公司作为独立的法人主体，股东是以认缴出资为限承担有限责任。在正常经营的情况下，一旦创业失败对外承担的债务仅限于认缴的出资范围，因此对于社会经验不是非常丰富的大学毕业生来说，选择合伙企业的方式创业，并非是一个优选的选择。

刚走出校园的大学生要避免创业失败，需要关注公司内部法人治理结构、知识产权的合理保护、合同风险控制等问题，创业并不是单纯依靠一腔热情就能成功的，而是需要在点点滴滴过程中将法律思维与管理行为相互融合。

风险规避对策

在卢骏律师长期从事企业法律顾问的实务工作中可以发现，公司发生经营困难甚至歇业、股东僵局等问题，往往不是市场不景气、缺乏业务机会等，根子还是在内部管理上没有做好梳理和规划，进而使业务发展太快管理跟不上所致。

企业可以采取以下对策来规避风险：

首先是加强内部规章制度的建设，招聘员工不仅仅签署劳动合同这样简单，在明确主营方向和业务流程之后，需要建立起一套相对完善的内部岗位管理制度或员工管理手册，使得管理有依据、行为有准则。

其次在创新成果的保护方面需要强化法律意识，因为创新性企业唯一的发展动力就是知识产权、技术研发成果，对于没有厂房、土地、大型设备的“轻资产”创业公司而言，要及时申请专利、商标、著作权，切勿先推广使用之后，面对市场模仿竞争者才想起来要申请保护，就为时已晚了。

再者在业务合同的签署过程中，不能简单认为自己是创业企业有订单就不错了，客户想怎么写就怎么签，因为一份不平等或者苛刻条款的商业合同是缺乏可操作性的，也把自己放在了缺乏法律保障的市场竞争环境中，无疑是加大了创业的风险，一旦无法按时按质完成合同约定的条款，就可能面临违约赔偿的法律责任，拿不到产品或服务酬劳事小，反过来要承担高额违约金就得不偿失。

8.2 ◇ 如何避免创业团队的瓦解

引导案例

三大学生拍摄"创意毕业照"，两个月猛赚 40 万元

刘梦.三大学生拍摄"创意毕业照"，两个月猛赚 40 万元.央广网.http://china.cnr.cn/xwwgf/20150619/t20150619_518897860.shtml

央广网北京 6 月 19 日消息　据中国之声《新闻晚高峰》报道，大学毕业只有一次，而千篇一律的毕业照，已无法满足现在追求个性的大学生的胃口。安庆师范学院生物技术专业的大四学生杨凯、姚其义和宋若敏，就在毕业之际打起"创意毕业照"这一商机，三个小伙子为了这些精彩瞬间付出了两个多月的努力。

不过他们也收获了巨大的回报。一共 100 多个毕业班中，有 73 个班级找到他们团队，他们也仅用了两个月时间就赚得 40 万元。三个人被赞是校园版"中国合伙人"！

两年前，杨凯原本只是一间小型校园写真工作室的老板。杨凯说，一开始也只是提供兼职中介服务，招募校园摄影爱好者拍写真，一边帮人设计海报广告，一边学习 PS 等视频编辑软件。

去年毕业季，杨凯看到校园毕业季市场大有可为，于是自己单枪匹马试水毕业照拍摄，结果小赚一把。于是在今年 3 月份，杨凯他们三人组建了一个团队，为即将到来的毕业季做准备。

从早到晚，起早贪黑，最忙的时候他们一天拍了 20 个班级的毕业照。三人还在淘宝上一家一家挑选合适的合作伙伴。把拍摄任务外包出去，三人腾出

手来做统筹。

赢得人生第一桶金的杨凯说，今后他打算把业务范围从"在校时"拓展到了"毕业时"和"毕业后"，去做校友们的回校"接待员"，给他们安排衣食住行游购娱一条龙服务。

 小组讨论

1. 杨凯为什么要组建团队？你认为他的团队有什么优势？

2. 尝试分析杨凯团队未来的挑战有哪些？

团队的稳定是创业的基石

团队的稳定对创业的顺利开展具有举足轻重的作用，因此这也就成了创业者必须面对和重视的问题之一。创业者必须锻炼自己的领导才能，学会如何做一个优秀的团队带头人。

我们首先需要认识团队可能遇到的一些困难，并了解一些避免和解决困难的方法。然后我们需要了解如何防止最坏的情形——团队瓦解的发生，掌握几种方法与原则，更好地做好团队工作。

创业者的个人特质决定了他所组建团队的特征。一个优秀的创业团队，其领导者必然也是优秀的。我们需要懂得与人相处、深入了解各个成员的优缺点，并能够得到所有人的拥护和认可，这是创业者必须磨练的、也是最重要的"内功"之一。

创业团队遇到的
主要困难

分析问题

避免团队瓦解的
方法

掌握方法

知识链接

知识点 ❶：创业团队遇到的主要困难

团队对于创业的重要性不言而喻。在实际的创业活动中，创业团队会面临一系列的困难，如果处理不当，将会对士气造成负面影响，挫伤团队成员的积极性，甚至使得团队瓦解。下面，我们就来看一看创业团队可能会遇到的一些主要困难，并寻求其解决之道。

合作不顺

合作性是团队成员的基本要求，如果有合作性不佳的成员，将会给团队埋下巨大的隐患。在性格等方面也需要选择有互补性的成员，避免影响合作的顺畅性。

理念不一

组建团队必须要理念一致。如果组建时未能深入了解，在合作过程中出现理念上的分歧，就只能选择更换团队成员。

内外压力

　　来自企业内部和外部的压力对团队的凝聚力是一大考验。而压力不仅仅来源于工作中，也来源于生活中，如果团队成员承受不住这种压力而退出，对团队而言无疑是一个打击。对此，在选择成员时就需要留意，在实际工作中也需要注意纾解。

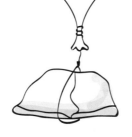

意见分歧

　　在工作中产生意见分歧是很正常的，重要的是采取何种方式解决意见分歧。过于坚持己见并不是最好的方式，换位思考、求同存异才能保持良好的团队氛围。

分配不明

　　无论是股权还是工作的分配都需要合情合理，符合个人能力和意愿。分配上的不合理对团队损害很大，不仅会影响工作的效率，也会使得团队成员之间产生不必要的矛盾。

知识链接

知识点 ❷：避免团队瓦解的方法

对创业者而言，一个务实高效、步伐一致的团队是创业活动得以顺利进行的重要保证。很多初创企业在业务刚刚有所起色的时候忽然分崩离析，一蹶不振，就是因为团队的合作伙伴之间出现了重大分歧，这时创业自然也就难逃失败的命运。

❋ 避免团队瓦解的方法

01

统一认识

团队成员在经营理念、发展方向等重大问题必须保持一致，这是合作的基础。如果没有这个基础，团队将会出现难以调和的矛盾与分歧。

02

保持持续沟通

在出现问题和矛盾的时候尤其需要保持沟通，只有不断地沟通才能寻求到解决的方法并避免出现类似矛盾。意见上的问题最好不要在公司争辩，这会给员工一个极为错误的示范。

03

保持友谊

遇到争论激烈、一时间难以解决的事情时，不妨换个环境，换种心情。这时候不妨组织个小活动，或是撇开工作，谈一谈生活方面的话题，这能成为有效的润滑油。

04

对事不对人

在任何时候都不能针对个人，而应该就事论事，专注于问题的解决。争执的"输赢"其实无关紧要，能做到"会上是对手，会后是朋友"才是真正的共赢。

05

不能经常"考验"

彼此之间的信任可以让团队充分发挥战斗力，对团队成员应该平等对待，以合作共赢为目标，而经常"考验"则会对团队之间的合作氛围造成难以弥补的损害。

06

做好约定

创业之初该做的约定一定要做好，哪怕会让人产生一些"不舒服"的感觉也要去做。基本的"责权"都需要说清楚，甚至于要在公司章程中白纸黑字写出来。

07

不要过于计较

在团队的合作中，没有必要对一些细节过于在意。计较会造成不必要的隔阂与嫌隙，是典型的"因小失大"。对团队来说，没有什么比良好的合作氛围更重要。

08

保持向前看

在合作过程中，不能只盯着目前的困难和纷争，而应该一起向前看，因为大家的最终利益是一致的，向前看能避免把注意力放在眼前的矛盾和其他小事上，也更容易获得认同。

失败团队领导者的 10 个特征

刘澜. 失败团队领导者的 10 个特征. 世界经理人网站. http://blog.ceconlinebbs.com/BLOG_ARTICLE_1412.HTM?bb1

通过 10 个问题，我们可以知道一个团队将会成功还是失败，可以发现这个团队的领导者是成功还是失败。这 10 个问题是问团队成员的。因为团队领导者怎么说并不重要，重要的是他（她）怎么做。而他（她）到底是怎么做的，已经体现在团队成员对这些问题的回答之中。

1. 你和其他团队成员经常在一起开会吗？而且，是真正一起开会，还是假装一起开会？真正一起开会，形式并不重要，而是真正有信息的分享和脑力的激荡，真正在讨论问题和解决问题。假装在一起开会，就是走个开会的过场而已。我想我们都开过这样的会议。

特征一：如果团队成员不经常开会或者只是假装开会，这将是一个失败的团队。

2. 你了解其他团队成员的目标、压力和需要的帮助吗？如果团队成员不在一起开会，或者只是表面上在一起假装开会，那么就必然不会了解其他团队成员的目标、压力和需要的帮助。

特征二：如果团队成员不了解彼此的目标、压力和需要的帮助，这将是一个失败的团队。

3. 你和其他团队成员之间有明确的责、权、利的划分吗？团队成员必须要有明确的责任、权力和利益的分配，这是建设团队的第一步。为什么三个和尚没水吃？因为他们之间没有明确的分工。一件事情，如果变成人有责，最后往往是谁都不负责。

特征三：如果团队成员之间没有明确的责、权、利的划分，这将是一个失败的团队。

4. 其他团队成员能够给你提供实际帮助吗？团队成员之间应该要能够互相帮助，就像是足球队中，前锋需要人传球，守门员需要后卫帮助防守。这样的帮助，以胜任力为前提。如果某 NBA 球队选我去跟姚明配合，那么这个球队必输无疑。

特征四：如果团队成员之间缺乏互补的能力，这将是一个失败的团队。

5.关于你和团队成员之间怎样配合，有明确的工作流程吗？如果不能彼此配合，优秀的球员在一起也要输球，这就是某届奥运会上，有 NBA 最优秀的球员的美国梦之队只获得铜牌的原因。而要彼此配合，应该有明确的（不一定是书面的）工作流程。

特征五：如果没有明确的团队合作的流程，这将是一个失败的团队。

6.你认同团队的流程和制度吗？实际上，许多团队有流程，但是这些流程和其他制度一样，往往只是写在纸上，或者只是停留在团队领导者的嘴上，或者是由公司强迫执行，不被团队成员认同。

特征六：如果团队成员不认同团队流程和制度，这将是一个失败的团队。

7.团队的重大决策会征求你的意见吗？团队流程和制度不被团队成员接受的一个重要原因，就是在制定的时候没有考虑团队成员的意见。并不是说重大决策需要团队成员投票通过，但是征求意见是必须的。

特征七：如果团队成员不能参与团队的重大决策，这将是一个失败的团队。

8.如果你帮助其他团队成员，你会得到什么好处吗？团队精神是培养而不是命令出来的，而培养的一个重要手段就是薪酬和奖励制度。如果不考核团队合作，不奖励团队合作，在绝大多数情况下就不会有团队合作。所以，足球队除了奖励射门得分的球员，还会奖励助攻的那个球员。

特征八：如果团队合作得不到奖励，如果不团队合作也得不到处罚，这将是一个失败的团队。

9.你会因为团队取得重大成果得到好处吗，即使你没有做出直接贡献？如果销售翻了三番，却只有销售人员得到奖励，那么就很可能出现物流部说无法及时送货、财务部说无法及时开票的情况。所以，获得奖牌的足球队，每个人都会上台领奖，包括从未上场的替补队员。

特征九：如果团队成员不能分享团队成果，这将是一个失败的团队。

10.你信任你们的团队领导者吗？如果团队领导者不能以身作则，不能言行一致，将得不到信任。同时，团队成员信任能够带领团队取得成功的领导者。如果一个团队呈现出上面九个特征，很大程度的原因是在于团队领导者的糟糕领导，团队将取得失败，团队领导者也无法获得信任。

特征十：如果团队成员不信任团队领导者，这将是一个失败的团队。

在很大程度上，失败的团队是失败的团队领导的产物。因此，失败团队的 10 个特征，也是失败的团队领导者的 10 个特征。

8.3 ◆ 如何避免财务困境

女大学生偶然投5000元开网店，年赚30万买奔驰

吴珊. 女大学生偶然投5000元开网店，年赚30万买奔驰
重庆商报，2013-7-2

当大多数毕业生还在辛苦找工作时，毕业于重师的小魏已经开上了奔驰。2012年4月，她拿着5000元开起了网店，一年下来竟赚了30万元，用赚来的钱买了哈雷摩托车和奔驰Smart车。昨日，她向记者表示，她是在创业失败之后才开起了网店，"成功没有秘诀，都是从失败中一步步走过来的"。

嫌零用钱少租铺开店

昨日，记者在沙坪坝步行街见到了小魏。跟普通的90后一样，她戴着萌萌的黑框眼镜，留着一头利落的短发，穿着随意，话也不多，看起来比同龄人更成熟稳重。不同的是，她正开着自己赚钱买来的奔驰Smart车。

"当初想要开店，其实并没想到能做成事业，只是想赚点零花钱而已"，小魏告诉记者，她的父母都是公务员，平时对她管教严格，每月只给她800元的生活费，但她平时爱玩，也爱买衣服，"800元不够用，只好自己赚钱了"。

为了赚钱，小魏从大二开始就租格子铺卖小饰品、手机壳、钟表等。"虽然辛苦，但还是有点收入，而且也不耽误学习"。一次，为了将客户预订的商品凑齐，小魏熬夜做了60个手机壳。不过由于铺面成本太高，小店在几个月后便关门了。

创业失败又开起网店

"开格子铺算是一次创业，而且算是一次失败的创业。"小魏说。尽管如此，她依然有一颗赚零花钱的决心。这次她选择了开网店，"因为周围也有很多开网店的朋友，他们给我提供了很多参考意见"，小魏说，她自己平时也有一些摸索。

2012年4月，上大三的小魏瞒着父母，投入5000元开起了网店。"一开始也有些担心，毕竟那么多钱"，小魏说，网店的摄影、美工、售前售后等都需要技巧，她只能一步一步摸索，失败了再重来。当时，她和男友每天打理网店，"从早上9点一直坐到晚上11点，还会因为压力大而失眠"，她说，"那段时间，生活有点乱，我还长胖了好多。"提起前期的艰辛，小魏现在还有点叫苦不迭，"从厂家进货，每次要进几百件，压力真的很大，害怕货卖不走"。

2012年5月，小魏的网店终于有了起色，"算下来，第一个月我们就赚了2000元！"回忆起来，小魏难掩兴奋，"当时高兴惨了，觉得网店比开格子铺更赚钱"。

商品风格独特找到出路

一开始，小魏的网店主要卖手机壳，自己在手机壳上绘图，然后拍图摆上网，但生意并不好。后来，热爱艺术的男友给了她一个建议，让她注重独特性，做出有自己风格的网店。

此后，小魏开始瞄准学生包市场，为了追求独特性，她常常花钱淘一些风格奇异的进口手工包。一次，在英国的朋友说有一个牛皮包很好看，"我看了那个包的照片，感觉制作和风格很独特"，小魏要朋友花几千元钱买了回来，然后摆上自家铺子卖，"好多人抢着要买，我感觉找到了出路"。

随后，小魏开始经营风格独特的手工包，且2012年6月起，网店的生意越来越好。"有一天，我接了300个单子"，小魏说，面对这么大的生意，她和男友突然感觉不知所措。当时，店里就只有他俩，包装和发货只能自己动手，"从早忙到晚，感觉像搬砖一样，等到发完货，我和他都感觉自己的手没知觉了"。

小魏说，她店里的商品都出自广东那边的厂家，为此她还去考察过广东的厂家，看到有相关的生产资质后才同意授权。生产完后，货堆在自己家里，再由自己发货出去。

一年算下来竟赚30万

"今年4月结算时，我发现竟挣了30万元"，虽然知道赚了钱，但面对这个数字，小魏还是感到惊讶。现在，她的网店每周有200件的成交量，"算下来一个月能卖出去六七万元的货，除去成本能挣3万元左右"。

在小魏的网店上，记者也注意到，她店里的商品最便宜的7元，最贵的666元。上半年该店的好评数是2911，好评率达到99.71%。记者采访了解到，好评数加起来等于卖出去商品的数额，也就是说，小魏一年内至少能卖出4000件商品，这其中还

不包括打差评的数量。照她所说，一件商品利润在几十元到几百元不等，算下来，一年赚30万完全有可能。

记者还了解到，该店信誉级别达到了4.8%，且有4颗蓝钻。小魏告诉记者，一个蓝钻是251分，也就是要251个好评才能升级为1颗蓝钻，2001~5000分才能到4颗钻。她现在已经有了4颗蓝钻，这表明，她现在至少有2000个好评。

6月8日，小魏买了一辆价值13万元的哈雷摩托车和16万元的奔驰Smart车。"男友开哈雷，我自己开Smart。"小魏说，"其实我的想法很简单，赚了钱就好好玩、好好享受。"记者问及是否全款付清时，小魏回答说："都是分期分款购买的，我们不可能一次性把流动资金用在买车上，还要用来补货和进货。"

接下来，小魏想成立工作室，继续做大网店。"打算再请两三个人，分别负责摄影、美工和客服，让一切都专业化的操作起来"，小魏说，成功没有秘诀，她也是从失败中一步步走过来的。

秘诀：注重商品的独特性，懂得如何宣传

为何小魏的网店能如此赚钱？记者问及为何买家钟爱她店里的东西时，小魏这样解释：顾客买东西最看重的是体验，热衷于独一无二的商品，质量和价格都在其次。"如果从商品里能看出点文化和艺术气息，又仅此一家，那肯定喜欢的人多"。

"我们的东西独特，而且我们定位很清楚，大学生、高中生、初中生是我们的目标群体"，小魏说，除此之外，要学会宣传，"如果有新品，或者打折的消息，我会通过微博、蘑菇街、美丽说等平台第一时间告诉顾客。"

小组讨论

1. 小魏无法掌握店铺的财务状况对她的经营有何影响？你认为需不需要聘请专门的财务人员或是将财务工作外包出去？

2. 你对小魏购买哈雷摩托和奔驰车的行为是否认同？说说你的理由。

财务风险，不容忽视

财务风险是创业中面临的最大风险之一。很多企业因为缺乏合理的财务预算与核算，使得企业的经营存在很大隐患，容易导致现金流断裂乃至于创业失败。

我们首先需要了解企业的财务困境是什么以及初创企业可能遇到的财务困境，然后我们需要掌握如何避免企业陷入财务危机的几种方法与原则，从而更好地指导我们的财务工作。

创业者不必是财务方面的专家，但创业者最好能懂得一些关键性的财务知识，从而把握好企业的大局。另一方面，我们也需要财务方面的人才。一个优秀的财务负责人及其团队能够为创业者带来准确的经营状况，从而辅助创业者作出正确的判断与决策。

01

初创企业可能面临的
财务困境

掌握方法

02

避免财务困境的
方法与原则

实践反思

知识点❶：初创企业可能面临的财务困境

　　财务困境又称财务危机（Financial crisis），是指现金流量不足以补偿现有债务的情况。相比成熟的大企业，初创企业更像是一艘小船，对于风险的抵御能力比较弱，而在所有的风险中，财务风险是最主要的风险之一。一个看起来不是很重要的错误决定，或许会带来致命伤害。财务风险的规避与把控可以说是企业经营中的命脉与核心基础，避免财务困境非常重要。

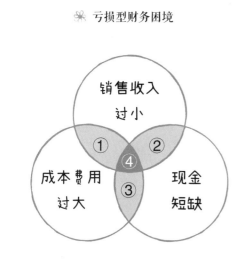

❀ 亏损型财务困境

　　由于进入市场和培育市场需要一定时间，初创企业出现亏损型财务困境的情况比较多。具体而言，企业出现财务困境可能由销售收入过小、成本费用过大、现金短缺所引起，企业应特别避免现金的短缺，尤其应避免三种情况同时出现。

　　① 销售收入过小，成本费用过大——作好长远规划，确认业务的发展以及资金是否足够支撑企业发展至稳定运营，同时注意节流，节约不必要的开支；

　　② 销售收入过小，现金短缺——寻找资金来源，尽快寻求市场突破；

　　③ 成本费用过大，现金短缺——寻找过渡期资金来源，节约开支，砍掉不必要的费用；

　　④ 销售收入过小，成本费用过大，现金短缺——处境非常艰险，首要任务是寻找资金。

❀ 盈利型财务困境

　　很多初创企业会追求市场占有率，以便企业后期获得更高的利润空间。一些市场发展比较好的初创企业，有可能在发展初期就实现盈利或持平，这个时候如果企业没有作好资金规划，融资和市场扩张的节奏把握不好，就很可能陷入盈利型财务困境。

　　盈利型财务困境一般都是在超常发展的盈利企业产生的。超常发展是指企业片面追求利润或市场占有率，不顾风险地进行快速扩张。有些初创企业通过贷款、融资进行高风险的投资扩张获得超常发展而成功，其诀窍在于融资渠道通畅，而且市场扩张能够有序地进行。另外一种情形是销售规模快速扩大时，企业为了不失去机会，同时赚取更多利润，加足马力扩大生产或者招募人员，增加设备投资。可一旦市场变化，销售锐减，势必出现现金短缺，进入"有利可图，无钱可用"这种极为尴尬的财务困境。

知识点 ❷：避免财务困境的原则和方法

初创企业底子薄，企业经营管理的经验也不多。作为创业者，应该牢固树立起健康的财务理念和意识，并积极关注财务体系和原则的确立，避免财务困境的出现。

❀ **避免财务困境的方法**

建立健全的财务会计核算体系

创业者应赋予财务机构在公司管理体系中应有的职能，将业务流程与财务流程进行融合，规范财务与业务运作，提升企业的管理效率。

01

创业者应该牢牢树立"现金至上"的概念，对于现金流要保持持续和密切的关注，并作好积极稳妥的融资及销售回款安排。

维持稳定现金流

明确核算是财务管理核心

依照企业的发展阶段，对公司财务进行科学有效地管理，将核算工作作为核心工作，及时服务决策，提高企业竞争力。

03

04

如果监督体制不完善，企业的发展会受到制约。财务体系出现的各种漏洞无法及时得到修补，则会对公司盈利造成不利影响。

建立和完善监督体制

建立财务制度

企业只有对资金、成本、利润的管理都需要建立完整合理的制度规范，资金使用审批、利润分配原则、成本管控等才能得到有效的管理。

05

06

合理的股权结构有利于公司的管理和运营，同时也有利于财务监督和管理，对公司保持活力和可持续发展的后劲具有重要意义。

搭建合理明晰的股权结构

选择优秀财务经理及团队

财务总监／经理在创业团队中占有很重要的位置，一个好的财务负责人和他的团队能够很好地掌控财务状况，为公司决策提供有效支撑。

07

08

创业者应该掌握必要的财务知识，才能对企业的运营情况有一个清晰的了解，从而把握住企业发展的脉络、方向和节奏。

掌握必要的财务知识

积极关注政策信息

创业者应该及时关注相关政策信息，这有助于企业获取必要的扶持资金，并把握各类政策对于企业税收及财务工作的影响。

09

Eric Bell. 匙敏，编译. 给创业者的 10 条财务建议. 创业邦网站. http://www.cyzone.cn/a/20160512/296072.html

给创业者的 10 条财务建议

如果你是一个创业者，我要为你鼓掌，我由衷地佩服你。创业是我所经历过的最艰难的事情。一年半之前，我辞掉了工作，开始了我梦想已久的创业，这段时间以来我积累了一些经验教训，希望创业的兄弟姐妹们可以避免这些很多年轻创业者容易犯的错误：

1. 时间就是金钱

在我刚创业时，我好多时间是用在参加各种会议上，甚至可以说我不是在会上就是在为参加会议做准备。现在我非常后悔，我多想找回那些浪费在各种会议上的宝贵时光。创业者最宝贵的财富就是自己的时间，你花在那些无关紧要的事上的每一分钟都是时间和金钱的浪费。刚创业时顾问对我说："时间不够，就是重视度不够。"这真是真知灼见，如果你的很多时间浪费在了无意义的会议上面，你会发现你们的财务状况很糟糕。

2. 抱最大的希望，做最坏的打算

坏事有可能落在你头上，所以一定要有所防备。如果你还没准备好创业所需的启动资金，那先不要辞职。在你有足够的实力创业前，没理由放弃你的收入来源。对创业的未婚人士，我建议要至少要预留三个月的生活花费。在你开始创业后，账户上的资金要确保可以支撑大概 6 ~ 9 个月，因为糟糕的事极有可能发生，客户付款到账也会需要一定的时间，在艰难时刻，要有自己的救命钱。

3. 管理好你的现金流

我的一个顾问曾跟我说，一家公司倒闭的原因有三个：1. 资金周转不灵，2. 资金周转不灵，3. 资金周转不灵。我很乐观，他很现实。但是，他所言极是。现金流是你运营企业首先要学会管理的最重要的财务指标。如果你不知道你的钱从哪来，到哪去了，你就非常危险了。认真做个预算，按预算执行

对创业企业是非常重要的。

4. 制定清晰明确的目标和阶段性任务

如果你是一个早期创业者，你很有可能会把很多时间花费在翻来覆去地设想你的产品概念上，不找潜在的目标客户测试、论证你的产品，而只是空想概念，这纯粹是浪费时间。为避免这样的错误，在一开始就要制定一个可行的时间表，明确每个阶段的任务及截止日期。设置阶段性任务可将你们怎样一步步实现最终目标的路径清晰展示出来。

5. 记录出项

如果你是第一次创业，那你肯定有好多要忙活的，会有点手忙脚乱。很多创业者认为做出项记录可没做商业计划、与客户沟通等重要。但是，每个月做好这些记录是非常重要的，到你真正需要时就不会焦头烂额了。当你要报税或要向银行提交报告时，如果没有了之前的记录，缺了相关的资料，那可糟糕透了。

所以，与其到时浪费时间再往回刨，不如从第一天就做好相关准备。我建议你在最初的几个月可以采用 Quickbooks 之类的在线记账软件记录自己企业的简单账务。如果你没时间做这些，可以招个记账员。然后，你们的信息资料会越来越多，越来越复杂，在你报税的时候就要请个会计了。当然如果你自己能搞定这些，就没必要花钱聘请这些专业人员了。

6. 你曾经的员工福利

当我还在银行工作时，我把医疗保险、停车补助、401K 相关计划等众多优厚福利视为理所当然。在你开了自己的公司后，很多这些福利就没有了。所以在交你的辞职信前，花时间想想你的医疗保险、养老保险接下来要怎么办。

7. 多花些精力在你的目标客户上

没有客户，何来生意？与其花费时间、金钱"空想"谁才是你的目标客户，不如找到一些潜在的目标客户，问问他们这个简单的问题"你会买这个吗？"如果不会，问下具体原因。这个工作你做的越早，你的公司越成功。这是我之前犯的最严重的问题之一。我找到我认识的一些人，他们对我很好，我问他们"你们喜欢这个吗？"出于善意他们给的一般都是肯定的回答，这让我的自我感觉非常良好，但这并不能帮助我建立一家成功的企业。所以不要找你的母亲、你的朋友，找到那些真正的潜在客户，看看他们的真实反馈。

8. 对资方坦诚相待

在商业来往中，没有比不诚信和沟通不到位带来的麻烦更大的了。特别是对那些正在融资或找贷款的创业企业来说，如果你表现的遮遮掩掩、行为可疑，人们就不会相信你。同样地，如果你不愿意透露公司运营的相关数据，你就不会赢得资方的信任。现在我的投资人就是我的朋友和家人，让他们了解公司的财务状况已经成了我的定期工作。虽然双方的沟通会有不愉快，但这有助于提高信任度，他们可以帮我们渡过发展的困难时期。如果你没有融资，找几个顾问，每个季度开会讨论下运营数据。这样还可为公司带来外部的支持和一些好点子。

9. 给自己发薪水

在吃了一年的方便面和墨西哥煎饼后，我才发现我吃不起像样的大餐。很多早期的创业公司没有实力发高薪，但你也要为自己发薪水。如果不发，不要觉得自己很伟大，其实这样做对公司、对你自己都很不利。在投资者看来，没有什么把钱投给那些"需要钱"的人风险更大的了。那些独立于公司财务系统之外的人被认为是不靠谱的。为了避免这样的风险，不要怕给自己开工资。投资人也理解你不能只靠方便面和煎饼过下去。

10. 降低固定支出

在创业的早期，要尽最大的可能降低固定成本支出。在曼哈顿的繁华商业区租间大办公室可不是明智之举。虽然说你的营收会逐步增长，可以预支一些费用，但是要耐心一些。看看是否有价格低些，可以月付的办公室可租用。如果你所在的城市有孵化器，详细了解下。同时，可以考虑把你的家或公寓当办公室。在要签一个租金不菲、为期两年的租房合同前，要确保你不会被这些大额开支给压垮。

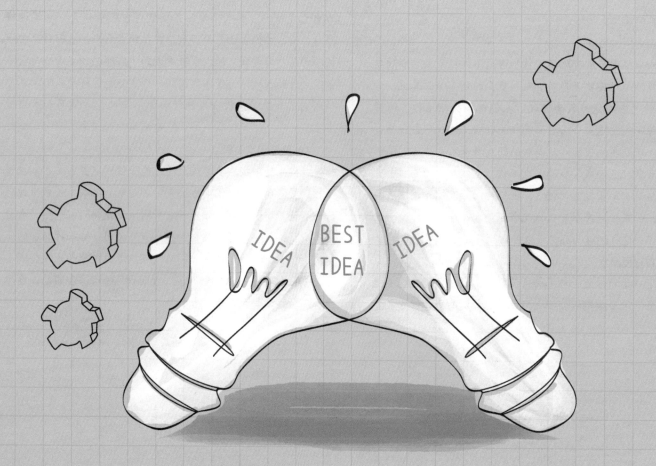

第 9 章
我们身边的创业者

9.1 ◇ 开拓者言：长风破浪会有时

创业，我们在路上

在我们的校园里，有很多已经行动起来的创业者，他们利用自己的技术专长、人脉资源、市场头脑等，进行了人生的第一次远征。在本章中，我们对上海工商职业技术学院在校及已毕业的创业者进行了采访，并将他们的故事记录下来，下面就让我们一起来听一听他们的创业体验。

在创业的道路上，他们或多或少都遇到了一些坎坷，但他们仍然以饱满的热情拥抱这个创业的时代。他们中有人豪言："未来是 90 后和 00 后的主场。" 是的，对创业来说，未来总是属于年轻人的。年轻人永远是最有冲劲、最有活力、最有创意的群体，也是大时代创业潮中当之无愧的主力军。

"成长"是这些创业者们的访谈中出现频率很高的一个词。在这些创业者的访谈中，我们明显地感受到他们比同龄人更加成熟，他们已经开始认识到创业并不像想象中的那么简单，也意识到了"行胜于言"的道理。在他们的感悟与对后来人的寄语中，我们也感受到了这种可喜的改变。他们的创业故事告诉我们只有付诸行动，才能真正走出象牙塔，在实践中砥砺磨练，成就一个更好的自己。

创业需要激情，创业使人成长。同学们，他们已经在路上，你们是不是也想加入他们的行列，让自己的人生更加充实呢？

创业访谈之一

艺海无涯，以梦为马

受访人：上海倩芮珠宝有限公司创始人陈倩倩
采访人：张永辉

访谈实录

1. 你的获奖让我们珠宝系众多学子对于设计这条路充满了憧憬，那么能给我们透露一下您努力的过程吗？还有您是怎么看待自己的专业呢？

答：2015 年，我在学校举办的珠宝文化节中我荣获了学生作品展绘画设计的二等奖。因为这次的得奖让我信心倍增。学习上我也从不马虎，认真对待。在 2016 年 3 月，我被评为"优秀团员"。

在意大利老师的团队指导下，我好学好问

好画，各方面都有了很大的提升，在私下也与老师们成为了好伙伴。为了想要知道自己所学的知识达到了一个怎样的高度，也为了让自己对珠宝设计有更深的了解，便与老师们删选出一些不错的比赛去参加。我一直坚信有付出总会有回报，我第一次参加的是规范的全国性比赛。2016 年 9 月，在"首届中国（国际）珍珠首饰设计大赛"中我成功入围。在初审近千份作品中筛选 160 份佳作，入选率不到 20%，能入围，这对我来说是一个好的开始。这次比赛，使我更加有信心，更加坚定要走珠宝设计师这条道路。

之后，我又参加了已经成为中国文化名片的 TTF 珠宝公司举办的"TTF2017 鸡年生肖首饰设计大赛"，我的作品《年轮"鸡"忆》荣获优秀作品奖，并挺进前十。在这次比赛的 1360 件作品中，有来自全世界珠宝设计院校师生、珠宝首饰设计师及艺术家们创作，每一份作品都有独特的艺术主张、清晰的叙事主题、多元的设计风格。我能从中脱颖而出，进入十强，我十分的欣喜，也给了自己一个完美的答复。在 TTF 的诚邀下，我与我的作品一同去了法国巴黎参加"2017 欢乐春节·中国风格—TTF 中国生肖首饰设计发布暨展览"。在法国巴黎中国文化中心，自己的作品与众多优秀的设计师和艺术家们的作品一同展出，并与 TTF 历年优秀生肖首饰作品一起呈现了一场中国文化当代性设计的艺术盛宴，引起了法国艺术界的高度关注，令整个欧洲刮目相看。苏菲·玛索在接受媒体采访时也表示，这些精美珠宝彰显了设计师的十足创意，也承载着和中国文化紧紧相连的丰富寓意。经过这次的中法文化交流，让我深深地感受到了巴黎艺术之都的魅力，它的美让人震撼；它的文化内涵让人回味无穷。

通过这次交流，我相信中国的设计会越来越好，定能走向世界的各个舞台。同时，我的目标越来越明确，更加坚定我要的是什么。紧接着我又参加了广东的"新锐首饰设计大赛"又一次获得了优秀作品奖。

2. 你的创意和思想是源于什么呢？只是一次突如其来的灵感吗？

答：是这样的，我从小生活在精致优雅的江南古镇，感受着"小桥流水人家"的意境。传统文化影响了我对美的理解。后来，求学上海，置身于时尚大都会。这里东西方文化合璧，现代与传统融合，开启了我对首饰设计的思考与探索：如何提炼传统象征符号，强化视觉形态，突出多元材质的搭配和肌理对比，丰富作品的层次感和空间感……从而把中国传统文化题材以当代性语言诠释，引发现代都市年轻群体的共鸣。

3. 台上一分钟台下十年功啊！就像您所说，对于每一个设计师来说灵感固然重要，但是一定要有文化的积淀和底蕴的传承。其实我们还有一个想了解的问题，您在确定道路以后，是怎么样开展工作的呢？

答：目前我刚刚注册成立上海倩芮珠宝有限公司，现在正与三家高级定制珠宝公司合作，开发他们公司核心的珠宝产品，已经都取得了他们的认同。现在也带着两位学妹一起开发一些新的产品，经过她们的努力，无论是设计还是表现技法都有了很大的提升，她们的作品也被公司认可。

·创业 寄语·

台上一分钟，台下十年功！任何成绩都不是一蹴而就的，即使在某方面有天分，也需要后天的积累与努力，才能在人群中脱颖而出。同时，选择自己的专长进行创业，才能获得市场的认可。

创业访谈之二

仰望星空，脚踏实地

受访人：易行教育培训有限公司创始人刘枭

采访人：马伟霞

访谈实录

1. 先对您的创业项目或企业做个简单的总体介绍吧？

答：易行教育培训有限公司（E-Sure），团队成员有汤海嘉、林静等7位同学，是一家为广大客户提供线下家教服务的教育培训公司。主营上门一对一辅导，包括小学到高中的所有科目。

2. 你们的产品与服务，有什么特点和优势？

答：与大多数的教育公司不同，我们公司的任课老师都是大学生，大学生责任心强，且刚刚参加过高考，对学生时代的知识结构还有相当良好的把握等。同时我们以大学生作为主体，也为广大的大学生提供了一个社会实践和赚取金钱的机会，为大学生提供了一个提升自己精神和物质水平的平台。因为我们公司只招收大学生老师，所以每年高考后都会有新鲜的血液加入到我们这个公司中来，而新鲜的血液会给我们带来新的思路，不断发展好自己。相对于市场上的家教老师而言，大学生的人工成本显然更低，因此我们的收费也比较实惠。

3. 产生创业想法是什么时候的事呢？为什么会想着创业呢？这个想法是如何形成的？

答：创业的想法是在2016年的寒假，当初几个伙伴在聚会的时候提出能否利用自己的优势去赚一点额外的零花钱。在分析我们的优劣势之后，我们想着与其一个一个做家教，不如自己去成立一个家教公司，既可以统筹资源，也可以为家乡的教育事业作出自己的一点点贡献。

4. 怎么找到志同道合的创业伙伴的？说一说您的小伙伴们，他们有哪些地方吸引了您？团队在创业过程中有过不愉快的经历吗？是怎么解决的？

答：我们几个创业伙伴都是初中同学，在初中时我们就已经是非常要好的朋友了。我们的小伙伴性格各不相同，却又可以互补。不愉快的经历不多，也就是我们在如何进行宣传上有过一些争议，而我们会通过市场调查和内部的投票表决来解决这一问题。

5. 你们是如何找到自己的市场和目标客户的？怎么定位自己的产品或服务的？第一批客户是如何获取的？

答：我们都是大学生，自然是要发挥大学生的优势。我们明白家教行业的市场和客户大多集中于中小学生。因此我们通过分发传单等方式在线下进行宣传。同时我们利用新媒体技术，在线上开展了相关的活动吸引目标受众的注意，如制作相关推文，HTML5 网页等。第一批客户就是因为我们的推文而关注到了我们，从而联系了我们。

6. 除产品或服务本身外，你们还有哪些优势？包括但不限于资源、资金、渠道、技术、团队等方面。

答：我觉得我们一大优势就是视野。因为我们的主创人员多是大学生，所在的城市也都集中在北京、上海、武汉、杭州等一线或准一线城市。对市场潮流的变化和我们应该采取的应对方式都有敏锐的把握。第二大优势就是我们年轻，不会畏手畏脚，自己想做的事情就会去做。

7. 创业过程中遇到哪些困难？你们又是如何克服的？

答：创业过程中最大的困难其实就是招揽生源。这是所有教育公司都必须面对的问题。面对招生难的问题，首先我们做足了功课，将我们的优秀老师逐一介绍给各个家长，并用第一节课免费试听的形式来吸引家长；第二，我们在分配好老师之后，会对老师进行跟踪评估，并对家长进行回访，将回访的结果公布在我们的公众平台上，以获得家长们的信任；第三，我们会时常进行社会公益活动，在做好我们的本职工作的同时也会注重社会效益。

8. 您的项目或企业在成长过程中，发生了哪些精彩的故事？请您具体分享一下。

答：精彩的故事大概就是我们公司创立的那天。那天其实我们在吃烧烤，一边吃着烧烤，一边就把公司的内容给敲定了。现在想来还是一件很奇妙的事。

9. 您对未来有什么畅想呢？

答：希望我们公司的每一个人都能脚踏实地吧。其实这个公司就像我们的孩子一样，我们都希望它能够健康地成长。

10. 如果重来一次，你们还会选择创业吗？

答：会的，因为青春需要做点儿有意义的事，不能虚度年华。

·创业 寄语·

仰望星空，脚踏实地。

撸起袖子一起干，要的就是青春无悔

受访人：上海铭飞航空科技有限公司创始人许钊铭

采访人：胡蓉蓉

访谈实录

1. 先对您的创业项目或企业作个简单的总体介绍吧？

答：上海铭飞航空科技有限公司，结合目前市场的无人机趋势，通过网络 App、视频网站、各类网络社交软件拉动消费级无人机的市场以及建立无人机粉丝群，再结合线下无人机体验店，同时开展线下线上的硬件销售与航拍植保类型的商业化服务。做到一个集销售、商业化服务、培训、俱乐部娱乐为一体的个性化无人机服务中心。

2. 你们的产品与服务，有什么特点和优势？

答：首先，我们的价格很低廉，与同类企业相比可以做到物美价廉。其次，我们有着丰富的无人机驾驶及拍摄经验。再次，我们的设备十分完善，目前有 Inspire、Matrice 600 pro、Rcnin-Mx、Focus、松下 GH4、Phantom 4 Pro、Osmot、Mavic pro 等专业设备。最后，我们的团队非常专业：CEO 许钊铭，利用大一暑假已经考取了无人机民航驾驶证；CFO 陈策、CTO 吴博川，我们之间配合非常默契；张家慧做后期制作，计算机出身，后期制作经验丰富；严子文负责市场工作；张莉莉是资深飞手，技术非常娴熟。

3. 产生创业想法是什么时候的事？为什么会想着创业？这个想法是如何形成的？

答：大一下学期，学校举行第四届"工商杯"大学生创业大赛，就想试着参加一下。碰巧有个机会接触了无人机，通过专家指导，对此项目产生了浓厚的兴趣，通过几个通宵达旦的修改和努力，我们团队获得了二等奖，觉得此项目很有发展前景，就产生了以此创业的想法。在学校创业中心的指导下我们正式注册成立上海铭飞航空科技有限公司。

4. 怎么找到志同道合的创业伙伴的？说一说您的小伙伴们，他们有哪些地方吸引了您？团队在创业过程中有过不愉快的经历吗？是怎么解决的？

答：一开始就是几个人都对无人机有着浓厚的兴趣，几个人不谋而合，一拍既定。团队中每个人分工不同，各司其职，在各自的职位上专注一心，每个人都很有特点，有专长。

创业到一半的时候其实目标不是很明确，盈利点也不是很确定，市场细分方面也是到创业大赛的前一天才决定，期间真的一度想放弃，但是每个人都怀着一腔热血，最终还是坚持了下来。

5. 你们是如何找到自己的市场和目标客户的？怎么定位自己的产品或服务的？第一批客户是如何获取的？

答：线上方面，我们通过微信、58同城、网络社群、各类视频网站、微话题形式进行传播，增强产品热度。线下方面，我们通过熟人介绍，体验店定期举办飞行表演方式，新手训练营等各类活动增强客户体验，从而逐步形成无人机粉丝社区群体。通过大数据分析。当前国内无人机公司不下300家，但绝大多数是做集成的，而我们团队更重视无人机服务，而不仅仅是产品本身。因为如果只是做一个产品，那无人机只是一个小众市场。

6. 除产品或服务本身外，你们还有哪些优势？包括但不限于资源、资金、渠道、技术、团队等方面。

答：有专业的持有无人机驾驶证的飞手。团队分工明确，技术精湛，用户需求能快捷精准地获取，能帮助他们实现梦想，留下美好的回忆。

7. 创业过程中遇到哪些困难？你们又是如何克服的？

答：应该说大学生自主创业，有一定的优势，譬如年轻、激情，而且随着社会和时代的发展也为大学生自主创业者提供了诸多条件，但也会面临许多问题：一是目标不明确，创业到一半的时候其实目标不是很明确，盈利点也不是很确定，市场细分方面也是到创业大赛的前一天才决定，期间真的一度想放弃，但是每个人都怀着一腔热血，那时给自己设定一个目标，之后就有了前进的方向，就可以坚持下去了，最终凭借着顽强的意志坚持下来。二是资金不足，对于还在读书的学生来说创业的首要难题就是资金，对创业者来说资金有三个渠道，一是自筹，二是借贷，三是风险投资。上海铭飞航空科技有限公司团队选择了自筹和借贷，通过学校的帮助，共筹措资金 20 万，其中无息贷款 15 万。三是企业管理经验缺乏，从一份抽象的创业计划书到成功的市场运作，整个操作过程还需要借助长时间积累的管理经验加以磨合，这不是啃一啃纲常条目的书本理论就能达到的。除了自身的提高，还需要向前辈优秀的企业学习。四是没有市场，企业没有知名度，初期开办的公司往往需要得到各方面的帮助才能得到发展，创业者需要在社会环境中调动一切有利的因素。对于学生创业者，建立广泛有效的社会关系，是摆脱在与社会创业者竞争中处于不利地位的重要因素。这个时候熟人的介绍、亲朋好友的帮助成了我们的催化剂，人脉是企业成功的关键。

8. 你的项目或企业在成长过程中，发生了哪些精彩的故事呢？请您具体分享一下。

答：当时参加第四届"工商杯"大学生创业大赛，我们获得了二等奖，拿到了三千元奖金，这可以说是我们的第一桶金。同时，通过第四届"工商杯"大学生创业大赛，我们结识了一群志同道合的朋友，开始做自己喜欢的事情，创办了属于自己的公司，并经营得很好，给自己的人生添上了一道亮丽的风景。通过创业谈项目，从最初的懵懂，到现在的成熟干练，成长了很多。

9. 你对未来有什么畅想呢？

答：虽然梦想与现实状况还是有些差距，但追求生活的品质和个人价值的实现是未来的必然方向。希望公司能够稳步发展，经过努力可以成为这个行业的龙头。

10. 如果重来一次，你们还会选择创业吗？

答：当然会，创业虽然道路很曲折，经历了很多风雨，但它也给我们带来了很多乐趣，使我们收获了友情，不至于给人生留下遗憾。

· 创业 寄语 ·

创业一定要对自己的项目有个清晰的勾画。看看行业的大环境是否支撑你能够创新。如果选择一个成熟的行业，你就很难做大、很难发展。要记住，良好的团队是你努力向前的不竭动力。创业虽然艰辛，但是青春无悔。

创业：砥砺人生，成就自我

受访人：上海市嘉定区嘉定镇街道顺天奶茶店创始人俞晓天

采访人：胡晴兰

访谈实录

1. 先对您的创业项目或企业作个简单的总体介绍吧？

答：上海市嘉定区嘉定镇街道顺天奶茶店创办于2015年11月11日，行业属于甜品饮品一类，主营手工酸奶系列的产品。通过手工酸奶这么一个产品衍生出酸奶饮品、甜品。主打的是纯手工无添加，这样的一个产品于现代市场来说抓住了人们渴求的养生、绿色的心理，比较好推荐和做同类行业的对比，当然仅仅是小众消费罢了。

2. 你们的产品与服务，有什么特点和优势？

答：竞争力表现在目前市场还未在此小众行业有大的发展。随着人们对于养身的注重，喝手工酸奶会成为一些人的生活习惯，以纯手工无添加作为噱头来营销，就是最大的优势。我们的产品有自己的特点，服务来说目前还是倾向于互联网思维，利用团购外卖平台来达到"酒香不怕巷子深"的目的。

3. 产生创业想法是什么时候的事呢？为什么会想着创业呢？这个想法是如何形成的？

答：个人爱好，从小就认为自己应该去经商，去做自己想做事情。另外，我也不愿按部就班的上班，觉得太局限了。趁着现在年轻应该多去闯荡一下，让自己的世界观和价值观都能得到快速的提升。

4. 怎么找到志同道合的创业伙伴的？说一说您的小伙伴们，他们有哪些地方吸引了您？团队在创业过程中有过不愉快的经历吗？是怎么解决的？

答：目前开了两家门店，合伙人是自己的挚友，这样彼此就有信任的基础，尤其是做生意必须要互相信任。争端是必然的，需要有方法来避免争端。目前经营的两家门店我负责管理和运营，合伙人只需要获取分成就可以了，当然他们也需要支付相应合理的管理分成。另外，他们有建议的权利，任何牵涉到门店发展或者运营的问题一切都只能交于管理者，作为投资者只拥有建议的权利。大家的出发点是共同把一家店发展好，基于这个点来作出相应的方案来避免争端。当然作为管理者应该做到账务等一系列的公开透明，这样才能作到相互信任。

5. 你们是如何找到自己的市场和目标客户的？怎么定位自己的产品或服务的？第一批客户是如何获取的？

答：只是基于一个偶然的想法，然后慢慢地把他变成现实。客户大多是年轻一族和中等收入群体，产品的单价不便宜，希望做的是优质产品。

6. 除产品或服务本身外，你们还有哪些优势？包括但不限于资源、资金、渠道、技术、团队等方面。

答：优势在于产品的独特和不易复制。企业已经成立了一年多，这一年获得了太多的经验，但相对于竞争对手所沉淀的底蕴确实是不值一提。COCO 都可茶饮至今走过了 20 年，别的品牌虽然没有那么久但是也都是拥有公司化运作的优势，无论哪一个点都比之不过。但是互联网思维诞生了一个个外卖平台，使其有一个相对公平的竞争平台，虽然优势依旧不多，但是好歹还能够分一杯羹。

7. 创业过程中遇到哪些困难？你们又是如何克服的？

答：2015 年我还在读大二，为了追求梦想，选择退学创业，受到了家长、老师的一致反对。后来坚持梦想，才把它做好。刚开始创业的时候定位侧重点是绿色健康养生，弄出了一系列的养生花茶。玫瑰啊，薰衣草啊等，那时执着的认为现在的人喜好养生这些花草茶，一定能够大受欢迎，可结果是被泼了一盆凉水，然后便慢慢地去迎合大众去做奶茶这个项目。刚开始创业的时候，产品无法和一些成熟的奶茶店相媲美，于是另辟蹊径直接采购一些半成品，这些产品是流水线诞生的，优势在于无法手工调制出来或者说特别困难，它的竞争力在于别的店比较稀少，当然代价是成本很高。就这样，我们是通过销售和制作别的门店没有或者特别稀少的产品来提高竞争力的。

8. 您的项目或企业在成长过程中，发生了哪些精彩的故事呢？另外，您对未来有什么畅想呢？

答：精彩的事情首先是实现了儿时的梦想，其次是增加了阅历，人变得成熟了，最后是结交了一群好友，收获了友谊。未来希望公司能够越做越大，多开几家分店，成为甜品、饮品界的翘楚。

9. 如果重来一次，你们还会选择创业吗？

答：当然会。创业虽然有些艰苦，但正如前面所说的磨练了坚韧的意志，收获了纯真的友情，实现了儿时的梦想。

·创业 寄语·

创业的重点在于这个"创"字，我们必须要创造一个行业或者创造一个点这样才有能力与一些现有的行业巨头竞争。当机会来临的时候一定不要轻易的放手，要把握机会，良好的团队永远是你坚实的后盾。创业并不是一朝一夕就能够成功，而是要有机灵的头脑，要有坚定的信念，更要有永不放弃、不言败的坚韧毅力。

走出第一步，勇敢做自己

受访人：ICP 数码产品服务中心项目负责人王永康

采访人：张莎莉

访谈实录

1. 先对您的创业项目或企业作个简单的总体介绍吧？

答：ICP 数码产品服务中心的成立是为了帮助大学生选购性价比高的电脑，抵制黑商和欺诈。后期在校内提供便利的硬件销售和免费的软件维护，该项业务面向全校师生。开拓大学生校内二手市场，搭建二手数码产品的交易平台，让资源再循环。

2. 你们的产品与服务，有什么特点和优势？

答：ICP 是在校学生牵头做代理，有学校支持的有根有据的服务平台。我们为在校大学生提供 1 + 2 式的数码产品服务：代购＋租聘和二手产品处理。利用 App 交易平台实现一条龙式的便捷服务，同时为大家提供免费的线上产品咨询、线下电脑维修和软件供应等福利。

3. 产生创业想法是什么时候的事呢？为什么会想着创业呢？这个想法是如何形成的？

答：是李勇同学在购置电脑时的一次机缘巧合。学期初，由于专业的需要，李勇同学想要去买一台笔记本用于日常学习。但由于是初次的购买，在听取了众多同学的意见后，他在京东网上选中了一款品牌的商务本，到货后他使用时，发现笔记本存在诸多的问题，例如：开机慢、音响效果不好、制作有些粗糙等。于是他果断的退货了，自己去了电脑数码商城，从实体店购买。但他发现买电脑远远没有他想的那么简单，售货员用一大堆的性能数据弄得他晕头转向，莫名其妙地花了比网上贵出七八百的价格买了一台自己事先并不了解的品牌电脑。这是一次深刻的教训。所以为了避免这种情况，也为了方便同学选购自己的电脑，我们产生了创业的想法。

4. 怎么找到志同道合的创业伙伴的？说一说您的小伙伴们，他们有哪些地方吸引了您？团队在创业过程中有过不愉快的经历吗？是怎么解决的？

答：当时想到创业的时候就像喝了酒一样兴奋，找到几个觉得各方面品质都不错的同学聊了起来，然后便开始书生意气指点江山了，不觉间信心大增，就各自分工开始了创业。我的主要合作伙伴李勇是个很大胆的小伙子，他可以在路演时侃侃而谈，在平时却羞于和女生说话。勤勤恳恳的邢哲豪和许鑫杰则一直保障着我们的后勤工作。我们分工明确，经常一起交流想法，也有着共同的目标，所以到目前为止都没有出现过矛盾。

5. 你们是如何找到自己的市场和目标客户的？怎么定位自己的产品或服务的？第一批客户是如何获取的？

答：我们的项目做的是以数码产品为主打的服务类产业。起初我们把项目的服务定位在电子产品的"代购"，但电脑代购的旺季主要集中在春秋两季开学初期，后期为了使得项目正常的运作，团队打造了数码产品系列服务1+2，决定去开拓数码产品的租聘和二手交易市场。所以我们把第一批目标客户选定在了这些需要购置的电脑大一新生们。任何的买卖都应该建立在信任的基础上，尤其是想创建一个有威信的品牌。因此在获取第一批客户的生意前，我们需要先去获取他们的信任。我们先借助学校有权威的一些平台把我们的品牌推广出去，开学初我们会在校园里举办一些派送活动，对于每一个机会都不放弃，热衷于为用户提供优质有保障的服务。

6. 除产品或服务本身外，你们还有哪些优势？包括但不限于资源、资金、渠道、技术、团队等方面。

答：我想我们项目优势主要集中在以下几点：第一是实惠便捷，把大学生对数码产品及其周边的需求在校园内解决，价格公正公开；第二是可靠，以合约形式让出租者放心，让买家放心；第三是节约，节省购买部分数码产品不必要的花费，通过租聘和二手资源让资源流动起来。

7. 创业过程中遇到哪些困难？你们又是如何克服的？

答：首先，我们非常感激处在这个"大众创业、万众创新"的时代。学校和社会给予了我们很大的支持和帮助，为我们的创业铺平了道路。但要说创业中的困难，我觉得主要还是集中在我们团队自身的问题上。在起初为项目的服务定位我们团队有过较大的分歧，还有就是社会经验不足，思考问题不全面给项目的制定带来的局限性。但团队始终秉承着多聊多问的态度，遇到问题我们总是及时的交流和请教老师，去尽快的解决和完善创业过程中所遇到的问题。

8. 您的项目或企业在成长过程中，发生了哪些精彩的故事呢？请您具体分享一下。

答：创业过程中有心酸也有快乐，但看着我们的项目得到校领导的认可，在众多优秀的项目里成功入围了决赛，回头望去，觉得这段时间里我们获得的快乐和成长更多。

记得有次由于时间和分工的安排出现了点问题，系里通知明天就要把创业项目的 PPT 和策划书递交上去，眼看时间快来不及了。为此我们团队队员把自己的电脑全都搬到了队长的寝室里，连夜赶通宵地把 PPT 和策划书做好，完成时已经是凌晨三点半了。还有就是寻找和电脑厂商的合作，有次对方当时电话里聊得挺好，可后来就没有了回信，于是我们几个轮流打给那家公司，争取去说服经理，最后总算和他们定了个口头协议。一路走来队员们为此付出了很多，除了埋怨的话，我们在平时生活里聊过很多的话题，有讨论项目的问题，有聊到未来人生的规划。很感谢这次的创业大赛把大家聚到一起，有了更深的接触。还有就是由于参赛的原因，可以有机会和我们系里众多辅导老师有很多接触，贾振中老师、张莎莉老师都给出很多宝贵的建议，特别我们的辅导员吕伟老师，一直在关注我们的创业项目，尽心尽力帮助我们完善 ICP。

9. 您对未来有什么畅想呢？

答：尽管平时喜欢关注一些金融类和创业类的消息，但自己并没有认真的去考虑从某一个领域或某个方向去开始创业。最初的打算是想完成自己的学业，积极参加校园活动去提高自己各方面的能力，以便更好的适应日益严峻社会竞争，找到一份体面的工作。但经历了这次创业大赛，我和我们团队已经在认真地思考创业这个问题了，也许未来机缘巧合，我们会在这个领域开始我们的事业。

·创业 寄语·

10. 如果重来一次，你们还会选择创业吗？

答：对于这个问题，我想我还无法给出一个完美的答复，团队的创业才刚起步，很多事情在刚开始呈现出来的多是好的具有吸引力的一面。如果我现在说"会"，我想这并不是在创业初期说出来的话，我们需要更多的时间去磨练，团队也需要更多的机会去试错，这样才能使项目有更好的发展。如果说项目走过了发展初期，创业团队也渐渐走向成熟稳定，那时我们就有十足的信心说出"会"！

如果你们在创业的话，首先要恭喜你们，找到了自己的方向并且勇敢地迈出了第一步，你已经赢了一大半的同龄人。然而千里之行始于足下，以后需要你们一直勇敢坚定的走下去。不过需要提醒你们的是：不要把创业想得过于简单完美，顺理成章。因为好的东西你想到了，别人可能已经在做了，有发展或前景极好的，肯定也已经被行业的巨头承包了。在创业前你可能做好了各方面充足的计划，想得很远，甚至可能掩盖了一些真实潜在的困难。所以比较好的办法就是，在创业初期，用小成本的投入一步步去试错，去真实的了解客户需要什么，想要什么，企业发展还存在什么不足，一步步的去完善和建立。祝你们好运！

创业访谈之六

每一场婚礼都是一个精彩的故事

受访人："千缘坊"婚庆公司创始人王程吉

采访人：许慧芳

访谈实录

1. 首先能不能先对您的创业项目作一个简单的总体介绍。

答：创业项目很简单，是婚庆公司。简单点来说，就是一句话：千缘坊，用心对待你的婚礼。

2. 你们的产品有什么特点和优势？

答：显而易见，婚庆公司拼的就是服务。我们公司既有从事行业长达15年的"老专家"，也拥有天马行空无限创意的新鲜血液。可以老少消费者通吃，高低消费层次通吃。非要说什么优势其实也没有吧，我们只是一群婚礼的造梦者！

3. 那你们是什么时候有这个想法的？

答：其实从小就有创业梦想。家父也是从一无所有到现在拥有自己的公司。不怕您笑话，从小的家庭教育就是很庸俗的一句话"爹有娘有，不如自己有"。我也算是个闲不住的人，爱折腾。加上学校有提供自主创业这么好的平台，我也就稀里糊涂真的创起了业。

4. 你有没有找到很多志同道合的小伙伴？

答：志同道合的伙伴这事儿还要从三年前我第一次踏入婚庆领域开始。那时候我还在别人的公司里做实习生。我的现在的合作供应商远航就是那时候认识的。刚认识他的时候我还是个什么都不懂的小丫头。他在婚庆行业已经算是老人了。一个安徽小伙子，很能吃苦。那时候我做设计，他帮我做场地还原。我记得我和他谈好材料，谈好价位，我们老板就拼命压他价格，我特别难过。作为一个设计师，最希望的就是自己的作品在现场还原度能越高越好。可是费用上这样压，似乎是做不到我想要的效果了。小伙子看出我的顾虑，对我笑笑说："没事，你是新来这个行当的，本来就是这样，谁不想往自己口袋多塞钱，价格你不用担心，只要是你设计的，我一定百分百还原。"因为我想认真对待每场婚礼不管价格高低。和他一样我的第二个伙伴老刘也是这样心如明镜的人。没有被社会搞的随波逐流，做事都凭良心，我真的很感动。不愉快的经历其实也或多或少有，不过多数都是因为一个方案意见不统一而争论，初心都是为了公司，为了客人好。大家意见统一了也就没有问题了。

5. 你们是如何找到自己的市场和目标客户的？怎么定位自己的产品或服务的？第一批客户是如何获取的？

答：婚庆市场很大，有很多人都想在里面分一杯羹。我是通过第一家公司的三年实习积累了一定的客户。每一场都很好的去服务他们，到今天自己做了，还与很多以前的新人有联系，很多以前的新人给我介绍生意。获得客户的渠道有很多，酒店合作模式、网上平台入驻、身边朋友介绍……不过我最看好的还是口碑营销。因为婚庆和任何一个行当都不一样，它不是一个人们需要持续消费的地方，多数人一辈子就一次婚礼。但是它却又是人们必须消费的地方。一场婚礼最少200号人参加。每一对新人、每一场婚礼都是你的一次最好的宣传机会。用心做好每一场婚礼，服务好每一对新人，客源还用愁吗？

6. 除产品或服务本身以外，你们还有哪些优势？

答：很多投资人都喜欢问你们有什么优势啊，你们比别人强在哪里，等等。事实上，优势不是靠说能阐释清楚的。出来工作这半年多，我更加坚信了这句话。就像很多新人问我们，你们家婚庆和别家有什么区别，有什么优势？我都同样平静的回答他们。如果你相信我们团队，那所有的一切都是我们的优势。我们会在你们的预算内把婚礼做的有最大的意义和价值。如果你不相信我们，说再多也是无益。优势不是靠说的，更多的是靠站在客户的角度，将心比心的去完成一场婚礼。拉近和客户的距离，像朋友一样的去平等对待。一切都是从内心散发出来的，你的好，客户都感觉得到。

7. 创业过程中遇到哪些困难？你们又是怎么克服的呢？

答：初期暂时没有什么很大的困难。毕竟大家都是差不多摸清楚这个市场再去行动的。后期可能会有结婚淡季啊，这种问题。不过没关系，正好趁着淡季多多休息啊！毫无规律的工作，加上没有休息日这点还真是蛮吃力的。

8. 您的项目或企业在成长过程中，发生了哪些精彩的故事呢？请您具体分享一下。

答：对我们来说每一场婚礼都是一个精彩的故事！我感觉最精彩的大概就是有幸做了一场 60 万的婚礼！三天三夜没有睡觉，这感觉超酸爽！新人超级满意，最后结清所有尾款的时候感觉心里的大石头终于放下了，有种如释重负的感觉。

9. 您对未来有什么畅想呢？

答："婚庆＋互联网"现在有越来越多的人尝试去做，不过都没有做到我想象的效果。马云说过实体店最后还是会颠覆互联网，在婚庆这个行业我很认可。筹备婚礼的全部过程对新人来说是一个新的体验，体验感越强的行业越适合做线下服务，心中一直有一个"吉哥婚礼娱乐城"梦。用什么形式遍布线下就看未来趋势啦！

10. 如果重来一次，你们还是会选择创业吗？

答：创业呀！干嘛不做，年轻就是要折腾，不折腾怎么证明自己到底是不是一条"闲鱼"呢。不管是好歹我也折腾过，体验过，疯狂过了！

·创业 寄语·

　　其实创业没有想象的这么简单，也没有想象的这么难，关键看你能不能坚持。你可能会因为创业失去很多个人时间，失去很多休息玩耍的时间，不过有失就有得。不管成功与否，你得到的经验知识和力量会比你想象的还要多。如果准备好了，那就不用顾虑太多，放手一搏就好了，所有的一切都是最好的安排。

9.2 ◇ 过来人语：黄沙百战穿金甲

创业，长路需求索

创业，永远都不乏先行者，也永远都有后来人。创业是一条漫长的求索之路，没有坚韧的决心和毅力是无法达到胜利的彼岸的。

在过去几年中，校园中涌现出了很多创业者。在我们采访的人群中，有人已经暂时退出了创业者的行列，有的还奋战在创业的第一线。但无论如何，创业都是他们割舍不下的情缘。即使暂时创业失利的同学，他们也一样渴望东山再起、从头再来，成为"连续创业者"。他们认为，现在的蛰伏只是为了将来更好地翱翔。

路漫漫其修远兮。创业是一种历练，也是宝贵的人生财富。我们能在创业中学到很多人生的至理。在他们的访谈中，我们能不时窥见一些人生的智慧与启迪，也有很多实用的经验之谈。创业需要不断的学习与成长，而在这些过来人的心路历程中，我们也许能寻找到属于我们自己的人生灯塔。

为了更好地攀上高峰，我们需要全力以赴，更需要先行者的指引。在聆听他们的故事时，我们得到的不仅仅是宝贵的经验，更是精神上的指引。

用心成就事业，努力成就人生

受访人：上海舞雪珠宝首饰有限公司董事长吴浩捷
采访人：张永辉

访谈实录

1．您曾经的创业项目是什么？面对什么样的市场？

答：曾经的创业项目其实很简单，就是开一家梦想中的小店，做我喜欢的珠宝首饰，有那么一个店面可以安放梦想，可以和朋友聊天分享。面对的市场是年轻人，通常是 20～35 岁之间的时尚女性。

2．当时的创业想法是怎样形成的？什么时候决定创业的？

答：创业想法一直都有，可能跟家里做生意的环境有关，从小就想创业当老板。而这家店呢，是一个等待的结果，找过很多店面，有的不满意，有的租金太贵，

有的转让费太高。忽然有一天我合伙人给我打电话，说上海田子坊这边有个铺子，也是巧合，原来是她朋友的店，正准备不做了，她就得到了这个消息，第二天我就去上海看了铺子，觉得很不错，各方面都很满意，当下就决定在这里开店了。

3．当时的团队是怎样的？

答：当时就我和我的合伙人，两个人，我合伙人是个姑娘，也是我大学的同学，我们在大学里就合作做点小生意了，关系一直很好。

4．当时项目或资源有哪些优势？

答：当时我们说白了没什么优势，唯一我觉得比周围别的店有优势的地方就是我们用心，因为我们本身就很喜爱这些宝石、首饰之类

的，每一次进货我们都会精挑细选，很多时候都是拿统货不挑的那种更便宜，但我们一直坚持挑选成色好的宝石，宁可成本高一些。回来之后也是再重新设计搭配制作，总之首先做到我们自己满意。我们从不把这件事当作一场买卖，从批发地买来，这里卖掉，我们觉得应该赋予产品灵魂。

5. 你们是如何找到第一批客户的？

答：刚开业一个月里来店里消费的客人确实比较少，第一批客人也主要是身边的朋友，通过微信微博传播。

6. 后来的运营情况发生变化了吗？是如何变化的？

答：只靠朋友支持不是长久的办法，发现来店里的人都只是看一下，然后就出去了，又或者说一句好贵，又或者只是在门口往里面张望。

7. 为了解决问题，您曾做过哪些尝试？效果如何？

答：发现这些问题之后，我们做了一些改进，重新布置和陈列了产品，给每类产品添加了功能属性、星座搭配以及美好的寓意，在门口立了个广告牌，经常更换广告语，记得最狠的一次，我写了"黑店，很贵，千万别进来！"引来了不少游客拍照顺便来店里逛逛。后来客人多了，我们搭建了微信群，召集全国各地的客人，我们在群里提供很多免费的服务，甚至安排相亲，毕竟有很多小姑娘买粉晶手链是为了招桃花嘛。

8. 最终是什么让您决定结束创业呢？

答：并没有结束创业，现在我去店里次数确实比较少，这是因为我们想培养新人来帮我们打理这家店，这样我们才能有更多的时间去做别的事，才能有精力去开分店。

9. 此次创业经历，您损失了什么？收获了什么？

答：并没有损失什么，收获倒是蛮多的，首先就是朋友，好多来店里的客人最后都变成了我们的朋友。还有就是经过这几年的创业，思想和阅历都有了很大的提升。

10. 您现在对未来的规划是怎样的？

答：对未来还是在等待机会，空闲的时候还是在找店铺开分店，不能为了开店而开店，随便找个铺子租下来就开，那是盲目的，所以在有规划的同时，我们还在等待机会。

11. 如果重来一次，您可以避免当时的问题吗？

答：如果重来一次，我依旧会这样来走。

· 创业 寄语 ·

希望每一位创业者能够用心做事，不是为了创业而创业。

·采访感悟·

作为有创业想法的后来者，抱着敬佩与憧憬的心情，于2017年4月14日，我和小伙伴们去拜访了上海舞雪珠宝首饰有限公司董事长，即我校的吴浩捷老师。倾听了他的创业路程与经验，讨教了许多有关创业方面实用的知识与教训。

用他的话说，创业就是用心去做好这件事情，用最努力的态度去做事，让别人看到你的真诚，不要怕失败。"有想法就去闯，大不了再去找工作嘛！"我觉得这大概是创业最好的心态了，一开始一定要找到清晰的市场定位、消费人群。

他说，创业伊始是困难的，特别是最初的时光，开始老师团队只有两个人，一人担任董事长职位管理店内的事物，一人协助监督。起初网络上的销量更好，实体店因为知名度不高比较难卖。亲友们是他的第一批客户，是最强的支持后盾。也正是他们的口口相传与本身的好品质使来店里或者网上购买的的人越来越多。

从他的口中，我们知晓了，采购珠宝有统货和单挑之说；知晓了许多关于创业投资的知识，实业投资、商业投资的区别；有限责任公司和自营店关于破产后的区别；知晓了

补助资金的申请……

困难当然也是有的，比如客人对价格的不理解，那就把顾客当朋友，提供一些人性化的服务，比如鉴定，给他们泡杯茶，告诉他们有关珠宝的专业知识，真诚的与人相处，那顾客也同样尊重、信任你。做吸引人眼球的广告，引发群众效应。比如，房租的突然涨价，与房东的谈判，最后终于同意一季度一付。

对于未来，吴老师也讲述了自己详细的规划，他想开一家"高定工作室"，能够按照客户要求量身定制。

创业的经历，总结来说利大于弊，虽然损失了玩乐的时间，但与各种各样的人接触，不仅锻炼了口才提高了人的眼界还可以提高自身的专业技能，如关于珠宝的鉴定以及熟知市场的行情。这是在学校里学不到的。更学会了担当责任，当你真正的创业的时候才会发现其实是很累的，极不自由的。

关于创业我认为我们要学习的还有很多很多……

只有坚持，才能迎来胜利的曙光

受访人：梦麦食品有限公司创始人王佳佳

采访人：马伟霞

访谈实录

1.您曾经的创业项目是什么？面对什么样的市场？

答：我的创业项目是结合我们的专业知识开的一个淘宝店铺，因为最近几年的电商越来越火热了，线下好多的业务都转型做了网络方面的。

我面对的是那些实体店，他们每天都比较忙没有时间在线下采购，而且这些类型的客户他们不会有零散客户问题那么多，他们不会因为个别的瑕疵给差评，这一方面会在淘宝上带来很大的优势。

2.当时的创业想法是怎样形成的？什么时候决定创业的？

答：我们学的是电商。在谈到这个专业的时候会有人问电子商务可以学到什么，那我就会告诉您，电商是未来商务的趋势，国际电商也会慢慢的取代传统商务，就像现在马云的淘宝一样。所以我才结合所学的知识选择了开淘宝店铺，因为现在实体结合淘宝会有很大的优势所以我又注册了企业店铺。在实习的时候看着同学都在找工作我就把大一的想法实践了，没想过会不会成功，但是不试谁又知道呢。

3.当时的团队是怎样的？

答：一开始是我自己做，发货找客源，慢慢地试。

4.当时项目或资源有哪些优势？

答：起初我有的优势是一手货源，找到客户就是成功。开始想的很简单，认为最多亏个人工罢了，又不会压货在手上，但是事实却偏差很远。

5.你们是如何找到第一批客户的？

答：我在淘宝上做了淘宝客，让淘宝客帮忙推的，第一批货是客户自己找上门的，他说了一个价格问我可不可以做，我看了一下价格没有亏就卖了。

6.后来的运营情况发生变化了吗？是如何变化的？

答：后来的运营慢慢地好了起来，只是偶尔上一些新品的时候会有一些麻烦，但是有了前面的基础这些都好做了很多。淘宝没有外界想的那么难做，但是也不是那种说做就可以做好的，做的就是耐心加细心。现在去做容易了很多，不会像一开始天天看着电脑，销量上不去，一直刷关键词了。

7.为了解决问题，您曾做过哪些尝试？效果如何？

答：最难的是迈出第一步，在没有销量的时候，有人说没销量找人刷单啊，淘宝就是靠刷单啊。一开始我也是这么想的，然后我就刷单，但是你想到刷单提销量，淘宝想不到吗？不幸降临了，小铺被淘宝小二抓了现形，原来的销量没上去，

权重又降了。事没办好，钱却花了，产生了反效果，没办法，只能重头再来。

8.最终是什么让您决定结束创业呢？

答：在这次创业中虽然没有像那些淘宝大牛那样，一个月赚几百万，但是我知道淘宝如何做，我还在摸索还在尝试。这个过程中，我学会了尝试学会了坚持，有一个前辈告诉我自己选择的路跪着也要走下去，没有人会同情你，不会的我们可以教你，但是信心、细心、耐心我没办法交给你。或许你会说大三的实习你丢失的是实习生的机会，失去了见识外面世界的机会。

9.此次创业经历，您损失了什么？收获了什么？

答：在未来的路上我会坚持一开始的路往前走，坚持才会知道我的选则是否正确。马云也是坚持下来的，现在有前辈们和社会给我们的平台，未来会属于我们的。

10.您现在对未来的规划是怎样的？

答：如果重来一次，我不能说百分之一百避免当时的错误，但是可以避免我少走弯路，少花一些钱，少花一些时间。

·创业寄语·

在创业路上的小伙伴，我的建议只有"坚持"两个字，行业不同，但是只要坚持下来了，你就是成功者。在路上的伙伴们别忘了带上细心、耐心和信心，成功是公平的，它属于每一个人。

创业访谈之三

走出象牙塔，全方位提升自己

受访人：某海鲜餐厅创始人沈女士
采访人：马伟霞

访谈实录

1.您曾经的创业项目是什么？面对什么样的市场？

答：其实我也没有专业的创业项目，就是想以我的喜好经营一家我感兴趣的店，鉴于对餐饮有经验传授，各方面了解的比较明晰，所以最终选择了餐饮行业。面对现在的市场只能说餐饮行业也是越做越大，各种菜系、风格、品牌，大家都知道台湾菜、新加坡菜、泰国菜以及韩式、美式、日式等应有尽有，对于我一个小小毕业生来说，是挺难的。

2.当时的创业想法是怎么形成的？什么时候决定创业的？

答：当时刚进入社会实习的我，坐在办公室每天面对的都是单据啊凭证啊，在一个地方总是做着差不多的事，时间久了开始感觉乏味。可能是我性格关系吧，不喜欢总是拘束在一个地方，喜欢自己去闯、自己去玩做自己想做的事情，想要尝试很多新鲜的事，在学校举办创业比赛期间我有兴趣就参加了，虽结果不是最好的但我努力做了。实习期间，我总会有一个想法不断出现，我不想在这每天做这些，而想要经营一家属于我的店，过自己想要的生活方式，自己想要的东西，除非别人能够给予你，不然就得靠自己努力。因此，创业的念头也只是冒了芽，直到与老爸的一次深刻交流后，得到了很大的支持就决定开始创业了。于是我辞去了工作，开始准备做我想做的事，时间大概在16年11月份吧。

3. 当时的团队是怎样的？

答：创业团队，应该算没有吧！当时只有我还有给我提供意见和帮助的爸爸！

4. 当时项目或资源有哪些优势？

答：要说优势其实也没有什么优势，对于项目来说好的地段、好的运用资源、好的客户资源等都要做到多次的分析，而对于餐饮来说地段很重要，地段好人流多，自然客流量就大，当时选店面的时候刚好碰到一个新开发的楼盘，一条河边上都是商品餐饮店，而我想涉及的餐饮领域这一块并没有出现，所以还是有发展空间的。

时间段比较好吧，刚好是十一二月，有年前的气息，公司聚餐、朋友聚餐还有亲戚的聚餐比较多，所以顾客会较多一些。

5. 你们是如何找到第一批客户的？

答：通过广告、微信平台以及员工发传单等宣传的方式将店面开业公布出去，而且适当的在开业期间做些活动吸引顾客。

6. 后来的运营情况发生变化了吗？是如何变化的？

答：刚开始的时候资金不足，对于酒类、米油类都是以先进货后月结的方式应对的。因为我经营的餐厅主要以海鲜为主，所以海鲜的保质保量至关重要，在海鲜城进海鲜品种多价格相对优惠也可保证质量，但是距离远，每天早上很早就要进货，开始也没有可信任的人所以只能自己去。到后来跟海鲜城的一位老板结成了合作关系，每天都是他给我发货，不需要每天来回跑。在经营过程中，会出现前面服务人员与后厨人员不接应，与前台汇报情况不够准确，后厨不知客人加菜情况等类似问题的出现。这就属于合作不默契，没有好好磨合，处理这样的问题就得相互多交流大家都提出想法，都觉得合适的方案就可以采纳实施，员工之间的配合是十分重要的，经过一段时间的相互磨合，之前的问题也渐渐消失了。

7. 为了解决问题，您曾做过哪些尝试？效果如何？

答：在试营业的时候，有客人提出味道过于清淡，或者做法不对口等，其实这些问题也是我们的疏忽，并没有仔细问客人是否有特殊口味要求。我尝试着告诉服务员在客人点菜沟通的时候应该多问客人喜爱清淡还是什么辣度的口味。之后就没有客人因为口味不和而争议过了。

海鲜难免会混杂几个不新鲜的，导致菜味有些走味，当客人反映这类问题时，我采取了两个方案：一是换别的菜，二是重新给烧一份新的。当跟客人耐心解释后大多数顾客还是满意处理方案的。

8. 最终是什么让您决定结束创业呢？

答：当初资金不足、经验不足碰到的问题非常多，要投入的精力和资金觉得压力非常大，有想过要放弃但又不甘心，之后咬咬牙也就越干越勇，当心中的店面快要呈现完成的时候，满满的都是信心了，毕竟你不做就不知道结果如何。

9. 此次创业经历，您损失了什么？收获了什么？

答：要说损失什么的话，应该是对自己专业的实践工作没有做到完全掌握，才学到了一些皮毛就脱离了出来，对自己专业有种不负责任的感觉，因为理论跟实践还是有差距的，所以我觉得我的损失就是没有将会计工作的实习工作做完整就放手了。

我的收获有非常多，亲力亲为的去办了很多的事情，接触了我以前没接触过的事，让我感受到了社会上生意的往来、合作的交谈及办事的注意事项。收获大量的社会经验就不说了，在处理事情上也不再是跌跌撞撞了，除了自己感觉自己的能力在改变，家人对我的肯定给了我莫大的动力。

10. 您现在对未来的规划是怎样的？

答：我想好好地经营这家店，能够达到我想要的营业额，一切都运作稳定，即使我抽离这家店每天也能很好的运转，那我就可以做些别的事情。现在的菜系在很多的餐厅都吃的差不多，所以我想在未来的日子里发现一些独特的菜，这样或许可以拉动一些隐藏客户。或许更久远一点，店面牌子上会出现连锁店的符号吧。

11. 如果重来一次，您可以避免当时的问题吗？

答：我想不是都能避免的吧，因为遇到的问题是各种各样的，谁也不知道你下一秒会遇到什么，但有些问题多想、多问、多看还是可以在一开始避免的。对于我一初来乍到的小姑娘来说，面临的问题真的很多，如果当初我再多看些事迹材料，多看些有帮助的东西对自己应该帮助会很大。

· 创业 寄语 ·

许多大学生只是从书本上认识创业，比较理想化，对创业没有理性的认识，还停留在想象中；但也有大学生想要创业但对具体的市场开拓缺乏相关的经验和知识而不敢迈出脚步。创业者应该具备创造力、组织能力和挫折承受能力。现在国家很提倡大学生创业，但是创业也有很大的风险，所以创业首先要进行创业的思考和实践考察，丰富自己的交流经验，提升能力，对于想创业的领域进行多方面的了解、分析，制定好方案，不得盲目实施，最好找有经验者商议后再作定夺。创业者心理素质也是很重要的，想好了就不能轻易放弃，咬咬牙或许就可以得到你想要的，但如果你选择放弃，那么再好的成就也跟你无关。

有创意，不怕输：年轻就是最大的优势

受访人：笔迹工作室项目负责人梅衍青

采访人：张莎莉

访谈实录

1. 您曾经的创业项目是什么？面对什么样的市场？

答：主要着手于后期广告的设计、创意、网站设计，Logo(标识) 设计，数字打印。我们把创业初期目标市场按地域特点分为三类：上海工商职业技术学院校内市场，上海工商职业技术学院周边市场，上海市嘉定区市场。远期目标市场为上海各地市场。上海工商职业技术学院校内市场主要表现为学院方对外宣传的广告需求，学院学生社团活动的广告需求，以及学院内举行各类活动和比赛的广告需求。学院周边市场的各商铺、门面的广告需求，尤其需要注意的是学院附近各门面和商铺的更新速度很快。上海市嘉定区市场的主要表现为商场或企事业单位提供市场调查，公关活动策划，举行促销活动所需的广告服务以及各小商铺的门面广告、招牌制作、户外广告等。

2. 当时的创业想法是怎样形成的？什么时候决定创业的？

答：辅导员觉得我有这样的能力，我也想试一试，程雷老师也愿意帮助我，我周围也有很多懂得技术的同学朋友。大二上学期决定开始创业项目。

3. 当时的团队是怎样的？

答：各个技术精英，我们有自己的分工合作。

4. 当时项目或资源有哪些优势？

答：首先是我们都很年轻，有创意，容易接受新事物，不怕失败；其次是资源上的优势，我们有系里支持，学校支持，还有东方网印、众轩广告公司、州桥画院等单位的支持；最后是需求方面的优势，社团、毕业相册这些需求很大。

5. 你们是如何找到第一批客户的？

答：因为创业大赛的缘故，我们的指导老师，给我们推荐了一些项目。

6. 后来的运营情况发生变化了吗？是如何变化的？

答：在经营过程中，分配盈利从平均主义到多劳多得。

7. 为了解决问题，您曾做过哪些尝试？效果如何？

答：尝试自我解决、自我学习。攻克了很多技术难题，效果很好。

8. 最终是什么让您决定结束创业呢？

答：创业并未结束，我们已经攻克了一期创业的艰难。我们一直在尝试新的技术突破。

9. 此次创业经历，您损失了什么？收获了什么？

答：没有什么损失，学到了很多技术，收获了团队的合作。

10. 您现在对未来的规划是怎样的？

答：我认为创业不一定是我们这个年纪能够做到的，我们没有什么家底，反而觉得应该在有一定的年龄沉淀后，选择再度创业。

11. 如果重来一次，您可以避免当时的问题吗？

答：我觉得当时的问题肯定可以杜绝，但是也一定会遇到很多新的问题。

· 创业 寄语 ·

创业不会一帆风顺，会遇到各种各样的问题，我们可以多向自己的指导老师寻求帮助，以及寻求团队合作伙伴的帮助。

分工明确、各施所才的团队是成功之本

受访人：卡罗早教机构项目负责人林昊一

采访人：许慧芳

访谈实录

1.您曾经的创业项目是什么？面对什么样的市场？

答：卡罗早教机构面向的是幼儿3～7岁的学龄前儿童。

2.当时的创业想法是怎样形成的？什么时候决定创业的？

答：在卡罗幼儿英语的培训课上，发现如今的家长对于孩子的教育越来越重视，不想让孩子输在起跑线上。在我们大二实践了一个学期的时候萌发了这个想法。

3.当时的团队是怎样的？

答：当时我们的团队是由一起在实习过程中表现突出而且都有这个创业想法的人组成的。

4.当时项目或资源有哪些优势？

答：当时我们的项目受到学校师生的大力支持。在资金方面，学校积极帮我们宣传，吸引投资方的注意；在师资方面，我们依托高等院校，拥有专业、稳定的师资力量。高校为我们卡罗提供优质生源，卡罗也为高校提供学生实习机会，互惠互利，实现双赢。公司团队成员均为大学生。大学生充满活力，能够运用课本上学到的新颖的教学理念。此外，我们在上课结束后还会为孩子们提供免费的一对一辅导，针对孩子的全面发展 (沟通能力、学习技巧、肢体协调等) 进行培养。

目前我们已在校园内开设中班、大班各一个。同时建立"线上沟通"新平台，供家长和孩子在线咨询问题，并进行有效解答，给学龄前儿童提供更多的帮助。

5. 你们是如何找到第一批客户的？

答：第一批客户是与学校合作的海燕幼儿园的孩子，通过学校和我们一起努力我们迎来了第一批客户。

6. 你们的运营模式是怎样的？

答：我们有母公司 (投资方)、子公司、直营店 (旗舰店)、直营分店、加盟店的运营模式，也会与投资方一起商定新的运营模式。

7. 为了解决问题，您曾做过哪些尝试？效果如何？

答：为了解决问题我们和校方沟通，与指导老师沟通，寻求办法，并与投资方一起详谈，对于每次发生的问题我们都会主动去解决它，不让问题扩大化。

8. 最终是什么让您决定结束创业呢？

答：最终是由于投资方提出的方案，和之前商谈好的方案发生了很大的变化，对于我们学生来说风险太大，投资方的一些不明确因素让我们决定放弃创业。

9. 此次创业经历，您损失了什么？收获了什么？

答：我觉得在这个创业过程中经历的种种都是收获一种经验和知识，收获自己对创业新的定义和了解，对于之后创业的路途我会更加仔细认真，这对我来说是一种财富。至于损失，主要是让那些支持我们的人失望了，对此自己也表示很遗憾。

10. 现在对未来的规划是怎样的？

答：对于未来我相信是 90 后和 00 后的主场，我们会向时代证明 90 后其实更加有想法，在创业这条路上一定会突飞猛进。

·创业 寄语·

　　对于正在创业的小伙伴，我想说的是：在做项目的整个过程中，要秉承着团队合作的团结精神，各成员要分工明确。每位成员负责专一的具体内容，做到精、专、细，真正体现专业性，并使个人才华得到尽可能大的发挥。切忌团队成员主次不分、重点不明，对项目内容虽有整体把握，但在提及某一具体层面时模糊不清，只知其然而不知其所以然。团队成员不可能成为全才，但对项目某一部分必须成为专才，同时全体成员要具有合作精神，每位成员都要对项目整体内容有充分了解，而不是只专注于自己负责的部分，除此之外一无所知。只有让每位成员都参与到项目策划的每一个环节，才能加快团队的整体合作进度。成员之间才能取得良好的默契度。

参考文献 Reference

[1] 刘艳彬. 大学生创新创业教程. 北京: 中国时代经济出版社, 2014.

[2] 袁凤英. 创新创业能力训练. 北京: 中国书籍出版社, 2014.

[3] 杨敏. 创新与创业指导. 杭州: 浙江大学出版社, 2012.

[4] 陈劲, 高建. 创新与创业管理. 北京: 清华大学出版社, 2016.

[5] 李笑来. 斯坦福大学创业成长课. 天津: 天津人民出版社, 2016.

[6] 李伟, 张世辉. 创新创业教程. 北京: 清华大学出版社, 2015.

[7] (日) 大前研一. 创新者的思考: 发现创业与创意的源头. 北京: 机械工业出版社, 2012.

[8] 陈永奎. 大学生创新创业基础教程. 北京: 经济管理出版社, 2015.

[9] 杨乐克. 大学生创新与创业教程. 北京: 中国时代经济出版社, 2014.

[10] 倪锋. 创新创业概论. 北京: 高等教育出版社, 2012.

[11] 孙洪义. 创新创业基础. 北京: 机械工业出版社, 2016.